从雪山走来　向东海奔去　从远古走来　向未来奔去

長江之歌 文明之旅

长江文明馆 编

长江出版社

图书在版编目（CIP）数据

长江之歌 文明之旅/长江文明馆编.
—武汉：长江出版社,2015.9
ISBN 978-7-5492-3684-8

Ⅰ.①长… Ⅱ.①长… Ⅲ.①长江流域—文化史 Ⅳ.①K295

中国版本图书馆CIP数据核字（2015）第220637号

长江之歌 文明之旅   长江文明馆 编

责任编辑：李海振   胡紫妍
装帧设计：刘斯佳
出版发行：长江出版社
地　　址：武汉市解放大道1863号   **邮　　编**：430010
E-mail:cjpub@vip.sina.com
电　　话：（027）82927763（总编室）
　　　　　（027）82926806（市场营销部）
经　　销：各地新华书店
印　　刷：武汉精一佳印刷有限公司
规　　格：787mm×1092mm   1/16   16.5印张   338千字
版　　次：2015年9月第1版   2015年9月第1次印刷
ISBN 978-7-5492-3684-8
定　　价：48.00元（平装）
　　　　　90.00元（精装）

长江文明馆
The Changjiang Civilization Museum

长江文明馆献辞
(代序)

冯天瑜

无边落木萧萧下，
不尽长江滚滚来。
—— 杜甫《登高》

　　江河提供人类生活及生产不可或缺的淡水，并造就深入陆地的水路交通线，江河流域得以成为人类文明的发祥地、现代文明繁衍畅达的处所。因此，兼收自然地理、经济地理、人文地理旨趣的流域文明研究经久不衰。尼罗河、幼发拉底—底格里斯河、印度河、恒河、莱茵河、多瑙河、伏尔加河、亚马孙河、密西西比河、黄河、珠江等河流文明，竞相引起世人关注，而作为中国"母亲河"之一的长江，更以丰饶的自然秉赋、悠远深邃的文化积淀、广阔无垠的发展前景，理所当然成为江河文明研究的翘楚。历史呼唤、现实诉求，长江文明馆应运而生。她以"长江之歌　文明之旅"为主题，以水孕育人类、人类创造文明、文明融于生态为主线，紧紧围绕"走进长江"、"感知文明"和"最长江"三大核心板块，利用现代多媒体等手段，全方位展现长江流域的旖旎风光、悠久历史和璀璨文明。

　　干流长度居亚洲第一、世界第三的长江，地处亚热带北沿，人类文明发生线——北纬30°线横贯流域。而此纬线通过的几大人类古文明区(印度河流域，两河流域、尼罗河流域等)因亚热带副高压控制，多是气候干热的沙漠地带，作为文明发展基石的农业仰赖江河灌溉,故有"埃及是尼罗河赠礼"之说。然而,长江得大自然眷顾,亚洲大陆中部崛起的青藏高原和横断山脉阻挡来自太平洋季风的水汽,凝集巫山云雨,致使这里水热资源并富,最适宜人类生存发展,是中国乃至世界自然禀赋优越、经济文化潜能巨大的地域。

长江流域的优胜处可归结为"水"—"通"—"中"三字。

一、淡水富集

长江干流、支流纵横,水量充沛,湖泊星罗棋布,湿地广大,是地球上少有的亚热带淡水富集区,其流域蕴蓄着中国 35% 的淡水资源、48% 的可开发水电资源。如果说,石油是 20 世纪列国依靠的战略物资,那么,21 世纪随着核能及非矿物能源(水能、风能、太阳能等)的广为开发,石油的重要性呈缓降之势,而淡水作为关乎生命存亡而又不可替代的资源,其地位进一步提升。当下的共识是:水与空气并列,是人类须臾不可缺的"第一资源"。长江的淡水优势,自古已然,于今为烈,仅以南水北调工程为例,即可见长江之水的战略意义。保护水生态、利用水资源、做好水文章,乃长江文明的一个绝大题目。

二、水运通衢

在水陆空三种运输系统中,水运成本最为低廉且载量巨大。而长江的水运交通发达,其干支流通航里程 6.5 万千米,占全国内河通航里程的 52.5%、水上运输量的 80%,是连接中国东中西部的"黄金水道",其干线航道年货运量已逾十亿吨,超过以水运发达著称的莱茵河和密西西比河,稳居世界第一位。长江中游的武汉古称"九省通衢",即是依凭横贯东西的长江干流和南来之湖湘、北来之汉水、东来之鄱赣造就的航运网,成为川、黔、陕、豫、鄂、湘、赣、皖、苏等省份的物流中心,当代更雄风振起,营造水陆空几纵几横交通枢纽和现代信息会集区。

三、文明中心

如果说中国的自然地理中心在黄河上中游,那么经济地理、人口地理中心则在长江流域。以武汉为圆心、1000 千米为半径画一圆圈,中国主要大都会及经济文化繁荣区皆在圆周近侧。居中可南北呼应、东西会通、引领全局,近年遂有"长江经济带"发展战略的应运而兴。长江经济带覆盖中国 11 个省(市),包括长三角的江浙沪 3 省(市)、中部 4 省和西南 4 省(市)。11 省(市)GDP 总量超过全国的 4 成,且发展后劲不可限量。

回望古史,黄河流域对中华文明的早期发育居功至伟,而长江流域依凭巨大潜力,自晚周疾起直追,巴蜀文化、荆楚文化、吴越文化与北方之齐鲁文化、三晋文化、秦羌文化并耀千秋。龙凤齐舞、国风—离骚对称、孔孟—老庄竞存,共同构建二元耦合的中华文化。中唐以降,经济文化重心南移,长江迎来领跑千年的辉煌。近代以来,面对"数千年未有之大变局",长江担当起中国工业文明的先导、改革开放的先锋。未来学家列举"21 世纪全球十大超级城市",依次为:印度班加罗尔、中国武汉、土耳其伊斯坦布尔、中国上海、泰国曼谷、美国丹佛、美国亚特兰大、墨西哥昆坎—图卢姆、西班牙马德里、加拿大温哥华。在可预期的全球十大超级城市中,竟有两个(武汉与上海)位于长江流域,足见长江文明世界地位之崇高、发展前景之远大。

为着了解这一切,我们步入长江文明馆,这里昭示——

一道天造地设的巨流,怎样在东亚大陆绘制兼具壮美柔美的自然风貌;

一群勤勉聪慧的先民,怎样筚路蓝缕,以启山林,开创丰厚优雅的人文历史。

(作者系长江文明馆名誉馆长、武汉大学人文社科资深教授)

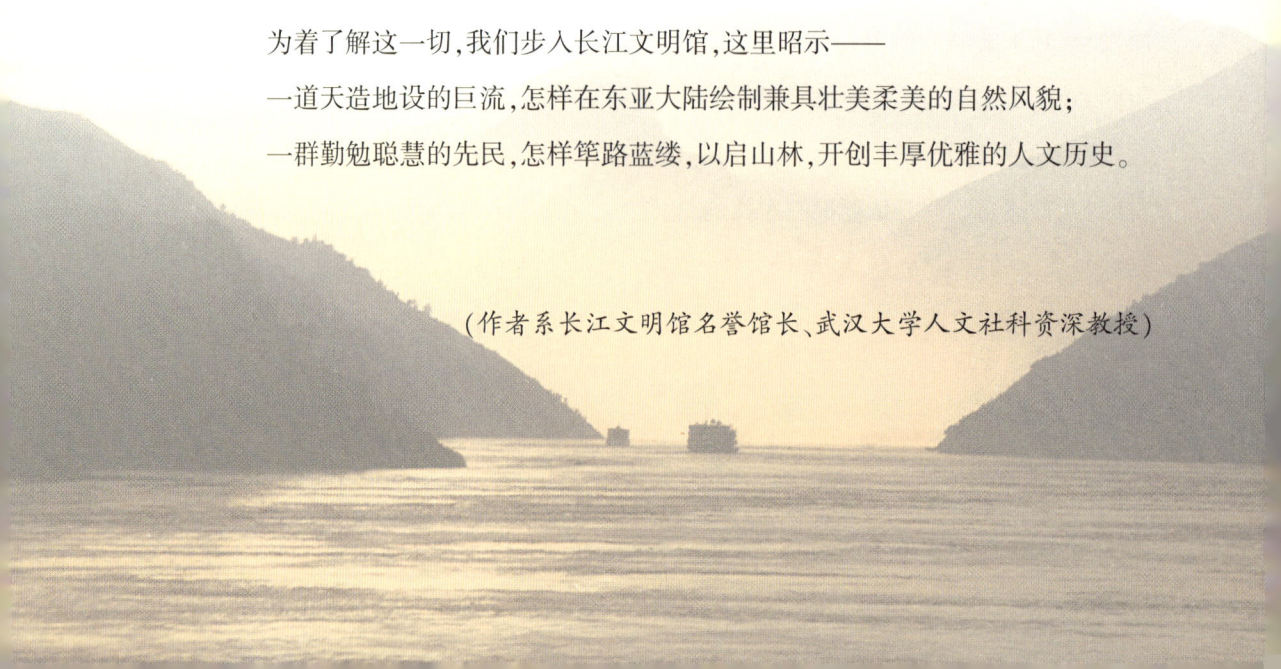

致　辞

吴宏堂
长江文明馆馆长

◎ 长江文明馆

　　长江是中国第一大河,世界第三大河,历史悠久、人文荟萃、资源丰富、风光旖旎。她以其异常丰美的乳汁养育着地球上最多的人口,以其无与伦比的能量释放出文明星空未曾消逝的曙光。武汉市人民政府以举办第十届中国(武汉)国际园林博览会为契机,联合长江水利委员会、武汉大学在园博园的黄金地块兴建长江文明馆。馆舍面积有 3.1 万平方米,其中展览面积有 1.28 万平方米,2013 年 11 月 13 日破土动工,2015 年 9 月 25 日落成开放。长江文明馆不仅填补了我国没有一座集中收藏、展示、研究长江流域自然生态与人类文明的博物馆的空白,也填补了武汉市没有自然博物馆的空白。

　　长江文明馆展览以"长江之歌　文明之旅"为主题,以讲好长江自然生态故事,讲好长江人类文明故事为主线,紧紧围绕生态长江、文化长江、经济长江的展示重点,利用序厅、自然厅、人文厅、体验厅和临展厅五大展出平台,集中展示了反映长江自然生态、人类文明的珍稀动植物标本与珍贵文物 500 多件。其中不乏憨态可掬的国宝大熊猫、濒临灭绝的中华鲟、反映巴蜀文化的三星堆戴金面罩青铜人头

像和铜人面具、反映荆楚文化的盘龙城大玉戈和曾国第一剑、反映吴越文化的良渚玉琮等标本与文物精品。展览科学地运用现代多媒体展示手段,全方位、立体化地展现长江流域优美的自然生态和人文景观、黄金水道和丰富资源、悠久历史和璀璨文明,为人们认识长江、热爱长江、建设长江、保护长江架起了一座沟通的桥梁。新颖的展示方式,精美的文物展品,奇妙的黑暗骑乘长江秀将带给观众强烈的视觉冲击、巨大的心灵震撼和激越的精神飞扬。

长江文明馆的基本陈列和临时展览《穆穆曾侯——全国十大考古发现郭家庙墓地揭开的曾楚之谜》《艺术·江豚》能在园博园开幕时同步开展,与各级领导的亲切关怀与科学决策分不开;与各位专家和长江干流博物馆合作联盟的精心谋划与大力支持分不开;与长江文明馆全体建设者的艰苦奋斗、大胆创新分不开。正是这些仁人志士的辛勤汗水和无私奉献才使长江文明馆在一片垃圾堆上拔地而起,成了武汉城市的一座新地标和一张新名片。在此,我谨代表长江文明馆向长江干流各省博物馆馆长及所有关心、支持、帮助长江文明馆的各界同仁表示衷心的感谢!同时,为了更好地发挥长江文明馆的宣传教育职能,我们将以长江文明馆开馆为新起点,携手长江流域各博物馆进一步发挥长江文明馆的品牌优势,开展世界大河文明对话,为促进长江经济带建设、繁荣博物馆文化和实现中华民族伟大复兴作出新的更大贡献。

祝　君
青海省博物馆馆长

◎ 青海省博物馆

长江,是中国的第一大河,世界第三大河。长江横贯中华大地,自西向东,一路奔腾,从源头到入海口,留下了6380千米的足迹。

长江,是中华民族的母亲河,180万平方千米的流域面积,所润泽之处无不在悠悠华夏文明史上留下浓墨重彩的一笔。青藏文化、巴蜀文化、荆楚文化、吴越文化,似一颗颗耀眼的明珠,串联起长江文明光彩夺目的五彩项链。

建设长江文明馆,武汉当之无愧,这得益于其本身在长江流域的中心地位,又恰逢第十届中国国际园林博览会落户武汉。天时、地利、人和,使"一座长江文明馆,展示半部中国史"的愿景变成现实。

长江文明馆是收藏、研究、保护、展示长江自然生态和人类文明的专题性展馆,依托反映长江流域相关自然、历史、文化、生态等多方面资源,以水孕育人类、人类创造文明、文明融于生态为主线,全方位、多视角、立体化展现了长江流域优美的风光与自然生态,悠久历史与璀璨文明,为人们与最直接、最真实的自然、历史文化架起了沟通的桥梁。

作为全国第一座以大河流域为主题的展馆,长江文明馆肩负着文明传承、文化交流,体现长江流域发展历程和文明足迹,彰显和传承长江文明的建馆使命。愿长江文明馆擎起长江文明的火炬,成为展示长江文明的新窗口、城市形象的新标志、推介中华文明的国际舞台。

曲　珍
西藏博物馆馆长

◎ 西藏博物馆

　　长江，是中华民族的母亲河，是中华文明的发源地，她不仅哺育了伟大的中华民族，也孕育了灿烂的中华文明。西藏自治区是青藏高原的主体，长江源头出青海后流经西藏东部雄奇壮丽的横断山脉，自南而北，汇万山之水，形成了金沙江，从此奔流不止，昼夜不息，浩浩荡荡，滚滚东去。

　　"我住长江头，君住长江尾"，千百年来，西藏民族与祖国各族人民同饮一江水，形成了唇齿相依、荣辱与共、血浓于水的兄弟情谊，共同缔造了中华民族悠久的历史和璀璨的文明。作为中华民族大家庭的重要成员，西藏民族正是在长江、黄河等母亲河的浇灌之下，不断发展壮大，盛开出了西藏民族文化的绚丽花朵，与多姿多彩的兄弟民族文化一道，汇集成奇瑰壮丽、博大精深的中华文化，豪迈地屹立于世界民族之林。

　　西藏博物馆是蕴积和弘扬西藏优秀传统文化的神圣殿堂，更是诠释和再现西藏与祖国不可分割关系的历史见证。在长江文明馆建成开馆之际，适逢西藏自治区成立50周年。佳期重庆，西藏博物馆全体同仁愿与长江文明馆一道，共同探究、开发和利用长江文明的资源与成果，共同爱戴、呵护、反哺我们的母亲河——长江！

　　谨向长江文明馆及其全体同仁志庆：宏图伟业，扎西德勒！

盛建武
四川博物院院长

◎ 四川博物院

纵观人类的历史，大江大河往往是早期文明萌发的摇篮。长江是中华民族的母亲河，是中华文化的摇篮。四川俯踞长江上游，万里长江在这片高山盆地间奔流不息，独特的山水资源和盆地环境，孕育了沃野千里的"天府之国"，造就了四川悠久的历史和文化。从宝墩文化、三星堆遗址、金沙遗址等可见，上古时期的四川便已诞生了灿烂的古蜀文明。

始建于 1941 年的四川博物院，是中国长江上游最大的综合性博物馆，现藏文物 26 万余件，其中珍贵文物 7 万余件。浩若烟海的丰富馆藏全面反映了独具魅力的巴蜀地区历史和文化。如今的四川博物院已是巴蜀文化乃至长江上游文明学术研究、文化传承和传播的重要基地，也是国内外了解四川悠久历史文化和中华长江文明的重要窗口，是四川地区的文化地标。

欣闻长江文明馆即将落成开放，它的成立无疑是具有跨地域、划时代的重要意义，将为整个长江流域的自然生态和人类文明进行梳理、研究、保护和宣传起到不可估量的巨大作用。我住长江头，君住长江心，让我们携手共进，谱写长江文明新的明天！

致 辞

戴宗品
云南省博物馆馆长

◎ 云南省博物馆

　　这里的高山峡谷间可见长江巨大的奔腾气势，她在这里扭头拐弯，向着中国广阔的腹地东去。这里是长江上游被叫做金沙江的地方，这里是云南。

　　云南地处青藏高原东缘，有着复杂多样的自然、气候特点与生物种类，为人类生存繁衍提供了优越的条件，从 170 万年前的元谋猿人开始，就留下了人类活动的足迹。自新石器时代到历史时期，云南以她无与伦比的包容性，接纳了南来北往的人群以及他们的文化，古滇国时期更创造了人类青铜文明的高峰，以其特别的艺术表现形式，让我们全面、直接地认识古代的云南。云南，从来都是中国连接南亚、东南亚的十字路口，她以广阔的胸怀，在这里融合不同的民族与文化，如今，26 个民族共同和谐地生活在这里，形成了文化多样性的典范。从秦"五尺道"到茶马古道，从拥护共和北伐要道到抗战后方大通道，在整个云南历史演变的长河中，长江，一直扮演着连接云南与内地纽带的作用。

　　由武汉市人民政府举旗兴建的长江文明馆顺应天时、地利、人和，它不仅符合长江经济带建设的国家战略，也必将为新的时代注入因为一条江而拥有的强大活力。

　　我从小生活在这条让人充满遐想的大江边，孩童时期就一直想顺着她漂流，去了解她的世界，仔细回想，才发现原来自己有多么爱她。今天，以收藏、展示、研究长江流域的生态与历史文明为己任的长江文明馆正式开馆，为我和广大观众搭建了一座认识长江、建设长江、保护长江的平台。愿长江文明馆在宣传长江自然生态、展示、传承长江文明方面百尺竿头，欣欣向荣，蓬勃发展。让我们共同携手，加强交流，为繁荣博物馆文化作出新贡献。

程武彦
重庆中国三峡博物馆馆长

◎ 重庆中国三峡博物馆

　　江城九月，金桂飘香，又恰逢乙未中秋，长江文明馆值此花好月圆之际正式开馆，可谓江汉大地文博领域的一大盛事，我谨代表重庆中国三峡博物馆向吴宏堂馆长及贵馆员工表示诚挚的祝贺！

　　河流是文明的血脉，地球上几乎所有伟大的文明都诞生于大江大河的两岸，中华文明便是其中之一。它既有黄河文明的雄浑苍劲，又有长江文明的灵秀隽美，两河的文明星火在千百年的历史江流中浮沉辉映、相依相托，共同熔铸起泱泱华夏多元一体的血肉精魄。

　　自古以来，黄河之于炎黄子孙的崇高地位早已毋庸置疑，且自 20 世纪二三十年代起，学术界就对黄河流域的文明进行了深入系统的研究，建立起了较为科学的史前文化发展序列，而长江流域却因发现和研究的不足，在相当长的一段时期内被视为文明的边鄙蛮荒之地、山野化外之区。所幸自 20 世纪下半叶以来，随着长江流域考古工作的不断深入，尤其是屈家岭文化、河姆渡文化、良渚文化、三星堆文化等重要考古遗址的发现，让人们不禁惊叹于长江流域的文明起源之早，发展程度之高，堪与黄河流域相媲美。从 20 世纪 80 年代起，学术界开始从区域文明的角度对巴蜀地区、荆楚地区、吴越地区等长江流域重要文化圈进行了多角度的深入探讨，并在此基础上对长江流域的文化进行了整体性、系统性的研究，取得了

很多重要的学术成果。长江文明馆的建设不仅为这些成果提供了一个良好的展示平台，为学术与普通大众之间搭起了一座沟通的桥梁，同时也为以后的相关学术交流与科普教育垒筑了一个坚实的文化阵地。

汉、渝两地同受长江滋养，最能体会长江对于城市的非凡意义。2008 年北京奥运会期间，重庆中国三峡博物馆联合长江沿线 15 家博物馆与首都博物馆举办了"长江文明展"，第一次以展览形式对长江文明进行了较为全面的展示宣传，而该展览所采取的馆际合作模式以及各兄弟馆的协作精神亦得到了来自各方的肯定，与展览同时推出的《长江文明》刊物目前也已公开出版近 20 辑。可以说，我们对于研究、宣传长江文明的坚持和热情，与长江文明馆是不谋而合的。我真诚地期望两馆今后在展览、科研、出版等领域积极合作，为长江文明的研究、弘扬、传承贡献力量。

方　勤
湖北省博物馆馆长

◎ 湖北省博物馆

文明的兴起离不开河流。尼罗河、印度河与恒河、幼发拉底河和底格里斯河分别孕育了古代埃及、印度和巴比伦文明。而世界古文明中唯一延续至今的便是由长江与黄河滋养的中华文明。

长江流域地处北纬 30°，最长的支流汉江从武汉汇入长江。随着考古工作的不断深入和发展，特别是长江流域巫山人、元谋人、建始人、郧县人，以及河姆渡、大溪、屈家岭、石家河、良渚、大洋洲、盘龙城、铜绿山等众多遗址的重大发现，深刻改变了人们对于古代中国文明谱系的认识。长江不是蛮荒的边缘，而是有着深厚传统的文明中心，为中华文明多元一体格局的形成作出了突出的贡献，因为这里发现了最早的人工种植水稻、最早的饲养家畜、最早的木结构建筑、最早的丝织品以及规模宏大的聚落遗址和城址等。

两周时期，楚国兴起于长江，雄霸南方，影响深远。经过魏晋南北朝、隋唐、南宋以及明清时期的几次中国经济文化中心南移，长江流域已成为全国经济、社会、文化发展的中心。进入新的世纪，长江流域因其得天独厚的自然环境和丰富的资源禀赋与人才优势，也必将成为我国未来经济增长、文化发展的新引擎。

湖北地处长江中游，是中部崛起的战略支点。九省通衢的武汉是长江流域最重要的城市之一。由武汉市人民政府举旗兴建长江文明馆，充分体现了"敢为人

先,追求卓越"的武汉精神。在第十届中国(武汉)国际园林博览会开幕的今天,我们欣喜地看到,长江文明馆从"生态与文明"的视角出发,将长江自然生态与历史文明作为一个整体,并科学地运用展览语言梳理其流变。通过历史文物、自然标本和多媒体技术,让观众直观地感受到长江流域优美壮阔的自然风光和悠久厚重的人文历史,领略长江流域各具特色的藏羌文化、巴蜀文化、荆楚文化和吴越文化。《长江之歌　文明之旅》一书将展览转化为文本,必将使更多读者更加全面、深入地了解长江与长江文明及其在世界文明长河中的独特魅力。

陈建明
湖南省博物馆馆长

◎ 湖南省博物馆

欣逢盛世，文化昌盛，一座象征着国家富强、社会进步、思想解放的博物馆正傲然屹立于长江之畔。

人类文明常起源于大江大河，黄河、长江是中华儿女伟大的母亲河。黄河以奔腾绝尘之势，揽日月山河入怀；长江令人油然而生"诗意哲理的空灵感"，她以平实、低调、坚韧的性格碧水东流。在历史的长河中，黄河流域曾一度是关注的焦点，而长江流域却也创造了丰富灿烂的文化，也是中华文明的重要源头之一，其区域文化天赐造化、璀璨夺目，足以令子孙后世永恒瞻仰、缅怀、记忆。今在长江贯城而过的著名"江城"——武汉，建立长江文明馆，顺应天时、得乎地利、聚于人和，应是整个中国文化界的大事，更是素以代表与见证区域文明发展与进步之博物馆行业的大事。

博物馆以"促进社会及其发展"为己任，天下文博是一家，就让我们携起手来共同致力于全人类社会的发展与进步，致力于长江流域文化多样性、丰富性的异彩绽放，致力于中华文化遗产的保护、传承及全人类共享。

衷心祝愿长江文明馆事业发展蒸蒸日上，办出时代的精神。

曾　敏
江西省博物馆馆长

◎ 江西省博物馆

　　长江是中华民族的母亲河，是中华民族发祥地之一，是中华文明历史演进的重要舞台。长江文明源远流长、博大精深，其区域之广、文化遗址数量之多，堪称世界之最，对中华文明乃至世界文明都做出了重要贡献。湖北是长江文明的重要发源地，在长江流域文明发展进程中发挥着独特而重要的作用。江西襟江带湖，北毗湖北而共接长江，上通武汉三镇，下贯南京、上海，历史悠久，盛开着江南文明之花，亦是长江文明的重要组成部分。

　　长江文明馆全面展现长江流域的自然、历史、文化、生态，充分彰显长江流域的物质文明、精神文明、社会文明和生态文明，填补了湖北地区乃至全国范围内没有以大河流域为主题博物馆的空白，为大家开启一段"长江之歌，文明之旅"，让大家在领略长江的自然、人文之美的同时更加热爱长江、保护长江。走进长江文明馆，你将深切地感受到长江文明带来的强烈视觉冲击、巨大的心灵震撼和激越的精神飞扬。长江文明馆的开馆是文博界的一件盛事，我们衷心祝愿长江文明馆欣欣向荣、蓬勃发展。

　　文化的交流、融合与促进是人类社会不变的主题。传承文明、加大文化交流的力度，是文物工作者的时代责任和使命。长江干流各省级博物馆与长江文明馆联合发起成立"长江流域博物馆合作联盟"，旨在利用长江流域丰富的文物资源，合作策划推出系列特色展览，让人民群众共享更多优质文化发展成果。

　　作为平台和桥梁的搭建者，我们愿意与湖北同仁携手努力扩大文化交流，谱写博物馆文化合作新篇章！作为"长江流域博物馆合作联盟"的一员，我们将继续携手，促进长江流域博物馆事业共同发展！

朱良剑
安徽博物院院长

◎ 安徽博物院

长江,我们的母亲河,这条血脉滋养了流域内 19 个省(区、市)的悠久文明。长江文明馆正式开馆标志着长江流域的自然生态和人类文明有了一个集中、固定、长久的公益展示场所,是一件功在当代,惠及子孙的大事、好事、幸事。

长江在安徽境内绵延 800 余里,又称"八百里皖江",流域内形成的皖江文化与徽州文化、涡淮文化组成了厚重灿烂的安徽历史文明。从距今 200 万~240 万年前的繁昌人字洞古人类遗存,到距今 5300 年~5600 年的含山凌家滩遗址,到兼容并蓄的青铜文化,以禅宗为核心的佛教文化,以李公麟、邓石如为代表的书画文化,以汤鹏为代表的芜湖铁画文化等,这些安徽沿江地区的文明之光、人类文化遗存的杰出代表,在安徽博物院均有较系统地收藏,其中部分馆藏参与了长江文明馆展出。

2015 年 1 月,由长江文明馆发起成立的"长江流域博物馆合作联盟",首次搭建了一个能系统展示、交流、研究长江流域历史文明的平台,必将很好地促进长江流域博物馆间的合作、发展、共赢。安徽博物院作为联盟成员,将与兄弟馆携手并肩,倾心打造"有筋骨、有道德、有温度"的特色展览,让更多的人走近长江文明、了解长江文明,进而热爱长江文明,积极履行保护、弘扬、传承长江文明的历史使命!

龚　良
南京博物院院长

◎ 南京博物院

　　期待中的长江文明馆终于要揭开美丽的面纱，对公众开放。在我的认知中，它既是一个博物馆，又是自然馆、科技馆和生态馆，还是一个由研究、交流支撑展览展示的文化事业机构。这些功能集合在一起，它应该更符合一个当代意义上的"博物馆"概念，符合 2007 年 8 月国际博协大会对博物馆定义的调整，因为它收藏展示的是"长江流域的文明"。

　　真实又好玩的博物馆，可以作为长江文明馆的发展目标。"真"是要体现展览展示的科学性，展示方法可以多样，不可因藏品缺乏而臆想和推断。"实"是要通过实实在在的藏品征集和创意设计，寻找藏品之间的关系，创新活态展示的方式，做出让公众有"真实"感受的展览、展演和文创产品。"好玩"就是要让观众感到有趣、有吸引力，受到的是"自愿式"教育。"好玩的博物馆才是好的博物馆"，道出了博物馆公众教育的核心。

　　构建完善的公共文化服务体系的社会要求，是"长江文明馆"的题中之义。长江文明馆应当是展示文明、自然、传统和艺术的地方。它展示的是文物、标本、科技成果、当代艺术品和非物质文化遗产，提供的是文化产品和文化服务，发展的是博物馆文化创意产业。

　　今天，期待中的长江文明馆应该是一个真实的文明馆，览 6000 千米长江文化，映 5000 年中华文明；应该是一个好玩的博物馆，自然与人文结合，物质与非物质遗产交汇，文化与旅游携手；应该是一个超动态的科技馆，多眷顾自然的旖旎，多展示科技的奇妙。最终，长江文明馆应该是一个富于特色的创新型博物馆，多坚守公益属性，多服务社会公众。

陈 浩
浙江省博物馆馆长

◎ 浙江省博物馆

　　长江流域是中华文明的摇篮之一。

　　浙江地处长江三角洲南部，也是中华文明的重要发源地之一。在浙江这块土地上，曾出现过光辉灿烂的河姆渡文化和良渚文化，浙江人民对中华文明的形成发展作出了重要贡献，是长江文明的重要组成部分。

　　长江文明馆落户湖北武汉，对宣传和弘扬长江文明及长江文化具有重要意义。浙江省博物馆大力支持长江文明馆的各项工作，希望两馆能建立良好的合作关系，共同进步，推进博物馆事业蓬勃发展。

杨志刚
上海博物馆馆长

◎ 上海博物馆

  2015 年 9 月，在第十届中国(武汉)国际园林博览会开幕之际，由湖北省武汉市人民政府与长江水利委员会、武汉大学联合筹建的长江文明馆将要揭开神秘面纱，正式与广大中外观众见面了。在这一特殊的历史时刻，我谨代表上海博物馆，向长江文明馆致以热烈祝贺!

  长江是中华民族的母亲河，所谓"君住长江头，我住长江尾"，自古以来，人们即对这条哺育滋养了中华文明的大河怀有一种深切的亲近感。时光绵长，岁月荏苒，进入 21 世纪，在中华民族踏上伟大复兴之路之际，以集中展示长江流域物质文明、精神文明、社会文明和生态文明的长江文明馆亮相于世人面前，通过"长江之歌，文明之旅"的展览主题，从自然和人文的双重视角生动再现了长江文明的博大精深与源远流长，无疑将对人们重新认识和理解长江文明与中华文明产生积极的促进作用。

  上海是长江流经的最后一站，长江水浩浩汤汤，蜿蜒上万里后在这里奔腾入海，走向世界。上海博物馆作为这座国际化大都市的一扇重要窗口，始终致力于继承、传播与弘扬中国传统文化，也承担着促进中外文化交流的重任。长江文明馆和上海博物馆，正是"共饮长江水"的亲密伙伴，期待两馆今后在中央推动文化大发展大繁荣、促进长江经济带建设的时代背景下，共同发展，共享资源，为长江文明的传承、发展和繁荣携手作出更大贡献!

Preface

前　言

　　长江作为中国乃至亚洲第一大河，流域面积占全国陆地面积的 19%，人口占全国总人口的 33%，GDP 约占全国的 40%，中国历史文化名城、全国重点文物保护单位、世界文化遗产和非物质文化遗产名录均占全国的 30%以上。这是一条亿万年奔腾不息的大江，一条孕育了伟大民族的大江，一条蕴涵着丰厚历史的大江，一条充满了时代活力的大江。尤其是随着长江经济带发展战略的推进，以及"一带一路"战略的实施，长江日益受到海内外各界的高度关注。

　　长江文明在形成与发展的过程中，始终保持着旺盛的创造活力，正由于这种创新的特质，长江文明生生不息、历久弥新；长江文明还是一种锐意进取、矢志开拓的文明，也正是这种进取的特质，让长江一直处于中华文明浪潮的前端；从整体功能来看，长江文明还是一个开放的文化系统，它兼收并蓄，不断地更新和增宏自己，同时也源源不断地输出自身的文化能量。所以，在波澜壮阔的中国历史大舞台上，长江勇立潮头，不断书写传奇。

　　所以，当我们面对这样一条瑰丽的自然江河，一条厚重的文化江河，一条生机勃发的时代江河，我们的内心充满敬畏与感动。于是，我们不揣简陋，用文字带领大家走进长江，认识长江，热爱长江，建设长江。

　　一部气势澎湃的史诗画卷徐徐展开，一条浩浩大江的光阴故事鲜活呈现。现在，就让我们在中华民族万古长流的歌声中，开启神奇瑰丽的长江文明之旅吧！

Contents

目 录

第一章
巨流诞生

一条神奇的北纬 30° 线；一条雄奇壮丽的母亲河……

从世界屋脊青藏高原到太平洋之间，鬼斧神工的大自然划出一条美妙伟丽的连线，她就是世界第三大河、中国第一大河——长江。

一滴滴晶莹玉洁的水珠，从雪山冰川融化、滴下，再到一条条涓涓细流汇流成大河，长江气势磅礴，延绵不息，自西向东，一路高歌，投怀大海。

长江不惟壮丽，历史也非常悠久，在亿万年间，历经桑海沧田，奔流不息，变化万千。

然而，长江是如何形成的呢？长江的年龄到底有多大呢？让我们一个个解开这些"世纪之谜"吧。

第一节 沧海桑田

古地质学研究成果表明，在距今 2 亿年前的三叠纪时期，中国大陆中部的地形与今日完全不同，当时是东高西低，今长江巫峡与西陵峡以西的地区，是一望无边的古地中海的一部分。彼时，这个广阔的海湾还与印度洋及太平洋相通，今长江中下游南部地区亦为一片海洋。

也就是说，远古时代，今长江流域的绝大部分都被海水所淹没，汪洋一片。

在距今 1.8 亿年前三叠纪末期，地球上发生了著名的印支造山运动，秦岭逐渐抬升，昆仑山、可可西里山、

造山运动岩层

长江文明卡片

金钉子

"金钉子"这个名称来源于美国修铁路的历史。1869 年 5 月 10 日，美国第一条横贯大陆的铁路贯通，为表示永久性的纪念，在最后两根铁路的连接处钉上了一个金铆钉。

全球年代地层单位界线层型剖面和点位在地质年代划分上的意义，与美国铁路修建史上"金钉子"的重要历史意义具有异曲同工之处，因此，"金钉子"后来就为地质学家所借用。

在长江流域，宜昌王家湾奥陶系赫南特阶金钉子，距今约 4.56 亿年；宜昌黄花场金钉子，是奥陶系最后一颗，标志着全球奥陶系年代系统的最终建立。这两颗"金钉子"是联合国教科文组织确认的"金钉子"世界标准，它们的地层剖面，就是这两个地质年代的地层认定"权威"。

巴颜喀拉山、横断山脉、秦岭等著名山脉开始出现。长江中游南半部隆起成为陆地，古地中海的海面大规模地往西退缩，原始云贵高原乘机崛起。

同时，在横断山脉、秦岭和云贵高原之间的低洼处，形成了巴蜀湖、云梦泽、西昌湖、滇池等几处大水域。它们顺着高低的地势，相互间连成一线，自东向西流入古地中海。有趣的是，这个时期的江水是从东向西流的，与现在流向正相反。

这就是古长江的雏形阶段。

第二节 横空出世

在距今 1.4 亿年前的侏罗纪时期，地球上恐龙繁盛，横行一时。在此期间，又发生了著名的燕山运动，这是古地质史上一次很重要的地壳运动。这次造山运动使青藏高原慢慢抬高，并在长江上游形成了唐古拉山脉，唐古拉山脉也就由此成为长江的发源地之一。与此同时，还形成许多高山、洼地和裂谷。长江中下游的大别山和巫山等山脉也开始隆起，四川盆地凹陷，古地中

海进一步向西部退缩。

在距今 1 亿年前的白垩纪时期，四川盆地持续缓慢上升，夷平作用不断发展，云梦泽及洞庭盆地继续下沉。

在距今 3000 万～4000 万年前的始新世时期，地壳发生了强烈的喜马拉雅山运动，青藏高原猛突，古地中海逐渐消失，长江流域地势普遍上升，其中东部和缓，西部急剧。金沙江两岸高山突起，青藏高原和云贵高原显著抬升，同时形成了一些断陷盆地。河流的强烈溯源侵蚀及下切作用，出现了许多深邃险峻的峡谷，原来自北往南流的水系相互归并顺折向东流。长江中下游上

万里长江

升幅度较小,形成中、低山脉和丘陵,低凹地带下沉为平原(如江汉平原及洞庭湖平原、鄱阳湖平原、苏皖平原等)。

到了距今300万年左右,青藏高原发生了最强烈的隆起,长江流域西部进一步抬高。到100万年前左右,从湖北伸向四川盆地的古长江溯源侵蚀作用加快,切穿巫山,使东西古长江贯通一气,江水浩浩荡荡,沿着已形成的西高东低地势,汇成了滚滚东流的巨川。

至此,经过漫长的海陆大变迁,早期独立发展的古长江各原始河段逐步连通,统一的古长江水系基本形成,今日长江正式形成。

长江文明卡片

黄河、长江谁的年龄大?

长江、黄河,一南一北,发源于同一个高原,都是中华民族的摇篮。那么,它们的年龄谁大一些呢?

在古老的河流底部,一般都沉积着许多砂石和泥土,即所谓古沉积物。地质学家将这些古沉积物作为标本,对它们进行测定和计算,就可以知道河流的年龄了。

根据长江、黄河中提取标本测定的结果:黄河的年龄有50～60万年,而长江却已经有100万年的历史了。如果把长江比作老祖母,黄河最多只能算儿孙辈了。

第二章
百川汇集

从汩汩发源到奔流入海，长江一路接纳，一路包容，由涓涓细流而奔腾大江，跻身世界著名大河的行列。

从长度来讲，长江干流流经 11 省（区、市），全长 6300 余千米，其长度排在非洲尼罗河、南美洲亚马孙河之后，居世界第三位。

从水量来讲，长江水量充沛，相当于黄河水量的 20 倍。在世界范围内，其水量仅次于热带雨林地区的亚马孙河和刚果河，居世界第三位。

从流域面积看，长江流域范围涉及 19 省（区、市），面积达 180 万平方千米，约占全国总面积的 18.75%。

奔腾不息的长江干流、密布长江南北两侧的大小支流和星罗棋布的湖泊一起构成了庞大的长江水系。

第一节 江源：长江之水天上来

不尽长江滚滚来。长江气势磅礴，奔腾万里，站在浩荡的长江之滨，人们不禁要问：水有源，树有根，这万古不竭的巨流，它的最初水源是从哪里开始的？它的源头又是什么样子？

实际上，自古以来，人们追寻长江源头的脚步从来没有停止过。为了寻找、确定长江源头，几千年来，不知道有多少人历尽千辛万苦，甚至耗尽了毕生的精力和心血。

成书于 2000 多年前战国时期的地理学著作《禹贡》中有"岷山导江，东别为沱"的说法，这里所说的"岷山"，不是四川的岷山，而是指甘肃天水境内的一座山。《禹贡》的作者认为，长江就发源在此。事实上，此处只是长江支流嘉陵江的发源地，但这种说法一直延续到明朝。

明代初年，有一位名叫宗泐的和尚，他从西域取经归来的时候，途经昆仑山麓，认为昆仑山就是黄河与长江的分水岭：山北之水是黄河的源头，山南之水就是长江的正源。

明末，我国著名旅行家、地理学家徐霞客遍游祖国名山大川，历尽艰辛，到达金沙江畔。他在《徐霞客游记》这本书里指出：金沙江才是长江的正源。很可惜，由于当时的条件所限，这位伟大学者的考察范围仅限于四川和云南，而未能深入青海，他连通天河都没有见到。

徐霞客

公元 1720 年，清康熙皇帝派遣使臣考察长江之源。这位使臣到达青藏高原以后，面对密如鱼网的众多河流，不知所以，只有望洋兴叹。他在奏章里写道："江源如帚，分散甚阔。"意思是，那里的河流多得就像扫帚一样，千头万绪，真不知长江的源头究竟在哪里。

但值得肯定的是，此时人们的认识进一步接近事实，已经将长江源头上溯到通天河上游，并已知江源水系有木鲁乌苏河和楚玛尔河2条河流，木鲁乌苏河上源又有尕尔曲、当曲、布曲、沱沱河4条河流，但究竟谁是正源，说法不一。

此外，一些外国探险家也曾加入探察长江源头的队伍中，但也都一无所获。

新中国成立以后，随着科学的发展，人们探寻江源的热情与日俱增，探寻的脚步越来越密集，神秘莫测的江源之谜逐渐揭开。

1976年，中国科学考察队第一次进入长江源地区。

8月25日，由28位专家组成的一支江源考察队，经过51天的艰苦跋涉，突破冰雪阻隔，走进了长江源头。

长江科考

就这样，久寻不得的长江源头终于被确定下来了，一条世界大江的身世，水落石出。

长江，源于唐古拉山脉主峰——海拔6621米的各拉丹冬。各拉丹冬在藏语中是"高高尖尖的山峰"的意思。主峰周围簇拥着20多座海拔6000米以上的雪山，共同组成南北长50余千米、东西宽约20千米的庞大雪山群。雪山群西南侧，海拔6548米的姜根迪如雪山下的冰川融水，便是长江正源沱沱河的源头。

各拉丹冬雪山群峰

长江源位于世界屋脊青藏高原腹部，东邻巴颜喀拉山，西至祖尔肯乌拉山、乌兰乌拉山，南起巍峨的唐古拉山脉，北为绵延起伏的昆仑山脉，东西长500千米，南北宽约400千米，流域面积10万多平方千米。这里地形自西向东倾斜，地面高程一般在海拔4500米以上。

江源地区地势高耸，山体庞大，终年积雪。巍峨的雪山上，冰川高悬。雪峰下沼泽遍布。晶莹夺目的雪山和冰川，储存着大量的固体水源。每到冰雪融化季节，一股股冰雪融水汇成许多水流，看上去活像金鱼的尾巴，又像一把扇子，故称扇状水系。

长江源

在江源地区扇状水系的诸多河流中，较大的有三条：沱沱河、当曲、楚玛尔河。

沱沱河发源于海拔6548米的各拉丹冬雪山群西南部的姜根迪如雪山，全长358千米，流域面积

16949平方千米。姜根迪如雪山冰川末端的冰舌，因融溶作用形成许多奇特的冰峰，组成瑰丽的冰塔林。冰舌下部冰崖峭壁耸立，冰崖上挂着一串串冰凌。冰舌顶部融水沿冰崖泻下，形成一股股小瀑布，水声潺潺，奔流向前。

沱沱河

当曲发源于唐古拉山脉东段霞舍日阿巴山东麓，河长352千米，流域面积30219平方千米，居江源诸河之冠。藏语"当曲"是"沼泽河"的意思。它的最初水流是一股涓涓细流，沿河一带地下水源丰富，中上游地区广布沼泽，100多里长

当曲

的河段，曲折穿行于连片沼泽地带。两岸星罗棋布的沼泽在阳光照射下，宛如一面面明镜，闪闪发光。当曲水系发育，支流较多，较大的支流有布曲、尕尔曲等，其水量在江源诸河中首屈一指。

楚玛尔河发源于昆仑山南支可可西里山东部，河长515千米，于青海省曲麻莱县以西的楚拉地区注入通天河。由于它的河口位于当曲和沱沱河汇合口下游278千米，因此，楚玛尔河实际河长较沱沱河、当曲短。

楚玛尔河

也就是说，在江源地区，最终确定长江主要有三源，即沱沱河、当曲、楚玛尔河。在三条河流中，以沱沱河最长，而且纵贯江源地区中部，河道比其他两条顺直，根据"河源唯远"的原则，沱沱河应该确定为长江正源。

1978年1月，中国向全世界郑重发布："长江源头在唐古拉山脉主峰各拉丹冬雪山西南侧的沱沱河，长江全长6380千米，比此前地理资料所公布的多出500千米……"一个月以后，美联社报道："中国长江取代了密西西比河，成为世界上第三大河流。"

沱沱河最终确立为长江源头，也成为中国百年地理大发现之一。

长江之水天上来。沱沱河，大江之源，它雪山巍峨，冰川高耸，它神秘而纯净，瑰丽而静谧。这里流淌下的一颗颗普普通通的水滴，敲响了长江宏伟乐章的第一个音符；这里流淌下的一颗颗平平常常的水滴，踏下了长江万里行程的第一个脚印。

万里长江从雪山走来，从亿万年的岁月走来。在这里，沱沱河、当曲、楚玛尔河三水合一，奔向了通天河，从这里开始，百转千回，终于有了一个响亮的名字——长江！

长江文明卡片

三江源自然保护区

三江源地处青藏高原的青海省，因属长江、黄河、澜沧江（湄公河）三大水系发源地而得名。其中，卡日曲为黄河的源头，黄河源区输送占黄河总水量49%；沱沱河为长江的源头，长江源区输送占长江总水量1.3%；扎曲为澜沧江的源头，澜沧江源区输送占澜沧江总水量15%。因此，三江源地区被誉为"中华水塔"。

2000年5月，青海省成立"三江源自然保护区"，2003年1月，国务院批准其为国家级自然保护区。

三江源是中国面积最大的自然保护区、中国海拔最高的天然湿地、世界高海拔地区生物多样性最集中的自然保护区。建立三江源自然保护区，对于保护三江源地区的生态系统、生物物种及其遗传多样性，具有十分重要的意义。

第二节　干流：巨龙蜿蜒

长江干流蜿蜒曲折，如巨龙起舞，气势如虹，令人惊叹。

长江正源沱沱河源出各拉丹冬雪山，与长江南源当曲汇合后称通天河；通天河与长江北源楚玛尔河汇流后，向东南流至玉树县巴塘河口，自此以下至四川省宜宾市间的长江干流称金沙江，宜宾以下始称长江。长江荆州河段一般称作荆江，扬州以下旧称扬子江。长江蜿蜒不息，最终在上海注入东海。长江干流全长6300余千米，所经省级行政区总共有11个，从西至东依次为青海省、西藏自治区、四川省、云南省、重庆市、湖北省、湖南省、江西省、安徽省、江苏省和上海市。

长江干流河道，按河道特征及流域地形，一般划分为上、中、下游三个区间。

上游：源头至湖北宜昌，长度为4512千米，占全江总长度的70.9%。在长江上游，悠久的古蜀文化融合大自然的鬼斧神工，独特的人文风情令人向往。

中游：湖北宜昌至江西湖口，长度为955千米，占全江总长度的15%。长江中游景色宜人，特别是三峡，犹如一首乐曲，时而慷慨，时而舒缓，每一段都有着感动人间的风景。

下游：湖口以下至长江入海口，

长江文明卡片

三级阶梯

长江流域地势西高东低，跨越中国地势的三大阶梯。

第一阶梯：江源水系、通天河、金沙江及支流雅砻江、岷江上游等流经的青南、川西高原和横断山脉，属于第一阶梯，一般高程在3500～5000米。流经第一阶梯的河流，除江源高平原区河谷宽浅、水流平缓外，多呈高山峡谷区的河流形态，水流湍急。

第二阶梯：宜宾至宜昌干流河段及支流岷江中下游、沱江、嘉陵江、乌江、清江及汉江上游流经的秦巴山地、四川盆地和鄂黔山地属于第二阶梯，一般高程在500～2000米。流经这一阶梯的河流，除盆地河段外，多流经中、低山峡谷，水流较湍急。

第三阶梯：长江中下游干流、支流汉江中下游及洞庭湖、鄱阳湖、巢湖、太湖水系流经的长江中下游平原和淮阳山地、江南丘陵，属第三阶梯，一般在500米以下，长江三角洲高程在10米以下。流经这里的河流，两岸多为平原或起伏不大的低山丘陵，河道比降平缓，河形弯曲，并多洲滩汊道。

长江文明卡片

长江第一弯

长江第一弯位于云南省丽江市石鼓镇与香格里拉县沙松碧村之间。

万里长江从世界屋脊青藏高原奔腾而下，在巴塘县城境内进入云南，与澜沧江、怒江一起在横断山脉的高山深谷中穿行，形成了"三江并流"的壮丽景观。到了香格里拉县的沙松碧村，突然来了个100多度的急转弯，转向东北，形成了罕见的"V"字形大弯，"江流到此成逆转，奔入中原壮大观"，人们称这天下奇观为"长江第一弯"。

关于江湾由来，民间传说：怒江、澜沧江和金沙江三姐妹结伴出游，半途发生争执，大姐、二姐固执地往南走了，金沙姑娘立志要到太阳升起的东方寻找光明和爱情。到石鼓后，金沙姑娘告别两位姐姐，毅然转身东去。金沙姑娘转身处，就形成了著名的"长江第一弯"景观。

长度为约930千米，占全江总长度的14.1%。长江下游蜿蜒曲折，串起富庶的田地和诸多名山大湖，最终奔入东海的怀抱。

第三节　支流：枝繁叶茂

庞大的长江水系接纳了众多的

支流，它们如同参天大树上的一根根枝条，干支交错，枝繁叶茂。

据统计，长江干流拥有700多条一级支流，次级、三级及其以上的支流，更是不胜其数。支流流经贵州、甘肃、陕西、河南、浙江、广西、广东、福建8个省、自治区，千溪百川汇入，气象万千。

雅砻江、岷江、嘉陵江、乌江、沅江、湘江、汉江、赣江是著名的长江八大支流，其具体情况是：

汉江：又称汉水，是长江最长的支流。汉江源于陕西省西南部宁强县，在湖北省武汉市入长江，全长1577千米。

雅砻江：是长江上游支流，源出青海省巴颜喀拉山南麓，在四川省攀枝花市附近入长江，全长1187千米。

岷江：是长江上游支流，源出岷山南麓，在四川省宜宾市入长江，全长793千米。

嘉陵江：是长江上游支流，源出陕西省凤县，在重庆市入长江，全长1119千米。

乌江：是长江上游支流，又称黔江。乌江北源六冲河出赫章县北，南源三岔河出威宁彝族回族苗族自治县东，最后在重庆市涪陵区入长江，全长1050千米。

湘江：是长江中游支流，源出广西省灵川县，东北流贯湖南省东部，在湘阴县入洞庭湖，全长817千米。

沅江：是长江中游支流，源出贵州省云雾山，在湖南省汉寿县入洞庭湖，全长993千米。

赣江：是长江中游支流，其东源出自武夷山，西源出自大庾岭，曲折北流至南昌以下分为十数支，主流在星子县入鄱阳湖，全长758千米。

水量大是长江支流的第一大特点。雅砻江、岷江、嘉陵江、乌江、沅江、湘江、汉江和赣江等8条支流的多年平均流量都在1000立方米每秒以上，都超过了黄河水量。

支流集中是长江支流的第二大特点。较大的支流几乎全部集中在长江干流中段的"一盆二湖"地区，即四川盆地和洞庭湖、鄱阳湖。

第四节 湖泊：灵动之星

长江水系的一个鲜明特点是，它还接纳了繁星密布似的众多湖泊。

长江流域不论是在中下游的平原沃野上，还是在江源地区的雪山冻土间，以及在滇北黔西的高原群山中，都分布着众多大小湖泊。据统计，全国1平方千米以上的自然湖泊77%都分布在长江流域。

长江文明卡片

湖泊成因

我国湖泊按成因有河迹湖（如湖北省境内长江沿岸的湖泊）、海迹湖（如西湖）、溶蚀湖（如云贵高原区石灰岩溶蚀所形成的湖泊）、冰蚀湖（如青藏高原区的一些湖泊）、构造湖（如青海湖、鄱阳湖、洞庭湖、滇池等）、火口湖（如长白山天池）、堰塞湖（如镜泊湖）、人工湖（如河南省汝南县宿鸭湖）等。

长江文明卡片

湖泊称呼

我国湖泊千姿百态，有趣的是，在湖泊的称呼上也反映出不同民族与语言的地域特点，如汉族称之为湖，白族称之为海，藏族称之为错，蒙古族称之为诺尔，满族称之为泡子。因地区和方言不同，对湖泊还有其他不同的称谓，如山东称之为泊，河北称之为淀，江苏、浙江、上海则称之为荡，等等。

目前，长江流域约有湖泊面积15200平方千米；接近全国湖泊总面积的20%。按其地理分布，可分为江源湖区、滇北黔西高原湖区和长江中下游平原湖区。其中，长江中下游平原湖区拥有全国著名的五大淡水湖中的四个，即洞庭湖、鄱阳湖、太湖和巢湖，以及星罗棋布的中小型湖泊，占流域湖泊总面积的92%。同时，由于自然条件的差异，长江流域湖泊的类型、性质和作用也有所不同。

江源湖区

江源地区湖泊星罗棋布，以小型湖泊和咸水湖居多，湖泊面积达400平方千米以上，约占长江流域湖泊总面积的3%。

这些湖泊多为构造运动形成的构造湖和受冰川作用形成的冰蚀湖。较大的湖泊有错仁德加（叶鲁苏湖）、雀莫错、玛章错钦、苟鲁山克错、雅兴错、尼日阿错改、苟仁错、错江钦等。其中一些湖泊与外流河相通，属外流湖；另一些湖泊自成水系，成为内陆湖。

高原湖泊

由于青藏高原气候有变干的趋势，冰雪融水补给量减少，蒸发旺盛，湖面日趋缩小，湖水矿化度增加，目前不仅内陆湖全为咸水湖或盐湖，大多数外流湖也逐渐演变为咸水湖。

滇北黔西高原湖区

滇北黔西高原湖区包括滇北、黔西以及毗邻的川西一带的高原湖泊，湖泊总面积约500平方千米，占长江流域湖泊总面积的3.3%。这里的湖泊主要是受构造运动影响产生的构造湖和少量岩溶湖，均为矿化度较低的淡水湖。主要湖泊有滇池、泸沽湖、抚仙湖、程海、草海、邛海、马湖等。其中滇池是云贵高原最大的湖泊。

泸沽湖

长江中下游平原湖区

中国最重要的淡水湖区，全国五大淡水湖除洪泽湖外，其余均在长江中下游地区。长江中下游湖泊面积为14073平方千米，约占全流域湖泊面积的92%；100平方千米以上的湖泊有13个，依次为：鄱阳湖、洞庭湖、太湖、巢湖、华阳河水系湖泊、梁子湖、洪湖、石臼湖、南港湖、西凉湖、长湖、武昌湖、菜子湖等。

长江中下游湖泊的成因主要是在构造断陷的基础上，由河流或河海冲淤而形成，或者是河流泥沙淤塞古河道的结果，它们都与长江有着密切的关系。

鄱阳湖：中国第一大淡水湖，位于江西省南昌市和九江市之间，常年面积为2978平方千米。鄱阳湖水产丰富，有鱼类90余种，银鱼品质上佳。鄱阳湖是世界上最大的鸟类保护区，每年秋末冬初，有成千上万只候鸟，从西伯利亚、蒙古、日本、朝鲜以及中国东北、西北等地来此越冬。如今，保护区内鸟类有300多种，数量近百万只，其中白鹤等珍禽50多种，鄱阳湖因此也被称为"白鹤世界"、"珍禽王国"。

鄱阳湖水鸟

洞庭湖：中国第二大大淡水湖，位于湖南省北部，河网密集，水系复杂，是长江重要的洪道型湖泊。洞庭湖全盛时期面积达 6000 多平方千米，号称"八百里洞庭"，但由于气候环境变化、泥沙淤积及围湖造田等原因，湖区面积逐渐缩小，现高水位时湖面面积最大仅为 2740 平方千米。目前，湖区耕地面积占湖南全省的 1/6，人口占全省的 1/9，商品粮产量占全省的 1/3，棉花产量占全省的 2/3，水产产量占全省的 1/3，是湖南省最重要的粮、棉、水产基地。

洞庭湖荷花

太湖：位于太湖平原中心，横跨苏、浙两省，高水位时湖面最大面积可达 2400 多平方千米（相当于 380 个西湖的面积），是我国第三大淡水湖。太湖流域河网纵横交织，湖泊密布，组成了庞大的灌溉系统和内河水运网。湖区盛产粮、棉、油、蚕丝、茶等，是中国重要的淡水水产基地。"太湖三白"（银鱼、白鱼、白虾）和太湖珍珠名闻中外，享有"鱼米之乡"的美称。流域内上海、杭州、苏州、无锡等大中型城市，是中国经济社会发达的地区。

太湖芦花

巢湖：中国第五大淡水湖，位于安徽中部，面积 780 平方千米。历史上巢湖四周层峦叠嶂，树木苍翠，湖水清澈，鱼虾满湖，银鱼、秀丽白虾、湖蟹被誉为"巢湖三鲜"。

总之，长江水系犹如扎根中华大地的生命之树，以规模庞大、支流众多、径流丰富、湖泊众多著称于世，其磅礴的气势、宽怀的气度、精致的灵气，令人叹服。

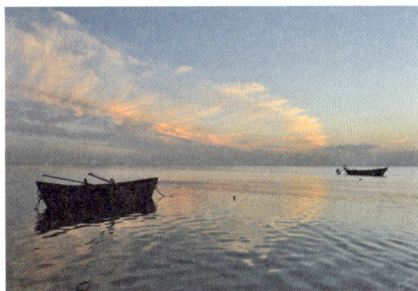

巢湖晚霞

长江文明卡片

"长江"名称及各段别称的由来

长江古称"江"。在我国上古时代，"江"是个专用名词，特指长江。

中国古代文献中，最早出现"江"一词的是《诗经》。《诗经·周南·汉广》载曰："汉之广矣，不可泳思。江之永矣，不可方思。"这个"江"就是今日之长江。

春秋时代，吴王铜剑上刻有"处江之阳"四字，其中的"江"也是指的长江。

此后，我国古代许多书籍和诗文中都有关于"江"的记载和描述，如屈原《哀郢》中"将远舟而不浮兮，上洞庭而下江"；《左传》中"江汉沮漳，楚之望也"；等等。

东汉年间，随着人们对长江的认识逐步加深，感到单称"江"不能完全表达这条大河源远流长的地理特征，所以又根据它的特点起了个新的名称——"长江"。

晋朝以后，称"长江"者逐渐多了起来，如东晋王羲之在一封信中写道："今军破于外，资竭于内，保淮之志非复所及，莫过还保长江！"

唐代以后，"长江"一名更为多见，如李白的千古名句"孤帆远影碧空尽，惟见长江天际流"，等等。

长江因其宏大的气势，人们也多称其为"大江"，如苏东坡名句"大江东去，浪淘尽，千古风流人物"。

同时，由于古代科学不发达，交通也不方便，古人很难认识长江的全貌，于是形成了很多的分段别称。长江各段名称和别名总计不下30种，一般常用的分段名称有：

从江源至当曲口，称沱沱河，为长江正源。

当曲口至青海省玉树县巴塘河口，称通天河。通天河的河床海拔高达三四千米，和长江中下游相比较，真可谓是通天的河流。

巴塘河口至四川省宜宾市岷江口，称金沙江，因该段江中出产沙金而得名。

岷江口至长江入海口，通称长江。其中，宜宾市至湖北省宜昌市，因长江大部分流经四川省境内，俗称川江。川江纳众支流入三峡，水量骤增一倍以上。同时由于三峡多悬崖峭壁，故又称峡江。长江过宜昌后，江面骤然展宽，进入"极目楚天舒"的两湖平原。从湖北省宜都市至湖南省岳阳市城陵矶，因长江流经古荆州地区，俗称荆江，俗语谓"万里长江，险在荆江"，就指的是这一段。荆江的下半段素有"九曲回肠"之称。江苏省扬州、镇江及以下江段，因古有扬子津渡口，得名扬子江。此外，近代不少国家也把整条长江称为扬子江。

第三章
大江厚馈

千百年来，母亲河长江给予我们最慷慨、最无私、最大度的馈赠：充沛的降水、巨大的落差带来丰富的水资源和水能资源，得天独厚的地理位置与气候条件更是创造了巨大的动植物基因库，气候与水资源的优势孕育出发达的农业，滔滔的江水与密布的河网更是天然鱼仓，在崇山峻岭下埋藏着储量丰富的矿产资源……物华天宝，大江厚馈，流金淌银的长江为人类活动和经济发展提供了优越的自然条件和丰富的资源基础，万里长江自古就是中国经济发达、人民富庶的一块热土。

下面，就让我们走进长江资源宝库，感恩长江的慷慨馈赠吧！

第一节 水资源

地球上的水资源，从广义来说是指水圈内水量的总体，可供灌溉、发电、给水、航运、养殖等多种用途，是生命之源，生态之基，也是发展国民经济不可缺少的重要自然资源。

长江是中国第一大河，水资源

中国水资源分布图

总量为9960亿立方米，为黄河的20倍，占全国的35%以上，居全国第1位。

长江流域人均占有水资源量为2246立方米，单位国土面积水资源量为56万立方米每平方千米，约为全国平均值的2倍，耕地亩均占

有水资源量为2000立方米。

上述一串数据，足以表明长江水资源总量的充沛。丰富的水资源不仅为长江流域数亿人口提供了日常生活用水，更是长江流域社会经济发展的重要保障。

但需要强调的是，长江水资源总量虽然相对丰富，但人均、亩均水资源占有量却处于较低水平，耕地亩均占有水资源量约为世界平均水平的70%，人均占有水资源量仅为世界人均占有量的30%。同时，长江流域人均占有水资源量分布极不均匀，上游的金沙江石鼓以上地广人少，人均占有水资源量达到60855立方米，而下游的太湖水系人均占有水资源量仅为456立方米，只有长江流域平均水平的1/5。而且，随着社会经济发展，城市扩张与人口增加日益明显，水量丰沛的长江流域人均水

资源量减少之势也越发明显。

特别需要指出的是，长江还是中国水资源配置的战略水源地，是实施国家能源安全战略的重要支撑。对水资源在经济社会系统和生态环境系统之间、不同区域之间以及不同用水行业之间进行合理配置，使得水资源配置格局与经济社会发展及生态环境保护的要求相协调，在保障经济社会又好又快发展的同时，可以有效保护水资源，维护生态平衡，改善环境。丰富的水资源，使长江流域成为南水北调工程的水源地。预计到2030年，在满足长江流域经济社会发展和生态环境保护用水要求的基础上，多年平均年向外流域调出水量将达到452.5亿立方米，受水区主要位于黄河、淮河、海河三大流域，对中国经济社会发展将起到重大推进作用。

第二节 农业资源

长江流域面积约为180万平方千米，约占全国总面积的1/5。长江流域面积广袤，资源富集，是我国重要的农业基地。

长江文明卡片

世界节水日

水是生命之源。为满足人们日常生活、商业和农业对水资源的需求，联合国组织长期以来致力于解决因水资源需求上升而引起的全球性水危机。

1977年召开的联合国水事会议，向全世界发出严正警告：水不久将成为一个深刻的社会危机，继石油危机之后的下一个危机便是水。

1993年1月18日，第47届联合国大会作出决议，确定每年的3月22日为"世界节水日"。

长江文明卡片

"湖广熟，天下足"

自宋元以来，关于中国农业的主产区，一直有"苏常熟，天下足"或"苏湖熟，天下足"的说法，如南宋有民谣"苏湖熟，天下足"，及至明代，又有了"湖广熟，天下足"的说法。这些民谣的流行，说明宋元明清时期中国的粮食供应基地主要集中于长江中下游的苏湖、湖广等平原和湖沼地区。明成化八年（公元1472年），朝廷规定全国运京师粮共400万石，其中湖广、江西等地就有324万余石，占绝大部分。长江中下游有"天下粮仓"的美誉，"湖广熟，天下足"可谓名副其实。

耕地，是种植业得以存在的必要条件之一。长江流域涉及的19个

省级行政区共有耕地6859.83万公顷，占全国耕地总面积的53.79%。其中，干流涉及的11个省级行政区，有耕地3717.83万公顷、占全国耕地总面积的30.54%。耕地95%分布在四川盆地和长江中下游地区，其中成都平原、江汉平原、洞庭湖区、鄱阳湖区、巢湖区和太湖区为主要产粮区。

在长江流域广袤、肥沃的土地上，长江儿女辛勤耕耘，加之优越的光、热、水、土等诸多先天条件的辅助，使得该地在历史上一直是我国粮食与经济作物的重要产区。如今，长江流域出产的水稻占全国总产量的2/3，油料占全国总产量的1/3，生猪出栏量也超过6成以上。

"天下粮仓"江汉平原

水稻自古以来就是长江流域最主要的粮食作物。长江流域夏季高温多雨的气候对水稻生长极为有利，水稻可达到一年二熟。长江流域平原丘陵广布，河网塘堰水库众多，为水稻田间灌溉带来了便利。太湖平原、鄱阳湖平原、洞庭湖平原、江汉平原、成都平原因盛产水稻而享有"鱼米之乡"的美誉。

长江流域的油料作物以油菜、油茶为主。长江流域是中国油菜的最重要产区，长江三角洲、皖中平原、鄱阳湖平原、洞庭湖平原、江汉平原、成都平原以及贵州中西部和西北部、云南中部和东部都是油菜籽集中产区。据统计，长江流域油菜种植面积占全国油菜种植面积的90%以上，油菜籽总产量占世界油菜籽菜籽总产量的20%以上。油茶是木本油料作物，为长江流域著名的特种经济树种，有"东方橄榄油"之称。我国油茶主要分布在长江流域及其以南的10多个省（区、市），其中以江西、湖南、广西三省（区）分布最广，占到全国油茶种植面积的70%以上。

油菜花海

第三节 森林与野生动植物资源

长江流域属于典型的亚热带季风气候，光、热、水条件优越，适合于多种林木的生长，中国三大林区中的西南、中南林区，大部分分布于长江流域。目前，长江流域用材林存量仅次于东北林区；经济林存量则居全国首位，以油桐、漆树、柑橘、竹林、茶树等最为著名。

同样，长江流域具有多种气候条件，以及与之相适应的多种植被条件，野生动植物生活的外界环境极为多样，因而，长江野生动物、植物种类非常丰富。

长江流域国家重点保护的野生动植物群落、物种和数量在我国七大流域中多占首位，古老珍稀的子遗植物如水杉、银杉、珙桐；硕果仅存的珍禽异如大熊猫、金丝猴、江豚、扬子鳄、朱鹮等驰名中外。

为了保护长江流域的森林与野生植物资源，流域内已建立了100多处自然保护区，如湖北小河、湖南洛塔以保护水杉原始林为主；湖南八大公山、湖北木林子以保护珙桐和香果树为主；四川金佛山、湖南紫云万峰山、贵州道真县以保护银杉为主；四川攀枝花、云南普渡河以保护天然苏铁林为主等。

苏铁

长江流域许多具有代表性的植被类型分布区也建立了自然保护区，如江苏宝华山、浙江龙王山以保护北亚热带常绿落叶阔叶混交林为主；江西井冈山、湖南舜皇山以保护中亚热带常绿阔叶原始林为主；湖南大庙口以保护南亚热带常绿阔叶林为主；等等。

在保护珍稀野生动物方面，同样建立了许多保护区，如四川卧龙、王朗和陕西佛坪以保护大熊猫为主；湖南八面山以保护华南虎为主；云南纳帕海以保护黑颈鹤为主；四川白河、湖北神农架以保护金丝猴为主；江西潦河以保护大鲵为主；安徽宣城以保护扬子鳄为主；陕西洋县以保护朱鹮为主；四川喇叭河以保护羚羊为主；湖北新螺江段以保护白暨豚、江豚、麋鹿为主，等等。

长江文明卡片

"四不像"麋鹿

麋鹿，世界珍稀动物，鹿科。因其头脸像马、角像鹿、颈像骆驼、尾像驴，因此得名"四不像"。性好合群，善游泳，喜欢以嫩草和水生植物为食。

麋鹿原产于中国长江中下游沼泽地带，《墨子》记载："荆有云梦，犀兕麋鹿满之。"说明长江流域曾是麋鹿的故乡，当时种群十分发达。

由于自然气候变化和人为因素，在汉朝末年，麋鹿近乎绝种。元朝时，为了以供游猎，残余的麋鹿被捕捉运到皇家猎苑内饲养。到 19 世纪时，只有一群麋鹿孤零零地生活在北京南海子皇家猎苑内。

公元 1865 年秋季，法国博物学家、传教士大卫在北京无意中发现了这群麋鹿。他立即意识到，这可能是动物分类学上尚无记录的一种鹿。于是，大卫以 20 两纹银的代价，买通猎苑守卒，弄到了两只麋鹿，制作成标本，并最终确认为从未发现的新种。从此，麋鹿也被称为"大卫鹿"。

此后，英、法、德、比等国通过明索暗购等手段，从北京南海子猎苑弄走几十头麋鹿，饲养在各国动物园中。

公元 1894 年，北京永定河泛滥，洪水冲垮了猎苑围墙，许多麋鹿逃散出去，成了饥民的果腹之物。1900 年，八国联军攻入北京，南海子麋鹿被西方列强劫杀一空，麋鹿在中国本土灭绝。

1985 年，在世界野生动物基金会的努力下，英国政府决定向中国无偿提供麋鹿。截至目前，中国已在北京、江苏大丰市、湖北石首市、河南原阳县等地实施麋鹿散养计划，全国已有麋鹿 2000 多头，初步形成种群。

麋鹿

第四节 水产资源

长江流域水系庞大，水域栖息地面积广阔，水环境条件各异，呈现出鱼类资源量大、种类丰富、经济种类多、特有性高的特点，享有"中国天然鱼仓"的美称。

根据相关调查及统计，长江流域鱼类品种、产量均居全国首位，其中产量占全国总产量六成以上。

长江水系淡水鱼已知 274 种，为全国淡水鱼种的 39%，其中鲤科占半数以上，主要经济鱼类 60 多种，产区主要在中下游水域。

长江水产主要有四大家鱼以及中华绒螯蟹等。四大家鱼即青鱼、草鱼、鲢鱼、鳙鱼，均属鲤科鱼类，是我国主要经济鱼类。

青鱼又叫螺蛳青，身体呈青黑色，鳍为灰黑色，外形略呈圆筒形，栖息在水域底层，以螺蛳、蚬、虾和水生昆虫为食，在四大家鱼中生长速度最快。

草鱼又叫鲩鱼，身体颜色淡黄，形状略呈圆筒形，与青鱼相似，生活在水域的中下层，以水草为食物。

鲢鱼又叫白鲢，体色银白，体形侧扁，呈纺锤形。生活在水域上层，以硅藻、绿藻等浮游植物为主食。鲢鱼性情急躁，善于跳跃。

鳙鱼又叫花鲢，因头部较大，俗称"胖头鱼"。背部及体侧上半部微黑，有许多不规则的黑色斑点；腹部灰白色，鳍呈灰色，上有许多黑色小斑点。体型与鲢鱼相似，栖息在水域的中上层，以浮游生物为主食。

长江还有许多名贵鱼种，如中华鲟、胭脂鱼、武昌鱼以及"长江四鱼"（银鱼，刀鱼、鮰鱼、鲥鱼）

等，以味道鲜美著称于世。

长江文明卡片

武昌鱼

武昌鱼，学名团头鲂，俗称"樊口鳊鱼"，产于湖北省鄂州市梁子湖与长江交汇处的樊口一带水域。

据《三国志》载：吴甘露元年（公元265年），末帝孙皓从建业（今南京）迁都武昌（今鄂州），达官贵人怨声载道，他们引用"宁饮建业水，不食武昌鱼；宁还建业死，不止武昌居"的童谣，作为反对迁都的依据，这段史实使武昌鱼名声大震。以此事入典的诗词历代多有，如南北朝诗人庾信的"还思建业水，终忆武昌鱼"，唐代诗人岑参的"秋来倍忆武昌鱼，梦著只在巴陵道"，宋代诗人范成大的"却笑鲈乡垂钓手，武昌鱼好便淹留"，等等。

1956年6月，毛泽东在武汉横渡长江后，品尝了清蒸鳊鱼，并写下著名的《水调歌头·游泳》，开篇即是"才饮长沙水，又食武昌鱼"，毛泽东典故活用，把"武昌鱼"与其家乡的"长沙水"并列而咏，浓郁的喜爱之情油然流露。从此，武昌鱼更是名扬海内外。

中华绒螯蟹又称河蟹、毛蟹、清水蟹、大闸蟹，因其螯部生有绒毛而得名，是我国重要的经济蟹类。中华绒螯蟹为杂食性动物，鱼、虾、螺、蚌、蚯蚓、昆虫都是它的食物。广泛分布于各地湖泊，以长江水系产量最大，又以阳澄湖出产的最富盛名，口感极其鲜美，是我国著名的美食。秋季为食用中华绒螯蟹的最佳时节，有"秋风起蟹脚痒，九月圆脐十月尖"的民谚流传。

大闸蟹

但需要指出的是，由于环境污染、过度捕捞等人为因素影响，目前长江鱼类面临枯竭的危险，据中国科学院水生生物研究所等科研机构的长期监测数据显示，长江中野生四大家鱼数量正在急剧下降，由20世纪50年代的300多亿尾，降为目前的不足1亿尾。

长江一些珍稀鱼类更是陷入灭绝境地。中华鲟是中国特有的古老珍稀鱼类，与恐龙生活在同一时代。

据文献记载，在长江捕获的中华鲟最大体重达到了560千克。即便几十年前，100千克以上的中华鲟在长江流域也较常见。

白鲟也是与恐龙同时代的物种，仅在中国长江存活了下来，比大熊猫还珍贵。据记载，新中国成立初期，长江中白鲟数量还很多，南京曾捕获一尾7米长的大白鲟。

刀鱼、鲥鱼和河豚被誉为"长江三鲜"，历代文人墨客品尝之后，盛赞不已，如王安石就有"蒌蒿满地芦芽短，正是河豚欲上时"的诗句。

然而，由于长江渔业资源急剧衰退，这些珍稀鱼类的种群日趋濒危，分布区域与个体越来越小，数量也在逐年减少，有些种类或已几近灭绝，难觅其踪。

保护鱼类种群数量与实现长江流域渔业的可持续发展，成为迫在眉睫的重要问题。

第五节　水能及矿产资源

长江是我国第一大河，从源头到入海口，跨越中国地势的三级阶梯，总落差超过5400余米，年平均径流量达1万亿立方米。长流域、多径流、高落差的特点，造就了长江流域丰富的水能资源，长江也因此被称为"水能宝库"。

长江丰富的水能资源

长江流域水能资源理论蕴藏量达 2.68 亿千瓦，可开发量 1.97 亿千瓦，年发电量约 1 万亿千瓦时，占全国的 53.4%。长江水能资源主要分布于上游的金沙江、雅砻江、大渡河、岷江、乌江、长江三峡段，以及中游的清江、沅江、汉江、赣江。

在我国近年大力开发的 12 个大型水电基地中，长江流域就有 7 个，分别是金沙江水电基地、长江上游干流水电基地、雅砻江水电基地、大渡河水电基地、乌江干流水电基地、湘西水电基地和闽浙赣水电基地。

长江流域的地下矿产资源丰富，矿种齐全，有些矿种储量较大。据统计，全国 136 种主要矿产资源中，长江流域就拥有 109 种，储量超过全国储量 80% 以上的有钒、钛、汞、锆、铷、铯、锶、磷、芒硝、硅石、萤石、蓝石棉等；储量超过全国储量 50% 以上的有铜、钨、锰、碘、重晶石、高岭土、天然气等。湖南、江西的钨矿，湖南的锑矿，湖北的磷矿，均居全国之首。

长江文明卡片

亚洲第一坑

大冶铁矿露天采场位于湖北省黄石市铁山区，有"亚洲第一坑"之称。

大冶铁矿俗称铁山，面积 12.6 平方千米，探明储量 1.4 亿吨，含铁量 30%～60%，品种主要为赤铁矿、磁铁矿、混合矿等，为中国十大铁矿之一。

大冶铁矿历经百年开采，形成了规模宏大的"亚洲第一采坑"：东西长 2200 米，南北最宽处 550 米，坑口面积达 108 万平方米，底部面积 8150 平方米，海拔 276 米至负 168 米，最高落差 444 米，为世界露天矿坑边坡之最。采矿坑还留下一条长达万米的井下开采废弃巷道。这个露天矿坑"深凹高陡"，是中国近代工业文明的缩影，被誉为"亚洲第一坑"。

总体而言，长江流域属于能源短缺地区，而且地区分布也不均衡，能源主要集中在长江上游地区，如可开发的水能资源84%分布在上游，其中56%集中在四川省；煤炭资源有9.04%集中在上游地区，其中有64%集中在贵州省；天然气主要集中在四川省境内；石油则主要分布在南阳盆地、江汉平原和川中地区。

第六节 通航资源

水运具有占地少、成本低、能耗小、污染轻、运距长、运能大等比较优势，已经成为世界很多国家综合交通运输体系的重要组成部分。

而航道则是水运的首位要素，具有基础性和服务性，是舟楫通行的基本资源。

长江是我国唯一贯穿东、中、西部的水路交通大通道，长江航运以其密集的干支网络，连接着上、中、下游地区的中心城市及众多中小城镇，通江达海，沟通主要资源地和消耗地，是长江流域综合运输大体系的主骨架。

根据统计，长江流域通航里程70000千米，占全国总通航里程的70%以上。在世界范围内，长江水系通航里程居世界之首。长江干支流航道与京杭运河共同组成我国最大的内河水运网。其中干流通航里程2713千米，上起四川宜宾，下至长江口。支流航道700余条，以下

长江文明卡片

长江纤夫

千百年来，在长江上游一些险峻的航道，船只通行困难。这时，那些以拉纤为生的纤夫出现了。在关键的地方，在关键的时刻，他们屈着身子，背着僵绳，一瘸一拐地往前迈。

纤夫拉纤时，会喊一口船工号子。每当逆水行船或遇上险滩恶水时，全靠纤夫合力拉纤，号子声声，空谷回荡，别有一番情趣。

有许多纤夫拉纤的时候是不穿衣服的，暮春、夏季、初秋等温暖的时节多是光着身子，即使面对众人也泰然自若。

赤裸身体的纤夫拉着船只在长江艰难上行，高亢激昂的纤夫号子在长江山崖间回响，构成了一幅幅粗犷、古老的长江风情画卷。

游太湖水系最为发达。干支流水运中心为重庆、武汉、长沙、南昌、芜湖和上海等港口。

目前，随着长江经济带、长江中游城市群发展战略的实施，和长江沿岸经济的快速发展，长江航运再次崛起，货运量、周转量和港口吞吐量以年均两位数的速度迅速增长。2005年，长江干线货运量达到7.95亿吨，首次跃居世界首位；2008年长江干线货运量突破12亿吨，为美国密西西比河的2倍、欧洲莱茵河的3倍；2014年长江干流货物通过量突破20亿吨，达到20.6亿吨，长江成为世界内河运输最繁忙、运量最大的通航河流，成为一条名副其实的黄金水道。

长江滚滚东流，日夜不息，赋予我们可贵的资源，是我们发展、繁荣的坚实基础与保障。

面对母亲河的无私厚馈，我们要心留感激，心存敬畏，努力建设一个资源节约、环境友好的绿色长江、健康长江。

长江文明卡片：
长江厚馈与武汉崛起

无论中外，遑论古今，大江大河都呈现出旺盛的生命力。世界上很多著名都市的崛起，都与其地处大江大河之滨密切相关，中国武汉就是这样一例，它依江而建，因江而兴。

武汉是一个典型的滨水城市，长江与其中下游最大的支流汉江在此汇合。正是由于水运的便捷，明嘉靖年间在汉江新河道北岸形成新兴的汉口镇，来自安徽、山西、陕西、江西等地商人纷纷前来经营，形成盐、典当、米、木材、棉布、药材六大行业，沿江上下二十里内，店铺商号林立。

明末，汉口与朱仙镇、景德镇、佛山镇同称天下"四大名镇"，成为全国性水陆交通枢纽，享有"九省通衢"美誉，货物山积，商贾辐辏。汉口的港口贸易运输业异常发达，成为中国内河最大的港口，呈现出"十里帆樯依市立，万家灯火彻夜明"的盛况。

公元1858年，清政府与列强签订的不平等条约《天津条约》中增辟11个通商口岸，其中就包括汉口。公元1861年3月，汉口正式开埠，先后开辟了汉口英租界、汉口德租界、汉口俄租界、汉口法租界和汉口日租界五国租界。以英国为首的各国外商经营长江航运和茶叶等农产品出口业务。汉口的对外贸易很快远超广州，几与上海并驾齐驱。

一时间，汉口社会经济高度繁荣，享有"东方芝加哥"的美誉。

公元 1889 年，张之洞担任湖广总督。督鄂期间，张之洞推行"湖北新政"，修铁路，兴教育，练新军，特别是创建汉阳铁厂、湖北枪炮厂等，极大地刺激了武汉近代工业的兴起和城市商品经济的发展。这个时期，武汉以其优越的地理条件和重要的经济地位，名闻中外。

1911 年 10 月 10 日，著名的辛亥革命首义于武昌，一举推翻封建帝制，成立中华民国，武汉一跃成为中国革命中心。

可以说，正是仰赖长江母亲河的无私与奉献，武汉一直站在中国政治、经济、文化发展大潮的前列。

老汉口码头

第四章
美丽长江

长江流域独特的地理环境与自然气候造就了精彩纷呈的长江胜景：山地千姿百态，河川气象万千，湖泊璀璨妩媚，名楼古刹林立。长江流域丰富多样的旅游资源在全国首屈一指，在国际上也是闻名遐迩。徜徉其间，流连往返，我们每每惊叹于大自然奇妙的造化与先民的智慧，真可谓天设地造，人间胜景。

第一节 丰富多彩的地貌景观

长江流域自西向东跨越了我国地势的三大阶梯，地貌类型多种多样，可划分为江源高原、川西山地高原、四川盆地、湘西山地、鄂西山地、黄淮平原、大别山区、长江中下游平原、浙西山地等地貌单元，或高原山地，或平原丘陵，或河流湖泊，各展风姿，各具风采。

江源高原：位于青藏高原腹地，平均海拔在 4000 米以上，其地貌特征是北、西、南分别被昆仑山、乌兰乌拉山及祖尔肯乌拉山、唐古拉山所围，东北部被巴颜喀拉山阻拦，仅东南部有逐渐走低的河谷地势，是长江和澜沧江源区的出口。

川西山地高原：位于岷山、邛崃山、大凉山一线以西，平均海拔2000 米以上，河流众多，水系密集，分割强烈，下切旺盛，因而形成高山深谷、岭谷相间、南北纵列的地势。

四川盆地：位于四川东部，由于其在地质历史上是稳定拗陷而形成的湖盆，其中堆积了厚达数千米的紫色或红色岩层，故有"紫色盆地"之称。盆地西部是著名的成都平原，有"天府之国"的美誉。

江源高原

湘西山地：为湖南省地势最高的地区，山峰海拔多在千米以上，其中武陵山脉峰峦挺拔，景色迷人。

鄂西山地：包括巫山、武当山、神农架、荆山等中低山脉，以形势险峻雄伟的峡谷地貌闻名于世。

大别山区：位于鄂、豫、皖三省交界处，海拔 1000 米左右，以迷人的自然风光和厚重的人文景观著称于世。

大别山天堂寨

黄淮平原：是华北平原的一部分，大部地表由淮河及其支流的冲积物覆盖，一望无垠，心旷神怡。

长江中下游平原：包括两湖平原、鄱阳湖平原、苏皖沿江平原和长江三角洲，地势低平，河网交织，湖泊众多，土地肥沃，是我国重要的农业生产基地。

浙西山地：是天目山、武夷山及以东的浙、闽两省的低山丘陵的

长江文明卡片

大别山

大别山西起河南桐柏山，沿东南走向经湖北东部，绵延至安徽西部，与西部的秦岭横亘于我国中部，是我国南北水系的分水岭，也是我国南北气候和植被分界的过渡地带。

关于"大别"一词的来源，有几种说法，其一是，在洪荒之世，大别山将浑然一体的天地分了开来，故而得名；其二是，传说李白登上大别山时曾赞叹："山之南山花灿漫，山之北白雪皑皑，此山大别于他山也。"大别山因此得名。

大别山峰峦叠嶂，风光无限。横亘皖鄂的大别山主峰天堂寨海拔 1729 米，高耸入云，北望中原，南眺荆楚，十万大山拥拜于下，气势非凡。

大别山人文底蕴丰厚，这里是活字印刷术发明者毕昇的故乡，是明代医圣万密斋、清代"戒毒神医"杨际泰、京剧鼻祖余三胜等名人的故里；大别山还是一座红色的山、英雄的山，黄麻起义、中原突围、千里跃进大别山等，谱写出惊天地、泣鬼神的英雄诗篇。

古老的历史，绝美的风光，神秘的遗迹，传奇的故事……这一切，让雄伟秀丽的大别山生机勃勃，魅力无穷。

总称。该区域丹霞地貌发育，是我国著名的丹霞风景区。

丰富多样的地貌景观，造就了

丹霞地貌

长江流域美不胜收的绝色景观，令人目不暇接。下面，就让我们徐徐展开长江画卷，走进美丽长江。

长江干流区：长江干流一泻千里，与两岸绝佳的风景名胜如影相随，如重庆缙云山、忠县石宝寨、当阳玉泉寺、荆州古城、武汉黄鹤楼、湖南岳阳楼、江西彭泽小孤山、湖口石钟山、江苏镇江"三山"（金山、焦山、北固山）、南通狼山等。当然，若论长江干流上最璀璨的一颗明珠，则非三峡莫属。

荆州古城

巴蜀区：以成都为中心，青城山、峨眉山、乐山大佛、小三峡风

景迷人；以重庆为中心，大足石刻、古栈道、剑门关声名远扬。其中，九寨沟风景区更是蜚声中外。

大足石刻

长江文明卡片

有关乐山大佛的几个小常识

★乐山大佛位于四川乐山市南岷江东岸凌云寺侧，濒大渡河、青衣江和岷江三江汇流处，是中国最大的一尊摩崖石刻造像。

★乐山大佛开凿于唐代开元元年（公元713年），完成于贞元十九年（公元803年），历时90年。

★乐山大佛通高71米，头高14.7米，头宽10米，发髻1021个，耳长7米，鼻长5.6米，眉长5.6米，嘴巴和眼长3.3米，颈高3米，肩宽24米，手指长8.3米，从膝盖到脚背28米，脚背宽8.5米，脚面可围坐百人以上。

滇黔区：金沙江两岸的深山峡谷有"动植物王国"之称，丽江、泸沽湖畔"女儿国"，更展示了特有的民族风情。贵州属于喀斯特地区，地下溶洞神妙莫测。

虎跳峡

虎跳峡纪念碑

鄂西区：特色景观主要分布在汉江流域，包括道教圣地武当山和神农架原始森林等。

武当山

湘西湘北区：湘西景观主要是武陵三胜境，即张家界、索溪峪和天子山。湘北景观有岳阳楼、洞庭湖、君山、岳麓山、橘子洲头，等等。

皖南区：以黄山、九华山山地景观为主，兼得园林、庙宇之趣。黄山以"四绝"（奇松、怪石、云海、温泉）闻名；九华山是我国四大佛教名山之一，素有"东南第一山"之称。

皖南民居

赣北赣西区：包括鄱阳湖、庐山、井冈山、三清山等名山。庐山是我国诸多名山中开发较早的旅游避暑胜地；井冈山是中国著名的革命根据地；三清山是长江中下游地区主要道教胜地。

长江三角洲区：该区域的景观以湖光水色、古典园林为特色，灵秀绮丽，令人眼花缭乱。

中国地域辽阔，美景无数，同时因为环境、气候、人文等诸多因素影响，各地风景景致各不相同，各有风韵。在长江流域，其景观也有着别样的美丽与特色。

首先，名山荟萃。长江流域风景名山数量之多，为全国之冠。中国风景名山近一半位于长江流域，它们主要有贡嘎山、峨眉山、缙云山、金佛山、青城山、武陵山、衡山、武当山、大洪山、钟山、云台山、雁荡山、普陀山、天台山、黄山、九华山、天柱山、井冈山、三清山、龙虎山、琅琊山、八公山等。这些风景名山融自然景观和人文遗迹于一体，令人向往。

第二，梦里水乡。长江流域水乡水景，多姿多彩，无论是海滨江河，还是峡谷湖泊，以及泉水瀑布，均姿态各异，仪态万方。如嵊泗列岛、普陀山、朱家尖海风阵阵，长江、富春江、新安江、楠溪江风情万种，长江三峡、大宁河小三峡、淮河小三峡气势雄伟，虎跑泉、龙井泉、惠山泉灵动可爱，庐山三叠瀑飞流直下。尤其值得大书特书的是，长江流域湖泊众多，我国五大淡水湖除洪泽湖外，其他四大湖泊均在长江流域内。此外，长江流域还有武汉东湖、杭州西湖、扬州瘦西湖、

嘉兴南湖、宁波东钱湖、淳安千岛湖等湖泊，碧波荡漾。行走湖畔，一派江南梦里水乡的景象，扑面而来。

三峡

庐山瀑布

瘦西湖

第三，园林众多。长江流域气候温和，河流湖泊密布，植被四季

常绿，为造园提供了优越的自然条

长江文明卡片

中国四大园林

中国园林根据其建造风格，可以分为江南、北方、巴蜀、岭南四大体系。

江南园林：江南园林追求诗情画意，有三个显著特点，即叠石理水，水石相映，构成园林主景；花木种类众多，布局有法；风格淡雅、朴素。主要分布于江浙一带，如苏州拙政园、留园、网师园、沧浪亭等。

北方园林：北方园林规划布局工整，园林中国、山雄伟，以高、壮为美，赋予园林以凝重、严谨的格调。主要分布于北京、河北一带，如恭王府花园、北大勺园等。

巴蜀园林：以"文、秀、清、幽"为风格，与皇家园林、私家园林相比，更具民间风貌。主要分布于四川，如杜甫草堂、望江楼等。

岭南园林：岭南园林规模较小，且多数是宅园，一般为庭院和庭园的组合。主要分布于广东一带，如顺德清晖园、东莞可园等。

件。六朝、五代、宋及元、明、清各朝代，江南经济发达，成为官僚地主、士大夫和巨富豪强的消遣享乐之地，他们纷纷斥资兴建园林，从而使长江流域成为园林荟萃之地。园林大多集中于苏州、南京、无锡、扬州、杭州、绍兴、嘉兴等地。据记载，仅苏州一地，明代园林就有271处，清代园林130处，由此可见苏州园林之盛况。至今仍有不少园林精品被保存下来，苏州沧浪亭、狮子林、拙政园、留园，无锡寄畅园等成为江南园林的代表，艺术造诣极高，是中外旅游者江南游的首选目标。

第二节 驰名中外的风景名胜

长江流域幅员广阔，历史悠久，流域内景观纷呈，包括自然风光景区、历史人文景观，不仅数量众多，而且品位很高，长江旅游资源富甲全国。

黄龙风景名胜区

黄龙风景名胜区位于四川阿坝藏族羌族自治州松潘县境内，以彩池、雪山、峡谷、森林"四绝"著称于世,也有在此基础上加上滩流、古寺、民俗,合称"七绝"。这里山高谷深,林木苍翠,湖泊参差,瀑布飞悬,被誉为"人间仙境"。现已列入联合国教科文组织的《世界自然遗产名录》,成为蜚声中外的旅游胜地。

黄龙风景

这里拥有典型而完整的高山峡谷江源地貌,空间多变,崖峰峻峭,主景区黄龙沟更是因其形似中国人心目中"龙"的形象,因而被喻为"人间瑶池"、"中华象征"。

这里的钙华景观,类型繁多、结构奇巧、色彩丰艳,在中国乃至世界风景名胜区中成为一绝。所谓钙华景观,是由含碳酸氢钙的地热水接近和出露于地表时,因二氧化碳大量逸出而使得碳酸钙沉淀,日积月累形成的独特景观。黄龙风景名胜区还存有第四纪冰川遗迹,类型全面,分布密集,具有很高的观赏与科研价值。

此外,这里还是野生动植物的天堂与生物资源的天然宝库,名胜区内有高等植物1500余种,大部分为中国所特有。包括大熊猫、金丝猴在内的10余种珍贵动物倘佯其间,使黄龙风景名胜区成为特殊岩溶地貌与珍稀动植物资源相互交织、浑然天成的自然宝库。

九寨沟风景名胜区

九寨沟位于四川阿坝藏族羌族自治州九寨沟县漳扎镇境内,系嘉陵江上游白水江源头的一条大支沟,因沟内有树正、荷叶、则查洼等九个藏族村寨而得名。

九寨沟冬无严寒,夏无酷暑,四季景色各异:仲春树绿花艳,盛夏幽湖翠山,金秋尽染山林,隆冬冰塑自然。以翠湖、叠瀑、彩林、雪峰、藏情、蓝冰"六绝"名扬中外。

九寨沟四周群山耸峙,雪峰高插云霄,终年白雪皑皑。河谷地带奇水荟萃,其间有成梯形分布的大小湖泊、瀑布群、钙华滩流、泉水、湍流等,形成了中国唯一、世界罕见的以高山湖泊群和瀑布群以及钙华滩流为主体的风景名胜区。湖水终年碧蓝澄澈,色彩斑斓,在阳光照射下,呈现出蓝、黄、橙、绿等多种色彩,绚丽夺目。天气晴朗时,蓝天、白云、雪山、森林倒映湖中，水光浮翠，美丽如画，并随季节推移呈现出不同的色彩和风韵，有"九寨归来不看水"之说。

九寨沟

九寨沟藏族村寨、石磨房、栈道、经幡和藏羌歌舞等，特色浓郁而神秘，又构成了九寨沟独特的旅游文化。

九寨沟动植物资源十分丰富，自然分布的原生物种有 3553 种，有白垩纪末、第三世纪初的孑遗植物独叶草、星叶草、箭竹等。原始森林也是众多野生动物繁衍生息的适宜环境，珍稀动物有大熊猫、金丝猴、小熊猫、羚羊等。

九寨沟集原始美、自然美、野趣美为一体，具有极高的游览观赏价值和科普价值，被誉为"人间仙境"、"童话世界"。九寨沟作为一个世界罕见的地质地貌带和生物多样性地区，具有无可替代的生态意义和科学研究价值。

美文欣赏：

这个地方呀，就是九寨

这个地方呀，说起来简单，又好丰满。

这个地方呀，是树的福地。做一棵树，比起做个人，那意义，那滋味，简直大过天呀。树木在群山中丰茂衍生，恣意成材。没人理会你如何生长，没人修剪你的枝桠，没人主宰你的死活，老了，可以顺树兄草弟倒下，可以向天荒地老朽去，可以连根带枝地躺倒池渊也可以半浮水上，让水流佐证，你们这不曾被束缚过的一生。

生，可以任性张扬、奇形怪状，可以腰肥臀厚，也可以瘦骨嶙峋。死了，随便一歪，任流水掩埋身体，任水流检阅葬礼。树能如此，人何以堪？

这个地方呀，是水的天堂。这里的水呀，千头万绪，千姿万态，从上游而下，从悬崖淌下，从林中穿过，崖下种水，林边养水，树中护水，水上又养花养草养青苔。这里的水呀，既荡气回肠，又峰回路转，既珠圆玉润，又环肥燕瘦，既五彩缤纷，又柔肠寸断。这里的水呀，是这片土地的表情，魂魄，更是它的宠儿，总是以繁复的姿态一路欢歌、一路欢颜。千山万树千沟水，万水千山总是情，这里的水就像全能的女人，进得厨房，出得厅堂，可以平平如镜，可以四面出击，可以高挂峭壁如练，可以舞动如蛇，也可以千丝万缕地纠结如愁绪。

在哪里还可以看到如此灵动的水呢？流淌得如此妖艳，如此精彩繁复，如此款款动人。这流动的千言万语，谱写着最动人的情话，字字珠玑，笔笔勾魂。

这个地方呀，还有最蓝的天，最洁白的云朵，最圣洁的雪山呢。最妙的是呢，这一切，全都倾倒在不染尘埃的水里了——这是世上最好的镜子，这风景美不胜收、没有败笔，这传奇无以伦比、叹为观止！

这，是真，还是梦？太阳光从雪山顶上斜斜打下来，山林从身边开始不断换季，野鸭子在湖上自在觅食，树珊瑚在水里滋润成长。徜徉于这样的景致中，数满山青翠、苍黄，看遍地葱郁、安详，听扑耳风言、水语……这个地方呀，处处是诗，处处是情，真恨不得看到双目失明，听到双耳失聪，美到四肢无力，一瞬就老得再也走不动，只能死皮赖脸地赖在这里，抱着树，捧着水，缠着云，拜着山，不走，不走，说不走就不走。

神香从藏家舟冉冉升起，七彩经幡随风飘荡，水流顺低处肆意流淌，雾气在群山漫游。

仙境是何种风格？天堂又是哪般姿态？也许，也就这样子而已。更也许，它们还不如这里。

这里呀，这个地方呀，就是九寨。

（袁从亮）

三峡

长江自西向东，以奔腾之势从四川盆地向东流去，在渝东与巫山山脉正面相遇，江流劈山凿石、横切而过，形成了举世闻名的长江三峡。

三峡西起重庆奉节白帝城，东迄湖北宜昌南津关，全长约204千米，由瞿塘峡、巫峡、西陵峡三个大峡谷组成。三峡是中国最早推向世界的黄金旅游线，是国内最大的风景名胜区和国家地质公园，也是世界上唯一能通航的著名大峡谷。

长江三峡，风光无限。瞿塘峡的雄伟，巫峡的秀丽，西陵峡的险峻，还有三段峡谷中的大宁河、香溪、神农溪的神奇与古朴，使这驰名世界的山水画廊气象万千：

这里的群峰，重岩叠嶂，峭壁对峙，烟笼雾锁。

这里的江水，汹涌奔腾，惊涛

拍岸，百折不回。

这里的奇石，嶙峋峥嵘，千姿百态，似人若物。

这里的溶洞，奇形怪状，空旷深邃，神秘莫测……

三峡的一山一水，一景一物，无不如诗如画，并伴随着许多美丽的神话和动人的传说，令人心驰神往。

三峡工程竣工后，"高峡出平湖"成为现实，三峡一改其"雄、奇、险、秀"的特色，又以另一番面貌和另一种魅力展现在世人面前。

长江三峡还是中国最大的国家级地质公园，地质遗迹种类齐全，以长江干流两侧地质地貌为特色，岩溶和峡谷地貌景观资源极为丰富。古生物化石达30多个门类、数千个物种。长江三峡国家地质公园是世界上少有的集峡谷、溶洞、山水景观为一体的地质公园，是领略峡谷岩溶地貌的胜地，是解读地壳演变、探索大自然奥秘的教科书。

神农架风景区

神农架风景区位于湖北省神农架林区南部，是以秀丽的亚高山自然风光、多样的动植物种、人与自然和谐共存为主题的森林生态旅游区。

古老漫长的地理变迁，造就了神农架原始洪荒的自然地貌，以原始、神秘特色闻名于世。风景区内山高谷深，林木茂密，气候复杂多

瞿塘峡

巫峡

西陵峡

神农架

变，四季景色迷人。独特的自然环境、人文历史，造就了极其丰富、珍贵的自然和人文景观，也孕育了景色宜人、钟灵毓秀的旅游环境。目前神农架拥有1个国家森林公园，1个国家地质公园，1个国家湿地公园，1个省级旅游度假区。主要景点有神农顶、风景垭、板壁岩、了望塔、小龙潭、大龙潭、金猴岭等。

武陵源风景名胜区

武陵源位于湖南省西北部武陵山区，因其山奇水异，谷深道险，洞幽林密，鸟语花香，故唐代诗人王维留下了"居人共住武陵源，还从物外起田园"的诗句。1984年，时任中共中央总书记胡耀邦视察此地，将张家界、索溪峪、天子山三大景区命名为"武陵源"。

武陵源风光

张家界是武陵源中第一大、第一美的风景区，也是我国第一个国家森林公园。全区占地近万公顷，

有2000余座拔地而起、风格迥异的山峰，构成国内外罕见的砂岩峰林地貌景观，并具有原始生态系统。

索溪峪与张家界毗连，这里奇峰怪石、石林溶洞、飞瀑冷泉、奇花异草、珍禽异兽非常丰富，景色变幻异常，主要景点有宝风山、百丈峡、南天门等八大景。

天子山位于桑植县境内，区有天生桥、天池、天门、飞瀑、洞府、山泉等天然景区以及奇峰异石数千处，享有"峰三千，水八百"的美誉。

武陵源山石景观举世无双，野生动植物资源丰富，且受人类破坏较小，仍保存着原始山林风貌，是一个新崛起的世界级旅游胜地。

庐山

庐山位于江西省九江市，绵延的90余座山峰，犹如九叠屏风，屏蔽着江西的北大门。群峰间散布冈岭、壑谷、岩洞、怪石。水流在河谷发育裂点，形成许多急流与瀑布，著名的三叠泉瀑布，落差达155米。庐山以雄、奇、险、秀闻名于世，具有极高的科学价值和旅游观赏价值，素有"匡庐奇秀甲天下"之美誉，与鸡公山、北戴河、莫干山并称中国四大避暑胜地。苏轼"横看成岭侧成峰，远近高低各不同。不识庐山真面目，只缘身在此山中"的著名诗句，形象描绘了庐山的绝妙景色。

庐山不仅风景秀丽，而且文化内涵深厚，集教育名山、文化名山、宗教名山、政治名山于一身。司马迁、陶渊明、昭明太子、李白、白居易、苏轼、王安石、黄庭坚、陆游、朱熹、康有为、胡适、郭沫若等无数名人先后登临庐山，并留下4000余首诗词歌赋，成就了庐山中国文化名山的至尊地位。特别是公元1180年，朱熹在庐山白鹿洞书院开创中国讲学式教育的先河，影响深远。

白鹿洞书院

公元1895年起，庐山先后建有英、俄、美、法等20余国风格的别墅群，同时，庐山出现了大量的外国教堂、银行、商店、学校、医院，以及市政议会等。在中国的名山中，唯有庐山有这样大规模的"世界村"。

黄山

安徽黄山原名黟山，因峰岩青黑，遥望苍黛而得名。后因传说轩辕黄帝曾在此炼丹，故改名为"黄山"。明朝旅行家徐霞客登临黄山时，对黄山的秀丽赞赏有加："薄海内外，无如徽之黄山。"据此，后人常言"五岳归来不看山，黄山归来不看岳"。

黄山以"奇松、怪石、云海"著称。登临黄山，奇峰耸立，巍峨雄奇；青松苍翠，挺拔多姿；巧石嶙峋，如雕如塑；云海浩瀚，气势磅礴；温泉水暖，喷涌不歇。

黄山迎客松

黄山还是一座瑰丽的艺术名山，以遗迹、书画、文学、传说、名人"五胜"名扬天下。黄山现有楼台、亭阁、桥梁等古代建筑100多处，多数呈徽派风格，翘角飞檐、古朴典雅；黄山现存历代摩崖石刻近300处，篆、隶、行、楷、草诸体俱全，颜、柳、欧、赵各派尽有，仿佛一座户外书画展览馆。黄山还孕育了著名的"黄山画派"，在中国画坛独树一帜，影响深远。当代艺术大师刘海粟一生十上黄山，采用独特的泼墨新技法，创作了大量以黄山为题材的艺术佳作；历代文人雅士歌咏黄山的诗作2万多篇（首），脍炙人口。

目前，黄山风景区已成为世界上为数不多的同时拥有世界文化、自然双遗产和世界地质公园三顶桂冠的地质公园。

九华山

九华山，因有九峰形似莲花而得名，位于安徽省池州市境内，西北接天柱山，南接黄山，是安徽省三大名山之一（黄山、九华山、天柱山），与山西五台山、浙江普陀山、四川峨眉山并称为中国佛教四大名山。

九华山天开神奇，清丽脱俗，是大自然造化的精品，有"莲花佛国"之称。境内群峰竞秀，怪石林立，九大主峰如九朵莲花，千姿百态，各具神韵。连绵山峰形成的天然睡佛，成为自然景观与佛教文化有机融合的典范。景区内处处清溪幽潭、飞瀑流泉，构成了一幅幅清新自然的山水画卷。还有云海、日出、雾凇、佛光等自然奇观，气象万千，美不胜收，素有"秀甲江南"之誉。

九华山

第五章
黄金水道

水，是人类生存的基本条件之一。因此，古代先民就懂得逐水而居，临水而栖。水，也是人类发展的基本要素之一。因此，从古代大型聚落遗址到近现代城市，它们无一例外地都诞生在江河湖海之滨。

回望历史，展望世界，大江大河流域都呈现出旺盛的经济和社会生命力。"千帆竞发，货畅其流"，万里长江，流金淌银，就是一条承载了中国人民富裕和国家富强梦想的黄金水道。

第一节 黄金水道的前世今生

有人做过比较，一条人工航道，运能大、成本低，综合效益是同样长度铁路的 16 倍、公路的 100 倍。特别是在当今，以大运量见长的江河运输通道，更是呈现出独特的竞争力：集约、环保、经济……大江大河再度成为一个地方或国家经济兴盛的强力推手，堪称黄金水道。

密西西比河全长 3767 千米，是美国南北航运大动脉，也是世界上最繁忙的商业水道之一。它的货运周转量占全国内河货运的 60%，每年航运业产值 126 亿美元，旅游、捕鱼和休闲娱乐产业产值 214 亿美元，为流域内各地提供了 35.1 万个就业岗位。密西西比河被称为美国的"黄金水道"。

莱茵河为欧洲第三大河，全长 1320 千米，流经瑞士、列支敦士登等 6 个欧洲国家。作为德国最重要的通航河流，莱茵河年货运总量达 2 亿吨，是世界上航运价值及利用效率最高的河流之一。莱茵河也因此称为德国的"黄金水道"。

那么，中国的黄金水道在哪里呢？答案是：长江！

长江文明卡片

世界三大"黄金水道"

项目	长江	密西西比河	莱茵河
干流长度	6380 千米	6262 千米	1320 千米
流域面积	180 万平方千米	322 万平方千米	22.44 万平方千米
航道网总里程	70000 千米	19875 千米	20000 千米
千吨级以上航道比重	6.8%	49.6%	德国 75%
水运总量	2014 年干线 20.06 亿吨	2014 年干线 4.5 亿~5 亿吨	近年 3 亿多吨
水系货运量占综合运输比重	15.5%	22.1%	11.9%

我们之所以称长江为黄金水道，是因为它的地位和价值，是任何其他交通运输方式所不能取代的，具有无可比拟的优点。

第一，运量大。长江三峡大坝建成后，长江上游通过能力仅一个大型船队至少可装 6 千吨散货；一艘集装箱船至少可装 150～300 个以上标准国际集装箱；一艘滚装船至少可装 350～500 辆商品汽车。

第二，投资省。长江上大大小小的港口使长江航运畅通，而修建港口和整治航道的投资，远远低于修建一条同等运力的高速公路或铁路。

第三，占地少。除港口建设需要少量土地外，航道建设不像铁路和高速公路那样占用大量土地，尤其是耕地。

第四，油耗低。以同样运输一吨物资所需要的功率作比较，公路约为 8 马力（1 马力 =735.499 瓦），铁路约为 2 马力，而长江水运仅约为 0.5 马力。航运的资源成本优势尽显无遗，这一点在资源短缺的中国尤其重要。

第五，成本低。由于能耗低，在各类交通运输方式中，长江水运成本最低，可以促使企业降低生产成本、增强市场竞争力。

第六，便利。通过长江运输的进出口物资，尤其是集装箱，可以直接在指定的港口装卸。相对公路、铁路而言，减少了短途运输环节，节省了短途运输和装卸费用，缩短了时间，避免了转运货损。

第七，安全。货物一旦装上船，一直到终点港，中间一直航行在江面上，很少受人为破坏或被偷盗，安全性较强。

第八，可运大型设备和物资。有些超宽、超长、超高的大型或超大型的设备、物资，只有通过长江水运才能运输。

长江航运的原始萌芽，可以追溯到史前时期的新石器时代。约 7000 年前，长江先民就"刳木为舟"，开启了原始航程。从此，历代长江先民沿江而居，使用舟楫浮渡江河，探索未知，传播文明，在与风浪的搏击中创造了独具特色的舟船文化。从此，"南船北马"也成为中国古代交通文化的显著特色。

西周时期，长江、汉水、湘江已经是贯通南北东西的交通要道。至春秋战国时期，长江干支流的水运得到充分开发。

秦汉三国时期，由丹江、汉水可北抵长安，经湘江可南至岭南，以长江干道为中心的运输网络已经基本成熟。

唐宋以后，随着中国经济中心转移到长江流域，也加速了长江水运的发展和长江流域经济的繁荣。公元763年春，52岁的诗人杜甫正寓居四川，当他听说官军打了胜仗，收复失地，欣喜若狂，马上计划回家的路线："即从巴峡穿巫峡，便下襄阳向洛阳。"此时，万里长江在诗人心里如同用喜悦铺成的一条坦途。

隋唐以后，长江上下出现了"弘舸巨舰，千舳万艘，交通往还"的繁荣景象。南宋诗人陆游在《入蜀记》中记述道："贾船客舫不可胜记，衔尾不绝者数十里。"沿江每个水道口，都出现了水运中转集市，成了繁华的城镇。

新中国成立以来，长江航运事业又有了较大发展，在全国内河航运领域占有举足轻重的地位。

然而，改革开放以后，随着中国高速公路路网的不断完善，铁路的大量修建和提速，长江作为黄金水道的地位在悄悄动摇、慢慢衰落。曾经百舸争流的长江，一时变得鲜见帆影，少闻桨声了。

长江滚滚东流，昼夜不息，但如何让黄金水道再度辉煌呢？

20世纪80年代，湖北在全国率先提出沿江开发战略，武汉客运港、武汉杨泗港成为当时长江中游最红火的港口之一。

进入20世纪90年代，长江三角洲迅速成为中国增长最快的板块。2005年10月，在中共中央十六届五中全会上，长三角经济区被纳入了国家层次的规划。

与之相呼应，长江经济带渐渐得到了重视，沿江各省也纷纷将其经济发展重点逐步转向临江城市或地区，并确定各自的战略开发区域，如江苏长江经济带、安徽皖江经济带、湖北长江经济带、四川沿长江经济走廊等，与国家整体发展战略遥相呼应。对此，我们试以湖北长江经济带建设为例说明：

2009年，为积极呼应浦东开发，大力推进沿江地区开放开发，促进沿江地区经济持续较快发展，湖北省委、省政府作出《关于加快湖北长江经济带新一轮开放开发的决定》（以下简称《决定》）。

湖北长江经济带，西起巴东，东至黄梅，全长1062千米，占长江干流总长的1/3，是长江流域经济带的重要组成部分。在新的历史起点上，面临新机遇、新挑战，加快湖北长江经济带新一轮开放开发，对于进一步发挥湖北优势、推进经济

湖北长江经济带

社会更好更快发展、构建促进中部地区崛起的重要战略支点、夺取全面建设小康社会的新胜利，必将产生重大而深远的影响。

在《决定》中，一个最大的亮点是：突出湖北长江黄金水道优势。

湖北拥有长江黄金水道，内河航运优势十分突出。《决定》把发挥长江黄金水道优势作为基础，通过加快沿江交通设施建设、航运中心建设、加快沿江产业和要素聚集，来推动沿江开放开发。建设中的武汉新港是长江中游的唯一深水良港，其未来的建设目标是"亿吨大港、千万标箱"，投资总额超过290亿元。武汉新港跨越武汉、鄂州、黄冈3地，与多条高速铁路、公路以及航空港

融为一体，形成中部地区一个大吞大吐的物流集散中心，未来年吞吐量将达到3.5亿吨，成为我国中部地区连接海岸线的水上"国际门"。湖南、河南、山西、陕西、重庆、贵州等省（市）的货物都可以通过这里集装运输，通江达海，直接进入国际市场，把海岸线拉到"家门口"。届时武汉新港将成为长江中游航运中心和亚洲最大的内河国际口岸，再现武汉"九省通衢"的辉煌。

2011年7月14日，由交通运输部与沿江省（市）政府共同协商制定的《"十二五"长江方案》正式对外发布。《方案》明确了国家在"十二五"期间投入长江黄金水道建设的资金不低于360亿元。这

些资金将主要用于长江干线航道、重要支流航道、支持保障系统和中西部地区公用码头等公共基础设施的建设。

2014年春天，"依托黄金水道，建设长江经济带"被写入当年的《政府工作报告》，上升为国家战略。

2014年4月28日，中共中央政治局常委、国务院总理李克强在重庆主持召开座谈会，研究依托黄金水道，建设长江经济带，为中国经济持续发展提供重要支撑。李克强总理说，从沿海起步先行、溯内河向纵深腹地梯度发展，是世界经济史上一个重要规律，也是许多发达国家在现代化进程中的共同经历。长江横贯东中西，连接东部沿海和广袤的内陆，依托黄金水道打造新的经济带，有独特的优势和巨大的潜力。李克强总理进一步指出，要通过改革开放和实施一批重大工程，让长三角、长江中游城市群和成渝经济区三个"板块"的产业和基础设施连接起来、要素流动起来、市场统一起来，促进产业有序转移衔接、优化升级和新型城镇集聚发展，形成直接带动超过1/5国土、约6亿人的强大发展新动力。

消息一出，"黄金水道"、"长江经济带"迅速成为热词，受到各界关注。这是继"西部大开发"、"中部崛起"之后，中国政府提出的又一个面向中西部地区发展的战略。众所周知，当前全球供给结构、需求结构正面临深度调整，经济重构带来市场、产业、科技、资源等方面的竞争更趋复杂激烈；中国国内发展也面临诸多矛盾和问题。在这种背景下，以改革创新开放为动力，促进结构调整和经济转型，培育新的增长点，保持经济持续健康发展，已成为中国的战略选择。所以，有专家认为，谋划这样一个大范围的长远发展，把内陆和出海口相连，把长江水域上东、中、西部地区相连，是中国经济协调均衡发展的必然要求。通过这条水道能有效将西部开发、中部崛起和东部可持续发展贯通，无论是对于生产要素流通，还是资源优化配置都将起到积极作用。从这个意义上说，"黄金水道"的提出是落实中共十八届三中全会全面深化改革精神的重要举措，也是稳增长、促改革、调结构、惠民生的重要内容。

2014年9月12日，《国务院关于依托黄金水道推动长江经济带发展的指导意见》正式发布。文件指出，长江经济带横跨我国东、中、西三大区域，具有独特优势和巨大发展潜力。改革开放以来，长江经济带已发展成为我国综合实力最强、战略支撑作用最大的区域之一。在推进长江经济带的战略中，黄金水道的重要地位与巨大作用巍然耸立，不可撼动。

长江文明卡片

李克强考察长江黄金水道，连叹"可惜"

2014年4月27日，一艘轮船驶离万州港，由东往西向重庆方向溯江而上。在船舱二层甲板上，国务院总理李克强与重庆市及有关部门负责人，正扶栏认真察看航道情况，畅谈着长江黄金水道的未来发展大计。

李克强开门见山说："我们来到长江进行实地考察，研究依托黄金水道建设长江经济带，为中国经济持续发展提供重要支撑。"

几位负责人先后向总理作了汇报。据悉，长江货运吞吐量目前居世界河流货运首位，并且每年仍在以两位数的速度增长。然而，这条黄金水道却面临着交通能力不足、网络结构不完善、综合交通枢纽落后等问题，严重限制了航运的进一步发展。

李克强连叹"可惜"，他说，水运价格远远低于铁路、公路价格，而且又节能环保，而长江又是贯通东西部、通航能力最强的航道。要充分认识长江航运的独特优势，发掘黄金水道的巨大潜力。

第二节 流金淌银的"黄金水道"

巨龙腾飞，再谱华章。当前，长江黄金水道进入发展的"黄金期"，无论从哪一个指标考量，长江都算得上是一条流金淌银、货真价实的黄金水道。

首先，长江经济带覆盖上海、江苏、浙江、安徽、江西、湖北、湖南、重庆、四川、云南、贵州等11省(市)，面积约205万平方千米，人口和生产总值均超过全国的40%。数字说明，长江经济带是我国除沿海开放地区以外全国经济密度最大的发展区域，是目前世界上可开发规模最大、影响范围最广的内河流域经济带，也是全国最重要的高密度经济走廊和中国经济、科技、文化最发达的地区之一，是我国今后经济增长潜力最大的核心区域。专家预测，长江经济带在未来若干年的经济增长速度将超过全国经济的平均增速，到2020年前后长江经济带的经济总量将达到全国的50%。基于此，黄金水道对于长江经济带的开发建设，其重要性不言而喻。

其次，长江干流通航里程2700余千米，长江航道总长近70000千米，占全国通航里程的50%以上，是中国最大的内河水运网。万吨级轮船可达南京，3000吨级可抵达汉口，1000吨级可至重庆，500吨级可通宜宾。随着黄金水道开发建设的加快，长江航运再次崛起，货运量、周转量和港口吞吐量增长迅速。目前，长江干线年货运量约20亿吨，位居全球内河第一，为密西西比河、莱茵河的4倍和10倍。长江干线通

过量居前的货类分别为煤炭、石油和天然气及制品、金属矿石、矿建材料、非金属矿石等关系国计民生的物资。长江已经成为世界内河运输最繁忙、运量最大的通航河流。

最后，以长江黄金水道为主骨架，公路、铁路、航空和桥梁等为骨干形成的综合立体互联互通的交通网络，为长江流域经济社会发展和长江经济带建设提供了极其重要的物质基础。

在航道水运方面，长江干流、支流航道密布，百舸争流。同时，长江沿线港口码头建设如火如荼，长江流域已形成规模的港口体系。目前，长江水系拥有港口1000多个，其中国家主要港口22个，地区重要港口50个；拥有生产性码头泊位4296个，拥有万吨级以上的泊位459个。

22个国家主要港口分别是：泸州港、重庆港、宜昌港、荆州港、岳阳港、武汉港、黄石港、九江港、安庆港、芜湖港、马鞍山港、南京港、镇江港、无锡（江阴）港、苏州港、南通港、上海港和长沙港、南昌港、合肥港、湖州港、嘉兴内河港。其中亿吨大港11个，分别是上海港、南通港、苏州港、江阴港、泰州港、镇江港、南京港、芜湖港、武汉新港、

长江文明卡片

长江干线货物、旅客通过量

年份	1949	1952	1957	1977	2013
货运量（万吨）	191	430	1335	3000	192000
客运量（万人）	155.5	410	854	1271	845.8

重庆港

岳阳港和重庆港，并形成重庆、武汉、上海三大航运中心。

重庆长江港口以主城、万州、涪陵"三枢纽"港区为中心，江津、永川、合川、奉节、武隆五个重点港区为依托，其他港区为基础，层次分明、布局合理、功能明确、系统完善。截至2013年底，重庆共有码头泊位869个，码头总延长73024米，年综合通过能力10252万吨，集装箱通过能力350万TEU（一个TEU就是一个20尺集装箱，一个20尺的集装箱可换算为28立方米的货物，下同）。

武汉长江港口以武汉新港为是主要载体，根据规划将形成"一港、两江、四市、二十六港区"的总体格局。截至2013年底，武汉新港共有码头泊位611个，码头总延长80500米，年综合通过能力18485万吨，集装箱通过能力240

武汉新港

万TEU。

上海港位于我国海岸线与长江黄金水道的交汇点，毗邻全球东西向国际航道主干线，以广袤富饶的长江三角洲和长江流域为主要经济

上海港

腹地，地理位置得天独厚，是世界第一大港。截至 2013 年底，上海港拥有内河码头泊位 1856 个，码头总延长 88840 米，年综合通过能力 19209 万吨；拥有海港码头泊位 1100 多个，码头总延长 92000 米，年综合通过能力 77600 万吨，集装箱通过能力 1766 万 TEU。

在铁路方面，长江流域有成昆、宝成、成渝、贵昆、川黔、焦柳、京广、京沪、沪杭、京九等多条主干线，形成了纵横交错的路网格局。四通八达的铁路把上海、南京、武汉、重庆及沿线的大中型城市及主要港口联通，铁路运输网已成为长江流域客、货运输的重要组成部分，为流域经济发展创造更好的运输条件。

青藏铁路

巍巍昆仑，茫茫雪山，见证了一个历史性的时刻：2006 年 7 月 1 日，凝集中华民族激情和梦想的青藏铁路全线胜利建成通车。高路入云端，天堑变通途。这是中华民族

长江文明卡片

青藏铁路

遥远、神秘、圣洁的青藏高原，海拔大多超过 3500 米，长年冻土、高寒缺氧，使得通往青藏高原的道路，成为令人胆寒的"天路"。

早在 1919 年，孙中山先生就规划了西北高原铁路的宏伟设想。然而，凋敝的国力、连年的战火、动荡的时局，使它仅仅是画在纸上的一张蓝图而已。国外专家甚至断言：按人类现有的科技水平，要让铁路横穿昆仑山和唐古拉山，至少要在 100 年以后。

新中国成立以后，党和政府心系西藏人民，心系青藏交通建设。

1958 年到 1978 年，青藏铁路曾三度开工建设，但由于种种原因，一再搁浅。

1999 年，西部大开发战略的实施，为青藏铁路的建设再次吹响号角。2001 年 6 月 29 日，青藏铁路正式开工，雪域高原沸腾了！

这是人类铁路建设史上亘古未有的巨大挑战。建设者挑战极限，攻克多年冻土、高寒缺氧和生态脆弱三大世界性难题，终于将最后一根铁轨铺到拉萨河畔。

一个世纪的伟大穿越。钢铁巨龙汽笛长鸣，穿越昆仑山、唐古拉山、念青唐古拉山，沿长江源、错那湖、羌塘草原呼啸而过。

几代中国人修建青藏铁路的梦

想，这一刻终于成真。

在公路方面，长江流域是中国公路最发达的地区，流域内通车里程占全国的1/3左右。流域内各等级公路如同毛细血管，纵横交错，京沪高速、京台高速、京港澳高速、京昆高速、沈海高速、长深高速、济广高速、大广高速、二广高速、兰海高速等，与流域内主要城市、铁路、水运港口、机场相连，充分发挥着客货集散分流作用。

在桥梁隧道方面，千百年来，一跨过江的愿望始终在长江两岸人民心中萦回梦绕。1957年，在前苏联专家的协助下，第一座横跨长江的大桥在武汉建成通车，毛泽东主席为此感慨："一桥飞架南北，天堑变通途。"

截至目前，长江上已经建有（含在建）大桥（过江隧道）160多座，其中包括中国人独立设计建成的第一座长江大桥——南京长江大桥；中国第一座公路、铁路两用斜拉桥——芜湖长江大桥；世界第四大

武汉长江大桥

长江文明卡片

万里长江第一桥

万里长江，古称"天堑"。在旧中国，长江上没有一座桥梁，跨江列车只能靠轮渡过江。

1953年2月16日，毛泽东主席来到了阔别25年的武汉。第二天，他就与地方负责人谈到了武汉长江大桥勘测情况。关于大桥桥址，方案共有8个，比较集中的意见是龟山—蛇山线。

18日，雪后初晴，毛泽东主席亲自来到黄鹤楼下踏勘。他远眺滔滔长江和武汉三镇，时而沉思，时而微笑。突然，游览黄鹤楼的市民发现了主席，立刻掀起欣喜的狂潮，欢呼的口号震耳欲聋。好不容易"突围"出来，毛主席用浓重的湖南口音笑着说："真是下不来的黄鹤楼哟！"

主席的笑意也包含了对武汉长江大桥桥址方案的肯定。

1955年9月1日，武汉长江大桥动工兴建，它是百废待兴的新中国举全国之力修建的。大桥的建设还得到了当时苏联政府的帮助，苏联专家为大桥的设计与建造提供了大量的指导。广大中外建设者都有一个共同的追求：武汉长江大桥要建设成为"一个卓越的建筑"，成为"中国新时代的标志"。

1957年10月15日，武汉长江大桥建成通车，是新中国成立后在天堑长江上修建的第一座大桥，也是古往今来长江上的第一座大桥。

悬索桥——江阴长江大桥；世界第三大跨径悬索桥——润扬长江大桥。长江上已建和在建的桥型，涵盖了世界桥梁建筑史所有主要的桥梁类型，成为沟通长江南北陆路交通的捷径。

在航空方面，长江流域拥有民用航线230多条，航空港25个（包括国际航空港2个），大型客机可在大部分航空港起降。其中，上海是世界著名的国际航空枢纽，成都、重庆、昆明是区域航空枢纽，南京、杭州、武汉、长沙、合肥、南昌、贵阳则是我国重要的干线航空枢纽。

综合立体，互联互通，在新的历史条件下，长江黄金水道必将为腾飞的中国插上翅膀，助力中国飞得更高。

长江文明卡片

桥梁之都——武汉

行走在江城武汉，就仿佛步入了一座桥梁博物馆。这里是一座举世闻名的"桥都"。武汉长江段建设(在建)了11座风格各异的大桥，它们是：

武汉长江大桥（万里长江第一桥）；武汉长江二桥（长江上第一座特大型预应力混凝土斜拉桥）；武汉白沙洲大桥（最大跨度居世界第三）；武汉军山长江大桥（国内最宽的深水特大型公路桥梁）；武汉阳逻长江大桥（主跨跨度居世界第八）；武汉天兴洲长江大桥（正桥跨度居世界第一）；武汉二七长江大桥（世界上最大跨度的三塔斜拉桥）；武汉鹦鹉洲长江大桥（武汉最宽的长江大桥）；武汉黄家湖长江大桥（长江上最宽的大桥）；武汉杨泗港长江大桥（世界跨度第二的悬索桥）；武汉青山长江大桥（双塔斜拉桥与连续钢拱桥构成"一洲两桥"）。

更为重要的是，迄今为止，全国七成以上的桥梁都是"武汉造"。长江上建造的所有大桥，国内所有的跨海大桥，众多的铁路大型或特大型桥梁，都有武汉建设者的身影。

50多年来，中铁大桥局、中交二航局、铁四院、武钢等组成"武汉建桥军团"，形成了从设计、施工、钢材、制梁、机械、监理等全系列建桥产业链，带动了中国桥梁事业的发展，使武汉成为国内首屈一指的桥梁产业基地。特别是武汉中铁大桥局在国内外设计建造了1200余座大桥，总里程1300余千米，是世界上设计建造桥梁最多的企业。

武汉成了名副其实的"建桥之都"。在2012年武汉国际桥梁论坛上，国际桥梁协会副主席说：世界建桥看中国，中国建桥看武汉。

第六章
生态宝库

长江流域幅员辽阔，气候温暖湿润，自然条件得天独厚，人类开发历史悠久，物产富饶，人民安居乐业，在漫长的岁月长河中，形成长江流域独特的生态系统，堪称生态宝库。

但不可讳言的是，随着社会经济的发展，人类活动对自然生态系统的影响日益强烈。特别是近几十年来，人口剧增，城市迅猛发展，在促进流域经济的发展和繁荣的同时，也使许多地区的环境不堪重负，长江流域生态环境令人堪忧。

因此，长江具有生物多样性和生态系统脆弱性的双重特点。长江生态既是长江文明形成的天然屏障，但也面临着被破坏甚至崩溃的风险。保护长江生态，就是守护我们的家园。

第一节 生态宝库

长江流域横穿中国东、中、西三大地带，地跨平原、盆地、山地和高原，复杂多样的地质地貌与自然环境，使得长江流域生态多样性特色明显，物种十分丰富，堪称生态宝库。

长江生态系统包括湿地生态系统、河流生态系统、森林生态系统，及栖息在这些系统内的众多动植物。

湿地生态系统：湿地生态系统是介于水、陆生态系统之间的一类生态单元，具有较高的生态多样性、物种多样性和生物生产力。长江流域是中国湿地类型最丰富的区域之一，几乎涵盖了所有湿地类型，在世界上占有重要地位，仅鄱阳湖湿

> **长江文明卡片**
>
> **天鹅洲湿地**
>
> 天鹅洲，俗名"天鹅抱蛋"，位于长江"九曲回肠"的荆江北岸湖北荆州石首市，由于长江裁弯取直，形成长江故道湿地。
>
> 天鹅洲湿地资源丰富，动植物种类繁多，是重要的国际生物多样性保护区。天鹅洲湿地拥有野生动植物568种，包括麋鹿、江豚等珍稀保护动物。国家先后在这里建立了白鳍豚（江豚）、麋鹿两个国家级自然保护区。

鄱阳湖湿地

地就为全球 95% 以上的白鹤提供了越冬场所。

河流生态系统：河流生态系统指河流水体的生态系统，是流水生态系统的一种。河流生态系统是陆地与海洋联系的纽带，在生物圈的循环中起着主要作用。长江流域河流生态系统是长江生态的重要组成部分。

森林生态系统：长江流域大部分地区属于典型的亚热带季风气候，森林植物可全年生长，流域森林面积约 36000 万公顷，森林覆盖率为 20%。主要树种有云南松、云杉、樟、楠、柚木、紫檀木、油茶、油桐、漆树、女贞、毛竹、茶叶等。长江流域森林生态系统同时还是多种野生动物的家园。

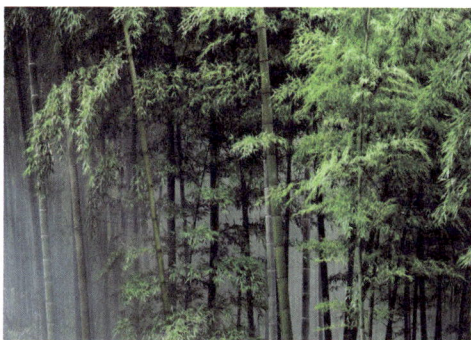
咸宁竹海

长江文明卡片

神农架原始森林

神农架位于湖北、陕西、四川三省的边界，是我国南部亚热带向北部温带过渡的地带，因神农氏在此搭架采药、教民耕种而得名，是中国著名的原始森林和自然保护区之一，是全国唯一以"林区"命名的行政区。

神农架地势西南高，东北低，山脊海拔一般在 1500 米以上，海拔 3000 米以上的山峰有 6 座，海拔 3106.2 米的神农顶，是华中地区的最高点，被誉为"华中第一峰"。

神农架地理环境极为优越，在第三、第四纪冰川期充当了生物界的避难所，至今仍较为完好地保存着原始森林的风貌：山高谷深，森林茂密，古木参天，藤萝萦绕，厚苔铺地。行走于神农架群山幽谷之间，变幻莫测的自然景观、古老洪荒的自然风貌、一眼望不着边际的原始森林，不由得令人惊奇与痴迷。而多次与人们不期而遇但至今还无法与之对话的"野人"，又给神农架披上一层神秘的面纱。

寒冷、潮湿、多变的气候，错综复杂的地貌，孕育了神农架原始森林丰富的生态系统，成为我国动植物资源最为集中的地区，拥有各类植物 3700 多种，其中有 40 种受到国家重点保护；有各类动物 1050 多种，其中有 70 种受到国家重点保护。神农架几乎囊括了北自漠河、南至西双版纳、东自台湾、西至喜马拉雅山的所有动植物物种，被誉为"动植物王国"，是联合国教科文组织确定的"人与生物圈计划"成员和"亚洲生物多样性保护示范区"。

珍稀动植物：长江流域野生动植物群落、物种和数量在我国七大流域中多占首位。流域内已建立了约100处多保护目标的自然保护区,其中包括许多国家级保护动物,如大熊猫、金丝猴、江豚、扬子鳄、朱鹮等,以及古老珍稀的植物如水杉、银杉、珙桐等,其中一些还属长江流域特有物种,弥足珍贵。

神农架金丝猴

大熊猫

朱鹮

长江文明卡片

水杉的前世今生

　　水杉,落叶乔木,柏科水杉属。最古老的水杉属植物化石出现于距今1亿多年前的中生代白垩纪沉积地层,广泛分布于北半球。到第三纪早期它们由南向北迁移,到达北极地区,其后由于气候的巨大变化,又向南迁移,在亚洲东部到达中国的东北、朝鲜、日本。但经过第四纪冰期以后,它们几乎全部灭绝。

　　20世纪40年代,中国科学家在湖北和湖南交界处发现尚有水杉留存,并加以鉴定,使这个曾被认为早已在世界上绝迹的"孑遗植物"迅速传播世界,震惊了国际植物界。

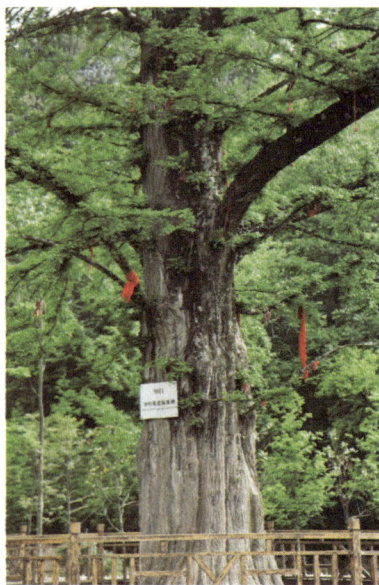

　　水杉现为国家一级重点保护植物,有植物王国"活化石"之称。目前,原生态的水杉只零星生长在

湖北利川、重庆石柱和湖南龙山等地，其余地方的水杉都是从这些地方移栽过去的。1984 年，武汉市将水杉确定为市树。

第二节 生态之殇

1998 年，长江遭受了自 1954 年以来最大的洪水，几乎全流域洪水泛滥，造成重大人员、财产损失。

2007 年夏，太湖暴发大范围蓝藻，湖面污染严重，影响居民生活及生产用水，鱼虾都无法生存。一时间，民间甚至流传着将"太湖美"改编为"太湖霉"的搞笑歌词。

2007 年，包括长江流域在内的全国 22 个省发生严重旱情，据称为 50 年未遇之大旱灾。

洪湖在哭泣：洪湖是中国第七大淡水湖，曾被世界环境基金会、世界生命湖泊大会授予生命湖泊最佳保护实践奖，越冬鸟类种群数量曾高达 30 余万只。但近年经常发生的干旱重创洪湖生态系统，湖水最深处仅 0.3 米，大批水生生物死亡，一些水生植物也变成陆生，"洪湖水，浪打浪"的美丽景色一时不再。

洞庭湖在告急："气蒸云梦泽，波撼岳阳城"的洞庭湖是中国第二大淡水湖，烟波浩森、水天一色，自古就有"八百里洞庭"之说。严重的干旱使得洞庭湖水面面积从 250 多万亩锐减致 50 多万亩，洞庭湖腹地昔日那鱼翔浅底的无边水面，如今却经常变成了一片风吹草低见牛羊的"大草原"。

洞庭湖"大草原"奇观

灾害如此频发，损失如此惨重，令人触目惊心。人们不禁要问：这是怎么啦？

答案只有一个：母亲河——长江的环境出问题了！

1998 年长江大洪水，除了厄尔尼诺现象的影响外，最主要的原因就是环境因素：长江两岸有数亿人口居住，20 世纪 50 年代中期，长江上游森林覆盖率为 22%，由于不断进行的开垦、建厂和城市化，使两岸 80% 的森林被砍伐。四川省 193 个县中，森林覆盖率超过 30% 以上的仅有 12 个县，一些县的森林覆盖率还不到 3%；乱砍滥伐造成水土流失，长江流域 180 万平方千米土地中，有 20% 发生水土流失，每年丧失表土 24 亿吨，每年从上游携带下来 5 亿吨以上的泥沙顺着长江流入了东海。由于年复一年的泥沙淤积，长江部分河床已高出地面，成为继黄河之后的又一条"悬河"。长江的碧水早已荡然无存，其浑黄程度可以和黄河"媲美"；同时，由于毫无节制地围湖造田、乱占河道，长江中下游有蓄洪功能的湖泊迅速萎缩，洞庭湖水域面积从 1949 年的 4350 平方千米缩减到 2145 平方千米，鄱阳湖在 40 年间缩小了 1/5，还有数百个中小湖泊已经永远地从地图上消失了。湖北曾经号称"千湖之省"，如今早已名不副实。

我们有幸生活在长江的怀抱，我们惊叹长江的浩荡与瑰丽，我们感叹长江对人类馈赠的丰厚与无私，长江给予我们阳光、空气……长江给予我们太多太多，长江是我们最大度、最慷慨的朋友。

然而，在长江的无私奉献面前，我们却走入了一个致命的误区：我们总认为长江没有生命，没有意识，是一个可以任意驱使、肆意索取的无底宝库。

正在这种错误思想的引导下，

我们没有感恩长江。相反，我们不断地破坏长江的和谐与平衡，乱砍滥伐、乱捕乱猎；一味追求经济发展，无视环境污染与破坏；盲目开采资源，造成严重浪费，造成资源短缺。一个不容忽视的现象是：随着社会的发展，我们向长江索取的步伐也越来越密，手越来越长，胃口越来越大，长江已不能承受其"重"。长江流域的生态危机主要体现在以下几个方面：

湿地退化：尽管长江流域湿地资源十分丰富，但随着经济的发展和城市化进程的加快，掠夺性开发、不合理利用、淤积、污染、过度排水等，导致湿地面积和资源日益减少，功能和效益下降，生物多样性丧失。

水土流失：长江流域是我国水土流失严重地区，全流域现有水土流失面积 53.08 万平方千米，水土流失类型以水力侵蚀为主。水土流失影响河道生态环境，容易诱发地质灾害，影响和威胁流域人民的生产生活安全。

水体污染：近年来，随着人口增长和工农业生产与城镇建设的迅速发展，长江沿岸工业及生活废水年排放总量约 130 亿吨，相当于全国污水排放总量的 1/3。水污染不断加重，流域整体水质逐步变差，干支流局部河段水污染日趋严重、省界、长江口、湖泊等区域水体水质恶化非常明显，饮用水源地水质受到威胁，"守着长江没水喝"，在很多地方已成为不争的事实，无锡、苏州等城市近年来已多次因水源受污染，自来水厂被迫短期停产，影响城市居民生活及工业生产。

生物多样性减少：随着城市化与工业化的推进，不合理的开发和其他人类活动，使得流域内的过度捕捞、沿岸排污量增大、水利工程建设、以及土地利用性质的改变使得动物栖息地缩小、生活环境遭受污染，

白鳍豚

长江文明卡片

"功能性灭绝"的白鳍豚

在滔滔长江水中，曾经有一种动物尤为可爱：青灰色的脊背、灰白色的腹部、胖胖的身子、长长的吻……它，就是白鳍豚。

白鳍豚，也称为白暨豚、白鳍，是中新世及上新世延存至今的孑遗生物，是中国特有的淡水鲸类，仅生活于长江中下游地区，被誉为"水中的大熊猫"。

实际上，白鳍豚是比大熊猫还要原始的珍贵物种，因为大熊猫500万年前才出现在地球上，而早在2500万年前，白鳍豚就已经从太平洋迁徙至长江。

白鳍豚曾经广泛分布于长江流域，2000多年前的古籍文献中，就有对白鳍豚的描述，视之为神灵。几十年前，长江中仍生活有1000多头白鳍豚，长江沿线各地都有捕获或发现白鳍豚的报告。

但是，由于人类对长江的过度开发和污染，使得白鳍豚的生存环境急剧恶化，种群数量锐减。据报道，1980年代初有400多头，1986年减至300多头，1990年调查时有200多头，到1995年不足100头，至2000年仅有20余头，活动水域限于长江湖北宜都至安徽铜陵段，主要聚集在洪湖段、鄱阳湖段和铜陵段等3个区域。

由于数量奇少，生存环境恶劣，白鳍豚被列为国家一级野生保护动物，被国际自然保护联盟列为"世界上12种最濒危的动物"。

2006年，在中国进行的彻底调查未发现一条白鳍豚的踪影，科学家怀疑这一珍稀物种是否已经在地球上消失。

2007年，有关科学机构发表报告，正式宣布白鳍豚功能性灭绝。但是，我们还在祈盼：有一天，白鳍豚能听到我们的殷切呼唤，再次从长江中跃出它秀美的身影。

从而导致生物多样性遭到破坏，水生生物的种类和种群正在急剧减少。2013年，我国一支科考队，历时12天，跨越5个省（区、市），行程逾4000千米，对长江上游地区进行综合性科学考察。考察队发现，整个长江上游鱼类资源面临重重威胁，长江中的"四大家鱼"(青鱼、草鱼、鲢鱼、鳙鱼)鱼苗发生量急剧下降，由20世纪50年代的300多亿尾，降为目前的不足1亿尾。金沙江流域历史监测到鱼类143种，而此次科考仅仅发现17种鱼类样本，其中还有3种系外来物种。

外来物种入侵：由于全球化加快，物流、人流的快速流动，生物入侵已经十分严重。外来物种一旦适应环境，由于缺乏天敌，便会迅速发展，致使当地物种无法与其竞争而退化或消亡。长江水域出现的水葫芦、鳄龟等，就是入侵的外来物种，对当地生态安全造成了极大的威胁。

第三节　保护母亲河

恩格斯说："我们不能陶醉于对大自然所取得的胜利。事实上，对每一次胜利，自然界都报复了我们。"仔细想一想，人类破坏环境的举动不仅伤害了大自然，同时也伤害了人类自己。

1972年6月，联合国人类环境会议通过《人类环境宣言》，提出了保护和改善人类环境的理念和要求。

1998年，《时代周刊》评选"年度新闻人物"，出乎所有读者的意料之外，这位"年度新闻人物"居然是我们赖以生存的地球。

《时代周刊》为什么会如此别出心裁呢？答案很明确：人类只有一个地球！

爱护环境、珍惜人类生存和发展的空间是现代人必备的基本素质。爱护地球、维护生态、保护环境是每一个公民义不容辞的责任。我们要把对大自然的这份敬畏和感恩化作对长江的珍惜与呵护，保护长江、爱护长江，让陪伴我们的长江母亲河变得更加美好。

近年来，三江源地区的实践，可以视作长江生态环境修复保护的一个成功范例。

在历史上，三江源地区曾经是水草丰美、湖泊密布、森林与草原相连、动植物种类繁多的自然生态宝库。而在最近的半个世纪以来，三江源地区的生态状况日益恶化：草场退化和沙化趋势加剧、水土流失严重、水量逐年减少、黄河甚至出现了源头断流的情况；另外，草原上的鼠害日益严重，高原高寒自然生态已经濒临崩溃。

三江源的环境问题，除了全球气温升高、蒸发量增大、降水量减少等气候变化的原因之外，还有人口和消费的快速增长等人为原因。目前三江源地区的人畜数量，均为新中国成立初期的3倍多，草场长期超负荷透支，得不到休养生息，逐渐丧失自我修复的功能；同时，采金、采煤等工业造成了严重的环境污染，草场得不到应有的保护。

要改变三江源地区的生态状况，就要改变该地区的畜牧业生产方式，变粗放式经营为集约化经营，提高畜牧业的生产力水平。坚持以草定畜，严格控制畜牧量；实行科学放牧，严格执行"禁牧期"和"禁牧区"制度；退牧还草，大力开展饲料的人工种植，扩大圈养规模；解决鼠害问题、恢复草场、防沙治沙、人工增雨等都要依靠科学技术，要制定出总体治理规划，进行科学论证和决策。

玉树是青藏高原重要的生态屏障，长江、黄河、澜沧江三大河流

美丽的三江源

均发源于玉树境内。所以，治理三江源的"重中之重"就在玉树。实施环境治理以来，玉树的牲畜总量从 600 万头减少到 278 万头，安置了 3 万多名生态移民，建成了 3 个国家级自然保护区，5 个省级自然保护区和 54 个州级自然保护区。为了减轻三江源地区的生态治理压力，青海省政府还取消了对三江源地区 3 个藏族自治州的 GDP（国内生产总值）考核。

可喜的是，经过 5 年的综合治理，三江源的生态环境已经开始悄然发生改善。三江源地区人民恢复和治理好"三江源"生态的决心和信心更为坚定。

长江经济带是目前世界上可开发规模最大、影响范围最广的内河流域经济带，其最根本的生产要素就是水和生态，充足的环境容量是长江经济带实现可持续发展的载体和基础。

在《国务院关于依托黄金水道推动长江经济带发展的指导意见》中，关于长江生态环境保护的指导意见是：顺应自然，保育生态，强化长江水资源保护和合理利用，加大重点生态功能区保护力度，加强流域生态系统修复和环境综合治理，稳步提高长江流域水质，显著改善长江生态环境。

我们相信，随着长江经济带战略的逐步推进，长江的生态环境保护将迎来前所未有的机遇，长江必将走出一条绿色生态的新路，确保一江清水绵延后世、永续利用。

第七章
水利千秋

滚滚东流的长江水，孕育了灿烂的长江文明，也养育了广大的长江人民。

但是，长江在哺育、滋养长江儿女的同时，也频发自然灾难，生灵涂炭，颠沛流离。面对灾难，勤劳勇敢的长江先民没有退缩，而是迎难而上，上下求索，创造了一个又一个辉煌。我们发现，人类认识长江、开发长江、利用长江的历史，也是一部防灾减灾、抗灾救灾，进而提高防治自然灾害能力，最终兴利除弊的历史。

尤为可贵的是，长江流域人民在长期的治水、用水实践中，秉持天人合一的先进理念，形成了人水和谐的治水思想，修建了众多伟大的水利工程，合理利用资源，实现人与自然和谐相处，对长江流域社会经济发展起到了极其重要的作用。

第一节 水之殇

长江流域气候多样，地质地貌复杂，同时，流域内经济发达，人口众多，城市化程度高，由此造成了许多重大生态环境问题，极易造成较大的灾害发生。

> ### 长江文明卡片
>
> #### 自然灾害
>
> 自然灾害主要指突发性的暴雨、洪涝、干旱、台风、风暴潮、冻害、雹灾、雷电、地震、火山、滑坡、泥石流、崩塌、病虫害等。此外，水土流失、土地沙漠化、盐渍化、水资源变化等缓进的变化过程也属于广义的自然灾害。

在长江流域，频繁发生且容易造成严重后果的自然灾害主要有洪灾、旱灾以及各类地质灾害等。

水能载舟，亦能覆舟。洪灾是威胁人类生存的十大自然灾害之一。长江流域是洪涝灾害频发区，历史上曾多次发生洪涝灾害。据统计，自公元前185年到1911年的2096年间，长江共发生较大洪水灾害214次。出现较大洪水的年份有1153年、1227年、1560年、1788年、1849年、1860年、1870年、1905年、1931年、1935年、1949年等。

长江流域的洪水，按发生范围，可分为两类：一类为全流域性洪水；另一类是区域性洪水。夏季是长江流域暴雨和洪水频发的季节。

1870年大洪水

1870年7月中下旬，长江上游地区发生历史上罕见的大暴雨。稍后，暴雨缓慢移至汉江，使长江上游的洪水出峡后与中游洪水及汉江洪水恶劣遭遇，形成了长江千年一遇的特大区域性洪水。

1870年特大洪水，其遭灾范围之大、灾情之重，为数百年所罕见，主要受灾地区为四川、湖北、湖南等省。这次大洪水在经济上给予清王朝极为沉重的打击。

1931年大洪水

1931年对中国人民来说，是多

长江文明卡片

1931 年洪水中的武汉三镇

　　武汉襟江带湖，水灾频繁。1931 年长江特大洪水中，武汉三镇淹没水中达两月之久，受灾 16 万户 78 万余人，待救济灾民 23 万多人。据统计，死于此次水灾的共有 33600 人。

　　当时的报纸刊登过这样一幅照片：在汉口繁华的中山路上，浊浪滚滚，漫无边际，高楼、电杆泡在水里，各种船只在通衢大道上往来。"大船若蛙，半浮水面；小船如蚁，漂流四围"，这就是 1931 年长江大洪水中汉口的真实写照。

1931 年洪水

灾多难的一年：世界经济危机开始波及中国，经济严重不景气；日本制造九一八事变，短短 4 个月内，白山黑水被日本帝国主义占领；雪上加霜的是，当年 6 月到 8 月，一场特大水灾几乎袭击了整个神州大地，灾情遍及全国 23 个省。灾情最严重的长江中下游地区约 205 个县、5089 万亩农田化为泽国，14.5 万人葬身滚滚洪流，直接经济损失 13.45 亿元，中国社会陷入了内忧外患交织、天灾人祸相煎的困境。1931 年洪水是有记录以来人员伤亡损失最大的洪水灾害，在中国历史上留下令人难以忘却的创痛。

1998 年大洪水

　　1998 年洪水是长江流域一次全流域性大洪水。由于中下游梅雨季节延长，并与上游的雨季重叠，又恰逢持续的大暴雨天气，致使 1998

1998 年洪水

年特大洪水的发生。洪水受灾人口2.23亿，死亡3004人，受灾农作物1000多万公顷，直接经济损失达1666亿元。

白鹤梁

白鹤梁石鱼

> **长江文明卡片**
>
> **洪水等级**
>
> 我国以洪水水文要素重现期为界定标准，将洪水分为小洪水、中洪水、大洪水、特大洪水四个等级。
>
> | 洪水水文要素重现期 | 等级 |
> | --- | --- |
> | 小于5年 | 小洪水 |
> | 5～20年 | 中洪水 |
> | 20～50年 | 大洪水 |
> | 大于50年 | 特大洪水 |

> **长江文明卡片**
>
> **长江水文题刻**
>
> 水文题刻记载了洪水与枯水发生时间、河流水位、高程等信息，具有重要的科学价值。
>
> 白鹤梁题刻，位于重庆市涪陵区城北长江江心，是长江中上游一处著名的水文古迹。白鹤梁是一块长约1600米、宽约15米的天然巨型石梁，因早年白鹤群集梁上而得名。
>
> 白鹤梁自唐代开始雕刻的20尾石鱼雕刻，记录了1200多年来72个枯水年份的长江水位资料，被联合国教科文组织誉为"保存完好的世界唯一古代水文站"。
>
> 石鱼现身被当地人视为"吉兆"，有"白鹤绕梁留胜迹，石鱼出水兆丰年"流传。1953年、1963年、1973年，白鹤梁上的石鱼三次露出水面，而当地这几年也都获得丰收，因而石鱼被看成是年成丰歉的预告。
>
> 白鹤梁上还镌刻有黄庭坚、朱熹等历代文人墨客的3万多字诗文题刻，艺术价值极高，被誉为"水下碑林"。
>
> 白鹤梁水文题刻为研究长江水文、区域气候变化提供了极好的实物佐证。1988年，白鹤梁题刻被公布为全国重点文物保护单位。
>
> 2003年，为了保护因三峡蓄水而永远沉没的白鹤梁，白鹤梁题刻保护工程启动。2009年，由地面陈列馆、交通及参观廊道、水下保护体三部分组成的白鹤梁水下博物馆建成并对外开放。

长江流域虽然降水丰富，但受季风气候影响，降水分布极不均匀；同时，受地质因素影响，长江流域蓄水量低、地下水资源少，因此一年四季均可发生干旱，且频率较高。据统计，自 15 世纪至今，平均每 1.8 年发生一次干旱，每 7.8 年发生一次特大干旱。

1978 年大旱

1978 年大旱是发生于长江流域的一次全流域性干旱。由于长江流域该年降水量大大低于往年，长江中下游径流量 1—10 月为 50 年来最低值，实测最小流量为 4620 立方米每秒，致使海水内灌，吴淞水厂等沿江取水口长时间无法取用饮用水。

大旱

地质灾害是指地震、滑坡、崩塌、泥石流、水土流失、岩溶、土体胀缩、淤积、坍塌岸、地面沉降、冻融、土地石漠化、沼泽化分布等，其中地震、泥石流的危害巨大，损失惊人。

据统计，地球上每年约发生 500 多万次地震，即每天要发生上万次地震。其中绝大多数太小或太远以至于人们感觉不到，真正能对人类造成严重危害的地震大约有一二十次，能造成特别严重灾害的地震有 1 ～ 2 次。

在长江流域，四川龙门山地震带是我国强烈地震带之一，自 1169 年以来，共发生破坏性地震 26 次，其中里氏 6 级以上地震 20 次。

5.12 汶川地震

5.12 汶川地震，也称 2008 年四川大地震，发生于 2008 年 5 月 12 日 14 时 28 分 04 秒，震中位于四川省阿坝藏族羌族自治州汶川县映秀镇与漩口镇交界处，震级里氏 8.0 级，地震波及大半个中国及亚洲多个国

5.12 震中映秀

家和地区。

截至 2008 年 9 月 18 日 12 时，汶川大地震共造成 69227 人死亡，374643 人受伤，17923 人失踪，直接经济损失 8452 亿元人民币，是中华人民共和国成立以来破坏力最大的地震，也是唐山大地震后伤亡最惨重的一次。

泥石流暴发突然，来势凶猛，具有极强的破坏力。长江流域泥石流主要分布在横断山地、秦巴山地一带，这些地区地形陡峭、暴雨集中、土壤等松散物质丰富，为泥石流的产生创造了条件。

8.7 甘肃舟曲特大泥石流

2010 年 8 月 7 日 22 时左右，甘南藏族自治州舟曲县城东北部山区突降特大暴雨，引发三眼峪、罗家峪等四条沟系特大山洪地质灾害，泥石流长约 5 千米，平均宽度 300 米，平均厚度 5 米，总体积 750 万立方

舟曲泥石流灾害现场

米，流经区域被夷为一片平地。截至 2010 年 9 月 7 日，舟曲特大泥石流灾害中遇难 1481 人，失踪 284 人。

第二节 水之利

从上古时代的大禹治水，到 1998 年的全民抗洪抢险，中国历史几乎就是一部治水史。

几千年来，勤劳、勇敢、智慧的长江人民同江河湖海进行了艰苦卓绝的斗争，在治水理水、兴利除弊方面的探索一直没有停止，修建了无数大大小小的水利工程，保护了人民生命财产的安全，促进了社会经济的发展。

特别是近几十年来，长江流域建成一大批骨干工程，水资源开发利用成效显著，水资源配置战略格局初步形成。统计表明，长江流域已建水库约 4.6 万座，总库容 2500 多亿立方米；建成地表水蓄、引、提、调水工程约 522 万座，实际供水能力 2050 亿立方米；发展有效灌溉面积 2.26 亿亩；已建和在建水电站 2400 多座，总装机容量 1.32 亿千瓦。其中，已建水库、水电站总装机容量和通航里程均占全国一半

以上。流域供水、灌溉、发电、航运等水资源综合利用体系基本形成，为流域乃至全国经济社会发展提供了有力的支撑和保障。

长江水利工程是中华民族智慧的结晶，是中华民族科学技术发展的结果，是在对自然地理环境深刻认识的基础上，千百万人民辛勤劳动的结果。它集中体现了长江人民在水利水运、建筑、测量等工程领域的科学成就、智慧与创造。

大禹治水

史前时期，洪水泛滥，鲧、禹父子二人受命治水。

面对滔滔洪水，大禹从父亲鲧治水的失败中汲取教训，一改单纯"堵"的办法，对洪水进行疏导，体现出他高度的聪明才智。大禹为了治理洪水，长年在外与民众一起奋战，置个人利益于不顾，"三过家门而不入"。历经13年，大禹耗

大禹治水雕塑

尽心血与体力，终于完成了治水的大业。

大禹治水在中华文明发展史上起到了重要作用。在治水过程中，大禹依靠艰苦奋斗、因势利导、科学治水、以人为本的理念，克服重重困难，终于取得成功，并形成了以公而忘私、民族至上、民为邦本、科学创新为内涵的大禹治水精神。大禹治水精神是中华民族精神的源头和象征。

"百里不求天"的期思陂

春秋战国时期，楚国孙叔敖主持修建了中国最早的大型水利工程期思陂（位于今河南信阳境内）。

为了解决期思地区的水旱灾害，孙叔敖不畏劳苦，跋山涉水，勘察地形，走村串户访问有经验的农夫，精心设计方案，广泛发动民众投入水利工程建设。

人们将孙叔敖领导修建的这项水利工程称为"期思陂"。所谓陂，即陂塘或陂池，是指利用自然地形而修建的蓄水工程。灌区有渠有陂，上游来水由河入渠，由渠入陂，由陂入田，形成"长藤结瓜"式的灌区，既可灌溉，又可防涝。

期思陂充分利用水资源，蓄水灌溉，突破此前水利工程只具备蓄

积雨水和导引沟水的功能局限，增添了截河蓄洪与分流排灌功能，是中国有史以来第一个流域性的大型农田水利工程。期思陂不仅免除了水患，更灌溉了数千顷良田，使老百姓广为受益。因此，期思陂又被形象地称为"百里不求天"。

期思陂是我国第一个社会性的农田水利工程，比魏国的西门渠、秦国的都江堰和郑国渠，分别要早约200年、300年和360年。而且，期思陂的设计修建也足堪称道，不论是渠址选择，还是地势勘察、水量调节、排洪灌溉等，都达到了相当高的水平，堪称我国古代农田水利建设史上一座不朽的丰碑。

据记载，孙叔敖主持修建的大型水利工程还有安徽寿县的"芍陂"（安丰塘）、湖北江陵的大型平原水库"海子湖"等，这些水利设施经后代不断修复，至今仍在发挥作用。

芍陂

2600多年来，期思陂纳川吐流，一直发挥着重要作用。1958年秋，毛泽东主席视察河南，途经信阳，在火车上接见信阳地委负责人时曾说："孙叔敖是伟大的水利专家。固始有'百里不求天'，这项工程就始于孙叔敖治水，你们应该把它修好用好。"因此，当1958年修建安徽金寨梅山水库干渠时，就利用了期思陂的旧渠道并加以改建。

都江堰

都江堰位于四川灌县城北的岷江干流中游，是中国古代最大的水利工程。古时，岷江中下游夏秋季节经常发生水灾，但内水系一带又缺水灌溉。战国末年，李冰父子领导修建都江堰工程。都江堰的建设充分利用了当地的自然条件，对分水、引水、泄洪、灌溉、排沙进行科学、合理安排。都江堰以工程规模大、科技含量大、灌区范围大、社会经济效益大著称，变害为利，人、地、水三者达到了高度的协合与统一。

尤其可贵的是，都江堰建成2200多年来，经久不衰，而且发挥着越来越大的综合效益。都江堰水利工程不仅是中国古代水利工程技术的伟大奇迹，也是世界水利工程的典范。尤其是该工程体现出的"人水和谐，因势利导"的治水思想，更是值得借鉴与弘扬。

李冰父子

灵渠

灵渠位于今广西桂林兴安县境内，是秦始皇统一六国以后，为了进一步完成统一事业，克服五岭障碍，解决运输军粮问题，派遣史禄领导开凿的。

灵渠沟通了湘江（长江支流）与漓江（珠江支流），将长江和珠江这两大南方水系联系在一起，成为古代湖广连接岭南的重要水上枢纽，为促进中原和岭南地区的经济

灵渠

文化交流起到了巨大作用。

大运河

早在春秋战国时期，我国就已经开凿了一些区域性的人工河，如沟通长江和淮河的邗沟，是我国最早的运河。

隋炀帝为了加强对全国的统治，同时也方便自己去江浙一带游玩，以洛阳为中心开凿了通济渠、永济渠等运河，并对原有运河进行改造，形成了颇具规模的运河系统，这就是著名的隋代大运河。大运河是我国乃至世界上开凿最早和最长的人工运河，它以洛阳为中心，北到涿郡（今北京），南到余杭（今杭州），连接了海河、黄河、淮河、长江和钱塘江，全长约2000千米，长期是中国古代重要的南北交通大动脉，对保持南北统一以及经济文化的交流发挥了重大作用。

元朝为了解决南粮北运的问题，将原来以洛阳为中心的隋代大运河进行系统全面的改造，形成了一条北起大都（今北京）、南至杭州的纵向大运河，这就是著名的京杭大运河。

京杭大运河是世界上最长的运河，它流经北京、天津两市及河北、山东、江苏、浙江四省，贯通海河、

黄河、淮河、长江、钱塘江五大水系，全长1750多千米。京杭大运河在元、明、清时期一直是我国非常重要的运输通道，对南北经济和文化交流以及沿线经济的发展曾起到重大作用。晚清以来，随着现代交通的兴起，大运河的运输功能逐渐减弱，但时至今日，仍有一些河段能够通航，并且还成为南水北调工程的输水通道。

大运河是我国仅次于长江的第二条黄金水道。2014年，第38届世界遗产大会宣布，中国大运河项目成功入选世界文化遗产名录。

荆江分洪工程

长江穿过三峡，"山随平野尽，江入大荒流"，奔入广袤的中下游平原。其间自湖北宜都到湖南城陵矶一段，通称荆江，由于地势平坦，河道弯曲，水流宣泄不畅，荆江汛期洪水位常高出堤外地面10多米，有"万里长江，险在荆江"之说。

为解除悬在荆江两岸人民头上的洪水威胁，1952年，中央政府作出了兴建荆江分洪工程的决定。

4月5日，荆江分洪工程全面开工。30万军民参加大会战，仅仅75天时间，荆江分洪工程胜利完工，成为长江上修建的第一个大型水利

长江文明卡片

历代歌咏大运河诗词选

万艘龙舸绿丝间，
载到扬州尽不还。
应是天教开汴水，
一千余里地无山。
——皮日休《汴河怀古》

入郭登桥出郭船，
红楼日日柳年年。
君王忍把平陈业，
只博雷塘数亩田。
——罗隐《隋帝陵》

千里长河一旦开，
亡隋波浪九天来。
锦帆未落干戈过，
惆怅龙舟更不回。
——胡曾《汴水》

荆江分洪工程纪念碑

工程。

1954 年夏，长江发生了有记录以来的特大洪水，荆江大堤形势危急。经国务院批准，三次运用荆江分洪工程，确保了荆江大堤及两岸人民的安全，发挥了荆江分洪工程的巨大作用，对我国国民经济的恢复和发展，起到了重要作用。

葛洲坝水利枢纽

葛洲坝水利枢纽位于长江西陵峡出口的湖北宜昌市境内，是长江干流上修建的第一座大型水电工程。

葛洲坝水利枢纽工程是一项综合利用长江水资源的工程，具有发电、航运、泄洪、灌溉等综合效益。葛洲坝水利枢纽工程的兴建，使坝的上游水位提高 20 多米，向上游回水 100 多千米，形成一个蓄水量巨大的人造湖，有效地改善了三峡航道的险恶之情。为了保证建坝后的顺利通航，葛洲坝水利枢纽工程建有三座大型船闸，其中一号船闸面积相当于两个篮球场那么大，比著名的美国田纳西河上的威尔逊人字门还要大，可谓"天下第一门"。

1981 年 1 月 4 日，中华人民共和国万里长江第一坝——葛洲坝水利枢纽工程大江截流胜利合龙。"朝辞白帝彩云间，千里江陵一日还。

两岸猿声啼不住，轻舟已过万重山。"这已不再是诗人的夸张和幻想，而成为活生生的现实。

高峡平湖：三峡工程

1919 年，孙中山先生在《建国方略》中最早提出建设三峡工程的设想。

1944 年，美国工程师萨凡奇到三峡实地勘查后，提出了《扬子江三峡计划初步报告》，即著名的"萨凡奇计划"。

但是，在风雨飘摇的旧中国，孙中山、萨凡奇的设想是无法实现的。

1949 年夏季，当百万大军挥师南下，新的人民政权正在酝酿诞生之际，万里长江突发大洪水。长江防洪问题，引起党和国家领导人的高度重视。

1953 年，毛泽东主席指着地图上说："先修那个三峡大坝，怎么样？"

1956 年，毛泽东在武汉畅游长江，写下"更立西江石壁，截断巫山云雨，高峡出平湖。神女应无恙，当惊世界殊"的著名诗句，再次提出修建三峡大坝的伟大构想。

1980 年，邓小平从重庆乘船考察长江及三斗坪坝址。

长江文明卡片

数字解读三峡工程

40年论证：1955年我国全面开展三峡工程勘测、科研、设计与论证工作。1994年12月14日，国务院宣布三峡工程正式动工兴建。

18年建设：1992年，全国人大通过《关于兴建长江三峡工程的决议》。2009年，三峡工程建设任务按批准的初步设计基本完成。

139万移民：三峡水库淹没区涉及重庆、湖北两地20多个区县，共搬迁移民139.76万人。

660千米水库：三峡工程建成后所形成的水库全长660千米，回水由大坝直达重庆。

221.5亿立方米：三峡水库是世界上防洪效益最为显著的水利工程，防洪库容221.5亿立方米。

175米：三峡水库蓄水到175米，可有效调控类似1998年的长江洪水，每年发电847亿度，139处滩险将全部消失。

1800多亿元：截至2009年，三峡工程已累计完成投资1849亿元。

185米：2006年5月20日，三峡大坝185米高程的大坝全线封顶。

1.25亿立方米：三峡工程主体建筑土石方挖填量约1.25亿立方米，是世界上工程量最大的水利工程。

1000亿千瓦时：三峡水电站年平均发电量近1000亿千瓦时。

113米船闸：三峡工程的双线五级船闸，总水头113米，是世界上级数最多、总水头最高的内河船闸。

1994年，江泽民总书记考察三峡工地。

可以说，治理长江，根除水患，造福人民，是一代代先驱的夙愿。

1992年4月3日，七届全国人大第五次会议以1767票赞成、177票反对、664票弃权、25人未按表决器通过《关于兴建长江三峡工程的决议》，决定将兴建三峡工程列入国民经济和社会发展十年规划，由国务院根据国民经济发展的实际情况和国家财力、物力的可能，选择适当时机组织实施。

1994年12月14日，三峡工程正式开工。

2002年11月6日，三峡工程大江截流顺利完成，滚滚长江彻底截断。

2006年5月20日，三峡大坝全线建成。三峡工程是我国开发和治理长江的一项关键性骨干工程，是世界上最大的水利枢纽工程。

2009年8月，长江三峡第三阶

三峡大坝

段工程最后一次验收。

2010年10月，三峡工程175米蓄水第三次启动。

西江石壁已立，高峡平湖也出，世纪梦想，终成现实。

丹江口水利枢纽

丹江口水利枢纽位于湖北省丹江口市和河南省淅川县之间，水域横跨鄂、豫两省。

在湖北境内，汉江与其支流丹江的汇合处，丹江大坝巍然屹立，如同一座水上长城，截断了奔流不息的汉江，形成亚洲水面面积最大的人工湖——丹江口水库。

丹江口水库面积达800余平方千米，库容达290亿立方米，烟波浩渺，碧波万顷，是目前中国功能最全、效益最佳的特大型水库之一，在防洪、供水、发电、航运、灌溉以及旅游等方面都发挥巨大的作用，素有"亚洲小太平洋"的美誉。

更为重要的是，丹江口水库还是举世瞩目的南水北调中线工程的调水源头。一泓清流源源不断流向水源不足的北京、天津等地，丹江口市因此成为名副其实的"中国水都"。

南水北调工程

1952年，毛泽东在视察黄河时，提出"南方水多，北方水少，如有可能，借点水来也是可以的"。毛主席的这一宏伟设想，就是著名的

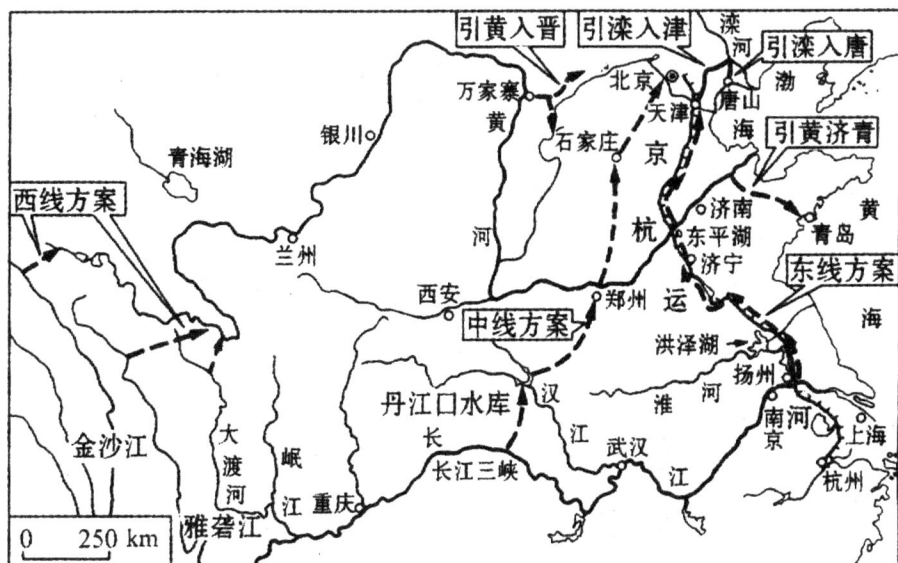

南水北调工程示意图

南水北调工程的萌芽。

1972年，汉江丹江口水库开始修建，为南水北调中线工程的水源开发打下基础。

1992年，南水北调工程确定了分别从长江下游、中游和上游调水的东线、中线和西线三条调水线路。工程分三个阶段实施，总投资将达4860亿元人民币。

2002年12月27日，南水北调工程正式开工。

2013年11月15日，东线一期工程正式通水运行。

2014年12月12日，中线正式通水。

南水北调工程全线完工后，汨汨清流将源源不断地输送到中国缺水地区，干涸的大地将恢复生机，小河里鱼虾嬉戏，山坡上绿草如茵，天更蓝，水更清，人民安居乐业。

南水北调是继三峡工程之后，我国又一个重大的建设工程。它是全面建设小康社会的重要基础设施，是实现我国可持续发展战略的重大举措。这项工程的实施，对缓解北方地区水资源严重短缺局面，实现长江、淮河、黄河、海河四大流域水资源的合理配置，促进经济、社会和生态的协调发展，具有重大意义，并将有力地推进我国社会主义现代化建设进程。

引江济汉工程

引江济汉工程，是从长江引水至汉江的大型输水工程，属于南水北调中线一期汉江中下游治理工程之一。

引江济汉工程旨在从长江干流中开挖一条人工运河向汉江补水，工程全长67.1千米，主要任务是补充汉江因南水北调中线一期工程调水而减少的水量，改善该河段的生态、灌溉、供水、航运用水条件。2014年9月26日，引江济汉工程正式通水，今后每年将向汉江补水31亿立方米，相当于约30个东湖的水量。

百万年以来，汉江一直是长江最大的支脉，而如今，汉江也流淌着长江之水。

引江济汉工程示意图

文章链接：

长江治水的历史性跨越
——湖北人民战胜"99长江大洪水"纪实

在新世纪即将来临之际，万里长江以桀骜不驯之势，接连发生两场历史罕见大洪水，滔滔洪水威胁着共和国美丽富饶的江南大地、威胁着沿江经济发达的大中城市——关乎数千万人生存安全，严峻的自然考验，摆在了沿江各级党组织和政府的面前。

湖北，长江最为险要之处。6000万荆楚儿女以理性、睿智和艰苦卓绝的斗争，战胜了长江姊妹型大洪水，实现了长江治水的历史性跨越。

中南海的决策，把荆楚人民从水患重压中"解放"出来

1999年的洪水，出乎意料的凶狠。进入梅雨季节以来，长江中下游地区大暴雨和特大暴雨交替袭来，江河湖库水位暴涨，地处长江中游的湖北上有川、湘洪水合击，下有鄱阳湖水顶托，迅速形成区域性大洪水，水文专家将其与去年洪水称为姊妹型洪水。

面对相似的水情，记者在湖北沿江各地的所见所闻，却与去年大不相同。从荆江两岸，到鄂东黄广大堤脚下，从去年险象环生的洪湖、监利大堤沿线，到今年依旧头顶悬河的武汉城区，虽然处处可见紧张，却不见往年的惊慌；虽然处处保持高度警觉，却又胸有成竹……

洪湖、监利225千米的长江大堤，去年曾让党和国家领导人揪心和焦虑：共发生各类险情1700多处，其中溃口性险情和重大险情多达500余处；今年，这里没有发生一起足以威胁大堤安全的重大险情。

短短一个冬春，湖北防汛发生了巨大的变化。湖北省委书记贾志杰深有感触地说，去年灾后，中央大幅度增加了对防洪的投入，以积极的财政和赈灾政策，鼓励湖北人民投身江河堤防建设，荆楚大地展开了一场气势恢宏的改造自然、重整山河的群众运动。

在荆州市，经过一个冬春的建设，长江大堤普遍"长"高1.5米，堤身加宽约4米。荆州市委书记刘克毅说，中央的决策给荆州600万人民又一次"解放"：从长期的生存威胁中解救出来，从年复一年抗洪的巨大代价中解脱出来，从每年汛后的生产、生活恢复的重压中解放出来，创造了巨大的社会效益。

去年，全省的洪涝灾害直接经济损失高达500亿元，今年仅有120亿元；

全省去年的抗洪抢险总投入高达 17 亿元，今年的投入仅相当于去年的 1/3；去年 80 天抢险干堤上共投入劳力 230 万人，解放军、武警官兵 10 万人，在今年抗洪抢险的高峰期，干堤上投入的劳力仅有 49 万民工和 8000 多名部队官兵，仅此一项，就相当于节省开支 2000 多万元。

辩证法揭开长江御洪新篇章

"靠山吃山，倚水吃水"。千百年来，长江沿岸的广大群众在与长江洪水进行艰苦卓绝斗争的同时，也把长江水资源环境作为地方经济发展的重要资源进行了有效的开发和利用。

去年 8 月 14 日，当武汉人民搏斗长江第五次洪峰的时候，江泽民总书记亲临抗洪抢险第一线，他向全世界宣告"中华民族是不可战胜的"，同时援引恩格斯的观点告诫我们：自然法则不能违背，违背了就要受到惩罚；人类只有在遵循自然规律的前提下，改造自然为民造福。

长江沿岸的过度开发曾给自然资源带来了严重的破坏。解放之初，长江中下游地区的通江河湖面积达 17108 平方千米，到目前仅存 6000 平方千米。号称"千湖之省"的湖北，目前拥有的湖泊总数已不过 320 个。

党中央、国务院结合去年特大洪水的教训，提出了治水的指导原则，使沿江两岸人民与水的关系，走向相辅、相融、和平共处——既对立又统一的新路。从此，中国人民与水的关系揭开了崭新的一页。如果说 1998 年抗洪的胜利，是沿江广大军民众志成城，浴血奋战的结果，那么，今年战胜长江洪水，则是党中央、国务院英明决策，领导沿江军民辩证治水、科学防洪的胜利。

按照中央的统一部署，湖北及周边省份相互在江湖洪道平垸 569 个，移民 93 万，疏浚长江洪道 1520 千米，增加蓄洪量 59 亿立方米。

总结历史的经验教训，沿江军民根据水情的变化，真正做到"堵"、"疏"结合，"蓄"、"泄"并举，逐步解决"固守"与"弃守"、"舍小"与"保大"的关系，并在抗洪抢险中科学决策，尝试卓有成效。

"给水让路就是给人出路。要根治水患，就要善待自然。"湖北省委副书记王生铁对记者说，"两年的姊妹水，去年百孔千疮，险象环生；今年有惊无险，安全度汛，我从心眼里感谢党中央、国务院的英明决策。"

冬修多操一份心，夏汛少担一份忧

1998 年的大洪水，将湖北堤防存在的隐患暴露无遗。千里江堤能否抵御未来的大洪水，能否做到安全度汛，是党中央和全国人民极为关注的大事。作为全省防汛的第一责任人，省委书记贾志杰、省长蒋祝平更是为此寝食难安。去年汛后省委、省政府先后 15 次对水利堤防建设进行专题研究部署，创造性地实施长江修堤与防汛连锁责任制、堤防建设质量追究制。

去年 9 月，长江第八次洪峰尚未退尽，有着夏汛冬防传统的黄冈市再次走在冬修水利的前头。全市 50 万抗洪大军水退人不退，在鄂东黄广大堤摆开了兴修水利的战场。

监利至武汉堤段，去年出现溃口性险情占全省 60% 以上。省委、省政府大胆决策，采取贷款修堤、预支垫付的办法，筹资 6 亿元，在汛前增加 3800 万立方米土方量，"握紧拳头下重锤"，对最为险要的 211 千米长江堤防加大整险加固力度，根治了长江防洪中的一些急难问题。

资金投入不足是长期困扰湖北堤防建设的难题。去年汛后国家成倍增加了长江堤防建设资金，管好用好这笔资金，发挥其应有的效益，要求全面推行工程管理体制，实施项目法人制、招投标制和工程监理制。湖北省水利工程招标投标管理委员会按照公开、公平、公正的原则，对荆江大堤路面工程、武汉市龙王庙险段综合整治工程等投资额在 800 万元以上的 28 个项目组织招标投标，引进了一批高素质的施工队伍和新技术、新工艺，"国家级"施工企业因此进入堤防建设。新机制真正实现了从设计到施工的全过程监理，从根本上保障工程质量。

堤防建设与防汛连锁责任制层层推开。冬春时由谁修堤，夏汛时就由谁防守；冬修时的责任牌，就是夏汛的生死牌。省委还将石首、公安、监利、洪湖、黄冈等 19 处重点堤防的冬修夏防，与 19 名副省、军级领导连锁挂钩，全面负责。"夏汛夏防"变成了夏汛冬防甚至秋防，一批防洪英雄变成了筑堤好汉。"冬修多操一份心，夏汛少担一份忧"，已成为全省各级领导干部的共识。

科学治水，让水患变成水利

"兵来将挡，水来土掩"。这是沿袭了多少世纪的抵御洪水的方法。今天，荆楚人民在继承祖先丰富治水经验的同时，大量运用现代化的防洪技术和手段，科技成了防洪的有力武器。

在去冬今春宏大的水利建设中，科学意识和科学精神几乎贯穿于每个环节。去年大汛尚未结束，一批参加防洪抢险的水利专家就开始收集有关重大险情的资料，以便有针对性地指导冬春水利建设；洪水刚过，省水利厅就组织水利勘测设计、科研院所400多名水利专家和工程技术人员，在重点险工险段实地踏勘，逐一制定整治方案，为群众性的大规模堤防建设提供科学依据。

过去修堤，肩挑背扛，靠的是"人海战术"，很少有人顾及取土质量。现在则不一样了，修堤先要验土质，水分、含沙量等都有严格的标准。

一些以前闻所未闻的新技术、新工艺、新材料被广泛应用。垂直铺塑堤基防渗、高压定喷混凝土防渗墙、超薄防渗墙、多头小口径搅拌桩等10大新技术，效果十分明显。

伴随着全省气势恢宏的大规模水利工程建设，湖北水利系统也进行了大规模的防洪非工程设施建设，为防汛装上"顺风耳"、"千里眼"，以及时了解洪水发生情况，分析和预测洪水的演变过程，准确预报洪水趋势。今年年初，针对许多人存在"长江去年刚来过大水，今年不可能有大水"的侥幸心理，省水文局科学预测并向省委、省政府预报：今年汛期长江上游将形成6万立方米每秒的洪峰流量。省防汛办据此迅速组织、部署沿江地区采取措施迎战洪峰，打了一个又一个主动仗。

经过近几年抗击长江大洪水的实战演练，湖北防汛已形成科学配套的系统工程。随着长江葛洲坝、清江隔河岩等大型水利枢纽的建成，抗洪工程措施逐渐显示了强大作用。今年汛期，全省水库上游来水37亿立方米，通过科学调度，几番运用水库拦蓄，调洪错峰下泄29.9亿立方米，既减轻了长江防洪的压力，又保护了水库下游人民生命财产的安全。

凭借现代科技，湖北人民正在深入地探寻洪水的自然规律，走上顺应自然、调整优化种植模式的新路。长江流经湖北最富饶的农业基地，两岸辛劳的百姓，世世代代在忧患中迎接丰稔，又在丰稔中提防水患。这种年复一年的悲喜局面，直到今天才获得较大的改变。鄂州市在多年同洪水周旋中，找了"避灾农业"这条出路。去年灾害损失高达几十亿元的公安县，今年组织移民发展避水农业，逐步形成了八大产业，为连年遭灾的群众找到了一条在受灾年仍可发家致富的门道。在洪湖、公安、监利、石首等去年受洪灾影响极为严重的县市，农业生产已经恢复了生机。

（原载于 1999 年 12 月 16 日《人民日报》）

第八章
人类起源

从古到今，人类的起源问题一直是人们最感兴趣也是最具争议性的一个话题。《圣经》上说，上帝创造的亚当和夏娃繁衍了人类，而我们中国人则认为，女娲、伏羲才是人类的老祖宗。

"问渠那得清如许，为有源头活水来。"探究中华文明，我们首先得从中国大地上最早的人类谈起。而寻找中国最早的人类，我们又得将眼光投到长江流域。

第一节 我们是从哪里来的

19世纪，英国科学家达尔文大胆提出进化论与人类非洲起源说。自达尔文之后，有关现代人类起源问题，学术界长期争论不休，其中最有代表性的有两种观点，即非洲起源说与多地区进化说。

"非洲起源说"认为，现代人最早起源于非洲，大约于13万年前走出非洲，扩散到亚洲、欧洲等地，并取代了当地的原住民。

"多地区进化说"认为，100万至200万年前，直立人由非洲扩展到其他大陆后，分别独立演化为现代非洲人、亚洲人、大洋洲人和欧洲人。

近年来，也有学者提出"亚洲起源说"，并且中国大陆也先后发现了北京人、元谋人等直立人的化石。但他们与非洲发现的距今200万年以上的早期人类化石相比，都显得太"年轻"。在人类"非洲起源说"面前，"亚洲起源说"显得有些苍白无力。

所以，目前在国际古人类学界，普遍认为现代人类起源于非洲，也就是说，中国人的直系祖先在非洲。

中国人真的是"走出非洲"的古人类的后裔吗？

人类起源进化图

第二节 长江发现

经过近一个多世纪的辛勤工作，在中国广袤的大地上，我们惊喜地发现了一大批旧石器时代的文化遗存，积累了比较丰富的旧石器考古材料，初步建立起中国旧石器时代文化发展的框架。

截至目前，我国已发现的重要旧石器时代人类化石有巫山人、建始人、郧县人、元谋人、蓝田人、北京人、马坝人、长阳人、丁村人、柳江人、山顶洞人等，基本可以揭示出中国古人类的进化过程及其在世界人类发展过程中的重要地位和作用。

长江流域地域广袤，气候湿润，水源充足，物产丰富，非常适合远古人类的生存与发展，是人类理想的繁衍生息之地。长江流域的一系列重大考古发现，更是充分证明了长江流域是中华民族古人类的起源和演化之地。

在距今200万年至100万年前的旧石器时代早期，长江流域就是元谋人、巫山人、郧县人、和县人繁衍、生息和演化的一方胜地。在

长江流域，远古人类还创造了贵州黔西观音洞文化和湖北大冶县的石龙头文化，等等。

在旧石器时代中期，湖北长阳、安徽和县都有这一时期的古人类遗存发现。

在距今5万～1万年的旧石器时代晚期，长江流域古人类文化遗址的分布已相当普遍，长江上中下游各省区都发现古人类的足迹。从遗址所处的地理位置看，既有山区洞穴，又有丘陵岗地，还有平原湖区。这表明，古人类已由山地走向平原，人类活动的范围大大扩展。

请看长江流域的一系列史前考古发现吧：

巫山人，年代距今约200万年，是我国迄今为止发现的年代最早的古人类化石之一，对探索人类的起源具有重要意义。

建始人，距今215万～195万年，旧石器时代早期的人类，是现代人的祖先。

元谋人，距今约170万年左右，比北京猿人更原始，可能已掌握用火技能。

郧县人，距今100万年，是我国继北京周口店之后又一处材料最丰富的重要考古发现。

长阳人，距今20多万年，是

我国长江以南最早发现的远古人类之一。

和县人，年代距今大约为 20 万年，介于北京猿人和爪哇猿人之间。

资阳人，距今 1 万～10 万年，属于晚期智人。

观音洞遗址，是迄今为止在长江以南发现的旧石器时代早期一处最大的文化遗址，对了解我国旧石器时代南方地区文化的发展和传承具有重要意义。

大冶石龙头文化，遗址第一层的年代约为距今 28.4 万年。

宜都九道沟遗址，与大冶石龙头文化比较，九道沟文化呈现出一定的进步性，其年代已经进入旧石器时代中期。

在丹江口石鼓后山遗址，古人类舍近取远，精心挑拣好的石料，打造得心应手的石器工具，其良苦用心，令人叹服。

郧县黄龙洞古人类遗址，填补了东亚早期智人向晚期智人演化过程中的缺环。

江陵鸡公山遗址，是目前所发现的中国第一例平原旧石器时代遗址，距今 5 万～4 万年。

……

从 200 多万年前的巫山人、建始人，到 170 万年前的元谋人，从 100 万年前的郧县人，到 20 万年前的长阳人、和县人……在长江流域，古人类遗存数量众多，不仅极大地丰富了我国旧石器时代考古的学术体系，也为探索中国古人类起源提供了极为难得的宝贵材料，对于探讨人类"一元"、"二元"、"多元"起源论具有重要的价值。

长江流域古人类不仅有直立人，还有早期智人和晚期智人，对于研究人类的进化无疑具有重要意义。长江流域古人类体质的进化，显示出长江古人类是我们人类共同的祖先，这对中华民族的起源、形成和发展亦具有重要意义。下面简单介绍长江流域几处重要的古人类发现。

元谋人

元谋人因发现于云南元谋县而

元谋人牙齿化石

元谋人复原像

得名。1965 年，我国科学家到元谋上那蚌村附近进行科学考察。他们在一位放牛老人指点下，来到村西约 1 千米的山沟里寻找化石。下午 5 点钟左右，科学家在一个土包下发现了云南马的化石，接着又发现了两颗人类的门齿。后来，科学家将这些化石带回了北京。

1972 年 2 月 22 日，在美国总统尼克松访华的特殊日子里，新华社向全世界发布了发现"元谋人"这一重大新闻。《人民日报》报道："这是继中国北方发现的北京猿人和蓝田猿人之后的又一重要发现，对进一步研究古人类和中国西南地区第四纪地质，具有重要的科学价值。"

这一重大发现引起了国内外学术界的广泛关注。

根据出土的两枚牙齿、石器、炭屑等遗物判断，这是一群能制造工具和使用火的原始人类，年代为距今 170 万年左右。

巫山人

自 1965 年被发现后，元谋人一直被认为是我国境内最早出现的人类。那么，在中华大地的版图上，是否还存在着比元谋人更早的远古人类呢？

考古学家在长江流域找到了答案！

1985 年，由中国科学院古脊椎动物与古人类研究所、重庆自然博物馆、巫山县文物管理所等单位组成的一支长江三峡科学考察队，在重庆市巫山县庙宇镇龙骨坡一洞穴堆积层里，发掘出一枚人类门齿和

巫山人牙齿化石

一段人类下颌骨。在发现以上化石的同一层位，还发现人类加工或使用过的骨器，以及巨猿及其他110多种哺乳动物的化石。震惊世界的巫山人遗址就这样展现在世界面前。

巫山人遗址

巫山人的年代为距今200万年，是中国境内迄今发现最早的人类化石，填补了中国早期人类化石的空白，对于研究人类的起源具有极其重要的科学价值。

在巫山人发现之前，国外考古界坚持认为直立人起源于非洲，在亚洲生活的时间最早不超过100万年前。巫山龙骨坡古人类化石以及距今170万年前的元谋人化石，证明人类在100万年前甚至早在200多万年前就出现在亚洲。这一惊人的发现，向世界考古界关于"亚洲直立人进化的历史不超过100万年"

的论断提出了强有力的挑战。美国《科学》杂志称：巫山龙骨坡的新发现将要改写人类演化的历史。

巫山人的发现者还栩栩如生地给我们复原了一幅200万年前巫山人生活的场景：

200万年前，气候温暖，长江刚有雏形，三峡还没有形成，巴山、巫山及其相邻的神农架山脉连成一体，山势不高，丘陵起伏，山间盆地，草木丛生，猛兽出没。

长江文明卡片

巫山人的年代

中国科学院古脊椎动物与古人类研究所最初公布的巫山人的年代为距今180万年。

1991年，中国科学院先后经过孢粉分析、古地磁和氨基酸测定，测定其地质年代为更新世早期，距今204万年。

此后，经美国、英国等国科学家用最先进的电子自旋共振法测定，其年代被正式确定为200万年前。

但无论是204万年，还是200万年，巫山人都比云南元谋人至少早30万年。

巫山人过着以狩猎、采集为主的原始生活。白天，一群强壮的巫山男子外出围猎，用石头和木棒将动物打死，带回山洞。遇到大型动

物无法搬动时,便将肉最多的前腿、后腿砍下背回洞穴。与此同时,老人、妇女和小孩则留在山洞里,或在附近采摘野果。

晚上,因为还不知道用火,巫山人只好聚集在洞口,依靠洞口的自然亮光进食。他们用打制的粗糙石器将肉从骨头上割下来食用,然后用石器将骨头砸碎,吸食骨髓。

巫山人的婚姻还处于杂交阶段,不分父母子女、兄弟姐妹。他们时刻受到疾病和野兽的威胁,寿命很短。他们死后也没有安葬和悲伤的意识,尸体有可能就被野兽或者同类吃掉了。

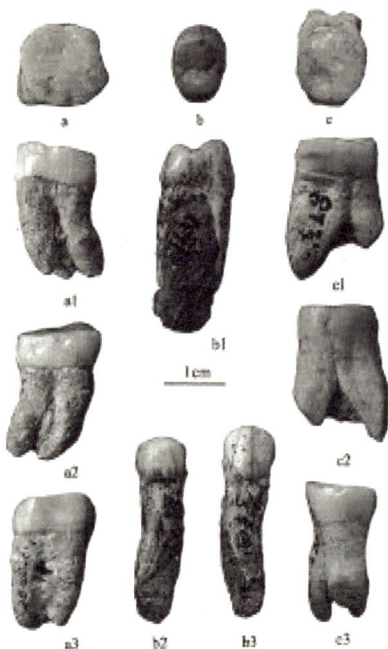

建始人牙齿化石

建始人

机缘巧合的是,在发现巫山人10年后,在距巫山人发现地仅80千米的湖北省建始县境内,又发现了一批弥足珍贵的古人类化石。他们就是巫山人的"湖北兄弟"——"建始直立人"。

中国科学院古脊椎动物与古人类研究所的一个野外考察队,在湖北巴东药材收购站收购的"龙骨"中意外地采集到280多枚巨猿牙齿化石。"龙骨"是中医用作治疗创伤的一味中药材。实际上,它是与古人类共生的动物化石,但其中往

建始人化石出土地

往混杂有远古人类的骨骼化石。

考察队得知这些巨猿牙齿化石可能来自与巴东相邻的建始县,按图索骥,一路追寻到了其产地——湖北建始高坪镇麻扎坪村巨猿洞,当地人称"龙骨洞"。考古学家随

即对龙骨洞进行了科学发掘。

经研究，建始人牙齿化石距今215万～195万年，早于元谋人、蓝田人、北京人。龙骨洞发现的古人类被命名为"建始直立人"。直立人是人属的一个种，是现代人的祖先，是旧石器时代早期的人类。

建始人的发现，为我国寻找人类起源提供了十分宝贵的资料，它填补了中国人类发展史上从猿到人进化过程中"直立人"这一关键环节的空白，足以证明中国人的发展具有本土连续性，对于中国乃至东亚旧石器时代考古研究和探讨人类的起源，均具有十分重要的意义。

巫山人和建始人的横空出世，震惊了世界学术界，也使得我们不由得想起已故著名古人类学家裴文中教授的一段话。他曾预言说："我们现在称北京猿人为我们的老祖宗，

裴文中先生

但北京猿人的老祖宗又在哪里？我觉得应该到长江三峡一带探寻。"

果然不出裴老所料，巫山人和建始人的接踵面世，让世界把关注的目光投向了中国，投向了长江。

美国《奥秘》杂志刊文指出，到目前为止，三峡是世界上独一无二的研究人、猿分野的地域，即使是著名的非洲奥杜威峡谷也无法与三峡相比。因为，巨猿和巫山人、建始人共同生活在一起，足以说明在长江和三峡尚未形成之前，猿人及其祖先就栖息生存在那里。

巫山人遗址的发掘者黄万波教授指出，在巫山人之后又发现了建始人，这对三峡是人类起源地之一的理论，可以起到很好的佐证作用。根据多年的研究，黄万波教授提出：发生于中新世末上新世初的喜马拉雅造山运动，改变了亚洲大陆上正在形成中的人类的活动半径及体质结构，而三峡所在的渝东鄂西正是寻找早期人类化石的理想地区之一。人类在200万年前就出现在亚洲，出现在长江三峡地区，这有可能揭开人类起源之谜。我们有理由相信，中华民族的祖先，黄种人的祖先，就是从三峡高地走出来的。长江三峡地区的一系列考古发现，构成了一段完整的人类进化史，支持了中

国人类连续进化学说，为人类起源多元学说提供了重要依据。中国，很可能是世界上早期人类的发源地之一！

科学家还发现，巫山人、建始人时期，正是青藏高原在地球上崛起的时期，云贵高原还未形成，秦岭、大巴山也未达到目前的高度，巫山山脉起伏不大，长江和三峡也都还未形成，或者仅有雏形。也就是说，目前的三峡地区在巫山人、建始人时期，基本上还是一片开阔的平原，并非如今所见的大山与大峡谷地貌。

长江文明卡片

吃熊猫肉的古人类

在对巫山人和建始人等长江远古人类的研究中，科学家吃惊地发现，如今被视为"国宝"的大熊猫居然是三峡远古人类的主要食物之一。

考古工作者在三峡库区一些洞穴进行发掘时，发现很多大熊猫、箭猪、犀牛、剑齿象等哺乳动物化石。学者认为，当时远古人类就居住在这些洞穴里，而大熊猫等动物遗骸，则是古人猎杀它们并分而食之的证据。

郧县人

汉江是长江最大的支流，在汉江流域同样有很多远古人类被相继发现，如郧县猿人、郧西猿人、郧县人等，进一步丰富了长江流域远古人类的考古学材料。

郧县位于湖北省西北部，气候温和，物产丰富，非常适宜人类生息繁衍。1975年，郧县梅铺龙骨洞中出土了一批远古人类化石，其中4枚牙齿与北京猿人、爪哇猿人的同类牙齿很相似，属于直立人之列。这是湖北境内最早发现并经科学鉴定的猿人化石，被称为郧县猿人。

郧县梅铺龙骨洞

郧县猿人化石的发现在中国人类进化史上具有重要的时空意义。在时间上，郧县猿人介于元谋猿人与北京猿人之间；从空间上看，郧县猿人的居地不仅恰好位于元谋猿人与北京猿人居地之间的中点上，而且也正好与蓝田猿人互为东西。

郧西猿人发现于郧西县神雾岭白龙洞，共发现7枚人类牙齿化石，与之同存并出的还有狸、犀、貘、鹿、牛、剑齿虎等 20 多种动物化石和一批石器及其他与古人类活动有关的证据。郧西猿人年代距今 50 万年，晚于郧县猿人，大约与北京猿人相当，其年代属旧石器时代早期。这是湖北继郧县猿人后的又一重大发现。

考古学家在郧县白龙洞考察

白龙洞出土的化石

郧西白龙洞遗址还是中国迄今发现的最大猿人洞。科学家实地考察发现，白龙洞有"四室一厅"，洞口一厅宽 20 米、高 3 米。厅后有 4 室，每室宽 10 多米、高 3 米，室相连，"四室一厅"的深处还有门洞可掘进。科学家戏称：白龙洞的主人可是一群讲究排场、非常阔绰的老祖宗哦！

郧西猿人在中国古人类进化史上同样具有重要的时空意义。从时间上看，郧西猿人处于晚期猿人向早期智人的过渡阶段；从空间上看，郧西猿人无疑是北京猿人在中国南方的同属，填补了北京猿人生存时代南中国猿人生存的空白，从而弥补了中国南方古人类进化史上的重要缺环。

在汉江流域古人类的一系列考古发现中，以郧县人的发现最为重要、最为著名。

郧县人的发现也颇具戏剧性：1989 年，湖北省组织了全省文物大普查。郧县博物馆王正华和郧西文化馆屈胜民编为一个普查小组，展开工作。5 月 18 日，王正华、屈胜民二人来到郧县青曲镇曲远河口。为了让村民提供更多的线索，王正

郧县人遗址

华还把随身携带的动物牙齿化石拿出来让村民观看。

"啊，土龙骨！"村民们顿时发出一片惊叹。原来，他们把哺乳动物骨骼化石称为"土龙骨"。

就这样，在村民的指引下，被称为"土龙骨"的两件头盖骨化石出土了，它们就是举世闻名的郧县人化石，是湖北首次发现的最完整的古人类头盖骨化石。

经研究，这两具人类头骨化石与此前亚洲发现的直立人化石如北京人、蓝田人、爪哇人等的形态基本一致，应该属于直立人类型。

郧县人遗址距今大约100万年，是我国继北京周口店之后发现的又一处材料最丰富的重要遗址。郧县人遗址出土的两具头骨化石标本，是在中国大陆至今所发现、显示人类祖先直立人进化为较进步人种的最完整标本，为古人类研究提供了极其珍贵的资料，引起了海内外学术界的高度关注。

郧县人的发现，还修正了关于人类仅仅起源于非洲和非洲迁徙的传统观点，为进一步探讨人类的起源与发展提供了重要资料。美国、英国、法国、日本等国主要报刊不惜笔墨，大篇幅报导这一重大发现，阐述其对于人类起源理论的重要意义。美国《华盛顿邮报》说："中国发现的头骨支持论述人类进化的新假设——这个发现是对一个非洲夏娃的挑战。"英国《世界日报》称："湖北的两具头颅化石，动摇了人类起源于一源的理论。"美国《发现》杂志将郧县人的发现列入当年世界50项重大科学发现之一。

郧县人1号头骨化石

郧县人2号头骨化石

长江文明卡片：

郧县人的智商与颜值

自郧县人头骨化石被发现后，人们一直在寻找比较理想的复原方法。因为郧县人头骨出土时已被挤压变形，脑腔内的软物质已被坚硬钙质胶结物替代，这些都加大了对头骨观察和测量的难度。科学家曾尝试采用模型切割法，但它只能复原断裂错位的骨片，对变形部位无法复原。

于是，科学家将复原工作方法转向利用计算机技术上来。对头骨进行 CT 扫描是利用计算机技术进行复原的基础。2002 年，湖北省文物考古研究所的专家与武汉大学中南医院合作，使用超快速高档螺旋仪，对郧县人头骨进行扫描，并运用扫描资料进行头骨图像的二维和三维重建。

在此基础上，中方与法国自然历史博物馆古人类研究所联合，选取亚洲晚期直立人中的爪哇人和北京人作为复原研究参照标本，从纵、横两个方向对郧县人 2 号头骨复原的弧度进行控制。随后，中法双方研究人员通过计算机对头骨进行复位、矫形、修复，将碎裂错位的头骨片进行复位，将被挤压变形的头骨片加以校正，对缺失的部分进行了修补。

2004 年 10 月 25 日，中法两国科研人员在武汉联合宣布：郧县人头骨化石三维复原研究取得成功，郧县人的脑量值为 1065 毫升，接近北京人的平均值 1075 毫升，这进一步证明了郧县人可能处于比较原始的直立人阶段。

中法学者联合复原成功郧县人头骨

2008 年，根据颅骨复原技术，中国刑警学院首席教授赵成文和他的团队成功地对郧县人进行了面部头像复原。

赵成文教授是我国著名的刑事相貌学专家、痕迹学专家、痕迹考古学家，被誉为"学者神探"、"神探画家"。他曾成功地"复活"了明代王妃、长沙马王堆西汉女尸、"楼兰美女"以及古埃及法老等 20 多具古尸。

赵成文团队根据法医人类学、医用解剖学原理，在头骨化石基础上模拟添加了与头骨化石相匹配的下颌和牙齿。他们在头骨化石的基础上，一点一点地添加面部肌肉、皮肤、纹理和毛发，完全靠人工制作、还原。经过不懈的努力，终于将100万年前的郧县人成功"复活"。

郧县人面部头像复原图

郧县人头骨化石和面部头像的成功复原，不仅还原了郧县人的智商和颜值，还为研究直立人形态特征提供更为真实、全面的参考信息，具有重要的学术价值。

长阳人

1956年，湖北省长阳县农民在山洞中挖所谓的中药材"龙骨"，没料想挖出了一块完整的人形头骨化石，并出售到供销社。

消息传到长阳县第一中学，生物教师陈明智带着学生到供销社察看，他们从龙骨堆中找到了一块古人类上腭骨，上面还附有两枚牙齿。这批化石标本被送往中国科学院古脊椎动物与古人类研究所后，鉴定为古人类化石。

鉴于长阳发现的这批化石材料的重要性，1957年，中国科学院古脊椎动物与古人类研究所特别派出曾参与北京人考古发掘的著名人类学家贾兰坡先生前往长阳，对该地点进行科学调查和试掘。当时长阳山区路况条件非常差，于是，贾兰坡先生骑着马来到了化石出土地。

贾兰坡先生

经过近一个月的艰苦工作，贾兰坡带领工作队在这个山洞里面发掘出一大批化石材料。经研究，长阳人不仅具有现代人性质，而且也具有一定程度的原始特征。长阳人被认定为早期智人，属于旧石器中期的人类，年代距今约19万年。

贾兰坡教授指出：在我国南部地区从来没有发现过有如上述性质的人类的任何材料，长阳人的发现，

长阳人遗址

长阳人复原像

不仅给江南动物群增加了新的种属，并为地层的划分提出了新的证据，同时给人类本身的分布与演化提供了新的资料。

长阳人是我国长江以南最早发现的远古人类之一，距今 20 万年左右，再次说明了长江流域以南的广阔地带同黄河流域一样，也是我国

远古人类文化发祥地，是中华民族诞生的摇篮。

江陵鸡公山遗址

荆州江陵鸡公山西南距荆州城约 5 千米，依村傍水，一派江南水乡宁静秀美的田园风光。鸡公山虽为山名，实际上是平原上的一个小土岗，毫不起眼。

鸡公山岗地上分布大量不同时代的古墓葬，尤其以春秋至汉代的墓葬分布特别密集，文物考古部门曾在鸡公山墓地发掘清理了上千座古墓葬。

1989 年，荆州博物馆和江陵县文物局联合对江陵县进行文物普查工作。在文物普查训练班上，荆州博物馆专家结合旧石器文物标本，给文物普查人员讲解旧石器的特征，在场的一名普查人员随意的一句话，引起了在场所有人的惊讶,他说:"这就是旧石器？那在郢城北面的鸡公山上,这样的石块,可以用箩筐装。"

说者无心，听者有意。很快，荆州博物馆就组织专家赶赴鸡公山调查。结果不出所料，在遗址西北隅，有一条被推土机推出的临时道路，在道路的两旁形成有地层的断面和散落一地的石器。中国第一例平原地区旧石器时期遗址就以这样一种

鸡公山遗址发掘现场

戏剧性的方式展现在世人眼前。

1992 年 10 月，荆州博物馆和北京大学考古系联合发掘了这处距今五六万年前的旧石器遗址。

鸡公山遗址完整地呈现了一幅当时人类生产生活的场景：

在遗址的北部，有 5 个由密集的砾石、石片和石器围成的不甚规则的环带状石圈，形状、大小基本一致，石圈外径约为 4 米，内径约为 2 米。石圈之内为直径 2 米左右的地面，地面上有少量的尖状器和砍砸器。研究表明，石圈遗迹应该是当时人类居住的圆形窝棚住所的基础。

在居住区南部，有两个石制品密集分布区，散布着数以万计的石制品，并伴出有较多的石锤、石钻等加工工具，表明这里很可能是当时的石器加工场所。饶有趣味的是，在一个加工区内，当时人类加工石器时蹲坐的座位及双脚踏地的脚窝仍清晰可辨。

遗址南侧还发现一处长约 1 米、宽约 0.5 米的红土硬面，周围放置许多锋利的小型刮削器及其他石器，初步推断为一处野兽屠宰场。

鸡公山遗址是我国迄今首次发

现的旧石器时代人类在平原上的活动遗存，表明远古人类已经走出大山，开始了平原地区的生活。遗址内住所、石器加工场、屠宰场等遗迹的揭露，堪称中国旧石器考古的重大突破，具有极其重要的学术价值。在 1992 年度"中国十大考古发现"评选中，鸡公山遗址的发现和发掘名列榜首。

　　通过对长江流域旧石器文化的简单梳理，我们可以这么说：距今一两百万年前，长江流域走出了中国大陆上最早的古人类，长江流域成为中国远古人类起源、演化的主要地区之一。长江古人类用粗糙的石器工具，为我们拉开了中华文明史剧的第一道大幕；也是他们，用刚刚掌握的用火技术，让我们看到了中华文明的第一缕曙光。

第九章
文明摇篮

　　长期以来，黄河流域被认为是中华民族的发源地，是中华文明的摇篮。

　　但是，随着一系列重大考古发现的相继面世，随着学术研究的日渐深入精进，长江文明的面貌越发清晰，地位日益凸显。目前，学术界已经公认，中华文明的形成既是一体的，也是多元的，即所谓"多元一体化"。在这个"多元一体化"的文明演进过程中，长江文明为中华文明的形成作出了巨大的贡献。长江流域也是中华文明的重要发祥地之一，与黄河流域珠联璧合，共同成为中华文明的摇篮。

第一节 长江流域新石器时期文化

毛泽东在《贺新郎·咏史》中写道："人猿相揖别，只几个石头磨过，小儿时节。"一代伟人用生动形象的笔调描绘人类远古时代的"小儿时节"，极富想象力、生活气息与浪漫主义色彩。所谓"小儿时节"，即考古学上的新石器时代。

长江文明卡片

新石器时代

新石器时代是以使用磨制石器为标志的人类物质文化发展阶段，在地质年代上已进入全新世，年代大约从1万年前开始，结束时间从距今5000多年至2000多年不等。

一般认为，新石器时代有三个基本特征：第一，开始制造和使用磨制石器；第二，发明了陶器；第三，出现了农业和养畜业。

在新石器时代，人类社会组织也发生了全新的变化，人类群体由小规模的人群发展为规模较大的氏族社会，婚姻形态由杂婚转变为一夫一妻制。

中国在距今大约1万年前的时候就已进入新石器时代。由于地域辽阔，中国新石器文化面貌也有很大区别，大致可以分为三大经济文化区，即旱地农业经济文化区，包括黄河中下游、辽河和海河流域等地，是粟、黍等旱作农业起源地；水田农业经济文化区，主要为长江中下游，是稻作农业的重要起源地；狩猎采集经济文化区，包括长城以北的东北大部、内蒙古及新疆和青藏高原等地。

长江上游新石器文化

长江上游新石器时代文化包括古蜀、巴渝两大区系类型。

截至目前，已经发现的属于古蜀区系类型的新石器时代文化遗存有：广元中子铺遗址、张家坡遗址、邓家坪遗址、鲁家坟遗址、绵阳边堆山遗址、广汉三星堆遗址第一期、月亮湾遗存第一期、汉源狮子山遗址，以及以宝墩为代表的成都平原史前城址群等。

其中，宝墩文化城址群的发现

尤其重要。这批城址群以宝墩古城最为典型，故命名为"宝墩文化"，包括新津宝墩古城、都江堰芒城、温江鱼凫城、崇州双河古城、紫竹古城、盐店古城等。这些古城与中原龙山文化起始时间相当，有的古城如宝墩古城，其年代比龙山古城还要早几百年，或许已经进入城邦国家阶段。

长江文明卡片

宝墩文化

宝墩文化以在成都平原上相继发现的新津宝墩等史前遗址群为代表，是成都平原的一支重要的新石器时代考古学文化，距今 4500 年左右。

在文化发展序列方面，宝墩文化与夏商时期的三星堆文化或古蜀文明相衔接，是古蜀文化的源头，也是四川即将跨进文明门槛的历史见证。

研究表明，四川盆地的这些新石器时代遗存特点鲜明，发展序列基本清楚，尤其是它们和三星堆一期文化的内在联系也较为明显，表现出四川新石器时期土著文化清晰的发展脉络。

巴渝区系的新石器时期文化系列，因为三峡工程的动工兴建而被大范围揭露、发现，从而逐渐被我们所认识。

在三峡地区，新石器时代早期遗存有奉节洋安渡，万州渣子门、武陵，忠县永兴，丰都老鹰嘴、和平村等遗址；新石器时代晚期遗存有巫山魏家梁子、锁龙，奉节老关庙，忠县哨棚嘴、中坝等遗址。这些遗址出土文物丰富，使峡江地区新石器文化面貌逐渐清晰起来。

需要指出的是，巴渝区系文化处在长江中游文化和古蜀区系文化之间，其新石器时期文化不可避免地受到外来文化的影响，如属于长江中游新石器早期文化的城背溪文化，就深入到巴渝腹地，可见三峡地区在新石器早期就已经成为文化交流的走廊。

长江中游新石器文化

长江中游地区发现和发掘了数量众多的新石器时代文化遗址，其中不乏重要的发现。经过考古工作者的科学发掘和潜心研究，目前已经初步建立起一个比较完整的新石器时代文化的发展序列，即新石器时代早期遗存（彭头山文化、城背溪文化）→大溪文化→屈家岭文化→石家河文化。

长江中游地区的新石器时代早期遗存，目前在湘南、陕南的汉水上游地区、鄂西的长江干流地区、湖南的洞庭湖西北等地均有发现，包括湘南道县玉蟾岩洞穴遗存、洞庭湖湖区澧阳平原的彭头山文化、长江干流的城背溪文化、洞庭湖西北澧水和沅水流域的皂市下层文化、汉水上游的李家村文化，等等。

长江中游地区新石器时代早期遗存，具有比较鲜明的文化特色，如遗址面积不大，文化层较薄，已经形成原始的定居聚落；从事原始农业，并以采集和狩猎经济为主；打制和磨制石器共存，打制石器数量较多，工具类型简单，等等。

城背溪文化：因最早发现于湖北宜都城背溪遗址而得名。城背溪文化是目前长江流域已发现的年代最早的新石器时代文化遗存之一，其年代距今 7000 ～ 8500 年。

城背溪文化不仅具有长江中游新石器时代文化体系较原始的特点，

而且体现出我国新石器时代较早阶段的文化特征，具有重要的学术意义。

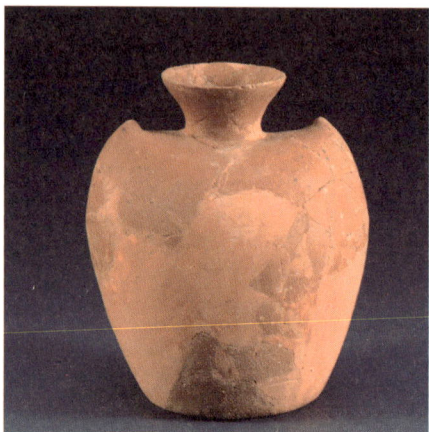

城背溪文化陶壶

大溪文化：是长江中游和江汉地区继城背溪文化之后发展起来的一种新石器时代中期的文化，因最

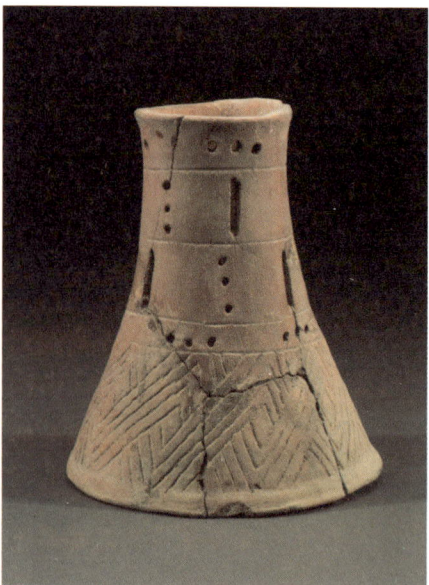

大溪文化陶支座

早发现于重庆巫山大溪遗址而得名。其年代距今 5100 ~ 6500 年，与中原地区的仰韶文化晚期时代相当。

大溪文化分布范围集中于长江中游西段，东到鄂南，西至峡江地区的奉节以东，南抵洞庭湖北岸，北达长江中游西段北岸，其中心区域在湖北江汉平原以南、以西地区。

屈家岭文化：因最早发现于湖北京山屈家岭而得名。屈家岭遗址位于京山县城西南约 30 千米的屈家岭村，是我国长江中游地区发现最早、最具有代表性的大型石器时代聚落遗址。屈家岭文化是长江中游继大溪文化之后发展起来的一种考古学文化，也是长江中游地区第一个被命名的新石器时代文化，其年代距今 4500 ~ 5100 年。

屈家岭文化分布以江汉平原为中心，遍布长江中游地区，东起大别山南麓，西至三峡，北到豫西南，南抵洞庭湖北岸。此外，在江西修水、河南许昌、陕西商县等地也有屈家岭文化的分布。可以看出，屈家岭文化分布范围基本上与大溪文化重合，并有所扩大。

以屈家岭文化为标志，长江中游地区史前文化开始了中国早期文明的新历程。屈家岭遗址的发现对于认识长江中游地区和江汉平原的

史前文化具有重要的意义，因此被评为"中国 20 世纪 100 项考古大发现"之一。

屈家岭文化陶鼎

石家河文化：是继屈家岭文化之后发展起来的一种考古学文化，因 1955 年发掘的天门市石家河镇的贯平堰、石板冲、罗家柏岭等遗址群而得名。石家河文化的年代距今 4200 ~ 4500 年。其分布范围基本

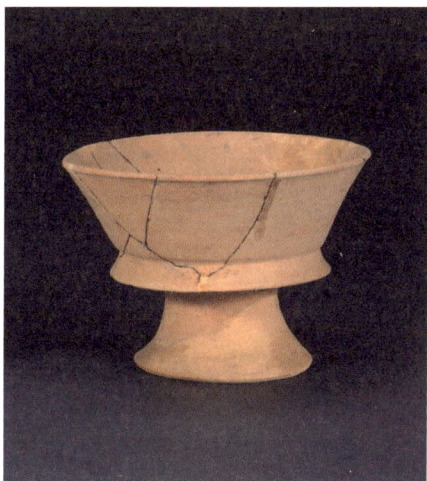

石家河文化陶杯

上与屈家岭文化重合，只是北部已
退到鄂西北，而南方则向湖南中部
地区扩展。

石家河文化代表了长江中游地
区史前文化发展的最高水平，它的
发现为探索长江中游文明的起源找
到了一个突破口，具有重要的学术
价值。

此外，长江中游新石器时期文
化，还包括鄱阳湖及赣江流域地区，
以及南京及周边地区的新石器时代
文化，如江西万年大源仙人洞遗存
以及山背文化和筑卫城文化遗存等。

长江下游新石器文化

长江下游以太湖平原、杭州湾
地区为中心，包括江苏、上海和浙
江北部地区。目前，这一地区已发
现了数百处新石器时代遗址，其中
不乏许多重大发现，成为研究我国
史前时期文明起源的重要组成部分。
根据文化性质，初步可以划分为河
姆渡文化、马家浜文化和良渚文化
三大考古学文化。

河姆渡文化：因首先发现于浙
江余姚河姆渡遗址而得名，年代为
距今 5000～7000 年，属于新石器
时代早期。

河姆渡文化遗址出土有成堆稻
谷、稻壳遗存以及大量骨耜，证明

当时农业已脱离刀耕，开始用骨耜
翻地；还出土了大片木构建筑，已
出现榫卯，是迄今已知最早的干栏
式木构建筑；木桨的出现，说明当
时已用船作为水上运输工具；木曲
棍、经轴、齿状器等纺织工具的出土，
说明原始纺织业已经出现；河姆渡
文化还出土有木碗、木桶和木盆，
其中有的木碗和木桶上还施有红色
涂料与漆，微显光泽，是我国出土
最早的漆木制品。

河姆渡遗址

河姆渡木构建筑

马家浜文化：是太湖流域一种

时代较早的新石器时代文化，因发现于浙江嘉兴马家浜遗址而得名，距今5000～7000年。

马家浜文化的经济生活以农业为主，水稻是当时的主要农作物，特别是草鞋山遗址还发现了6000年前的水稻田遗迹；马家浜文化的纺织业已较进步，遗址中出土大量石、陶纺轮。草鞋山遗址的第10层曾发现三块炭化的纺织物残片，是我国出土的最早纺织品。

马家浜遗址

良渚文化：20世纪30年代，良渚文化首先于浙江省余杭县良渚发现并因此得名。良渚文化遗址实际上是余杭县良渚、瓶窑、安溪三镇之间许多遗址的总称，距今4000年左右，大致和中原地区龙山文化相当。

良渚文化时期，农业经济已较发达，以稻作农业为主，兼有家畜饲养与渔猎。在良渚文化遗址中，

长江文明卡片

良渚文化突然消失之谜

有位作家曾经赞美道："良与渚的组合，即是美好的水中之小洲！如一首优美的诗，似一幅清丽的画……也许是因了她的美好，才逗引史前时代的先民们在这里落脚；也许是因了先民们的耕耘开拓，才使这儿有这么美好！"

然而，高度发达的良渚文化在持续辉煌了1300年后，却突然消失，像流星一样划过历史，让后人猜不透它为何突然无影无踪。

关于良渚文化的消失原因，一种说法是因为海侵所致。距今4000年左右，也就是良渚文化晚期，天气转暖，海平面上升。受海水顶托，良渚人大部分生活区域陷入汪洋。于是一部分良渚人南下，融入了当地的土著文化；一部分人北上，到达中原地带，与中原龙山文化先民发生了一场争夺生存空间的战争，最后被打败。还有一部分人，留在了故乡，但生活非常艰难，勉强维持几百年后，与马桥文化逐渐融合。

另一种说法是，良渚贵族日益奢靡，追求享乐，最终国力渐衰，被敌人侵入而亡国。

但以上说法都是猜测而已，良渚文化仍然留给后人一个大大的谜团。

曾出土较多的丝和麻纺织品残片，说明早在四五千年前，中国就已开始养蚕织绢，是世界上最早养蚕织

丝的国家。良渚文化的最大特色是出土了大量制作精美的玉器，如璜、琮、璧、钺等，具有丰富的精神文化和艺术价值。

良渚玉器

长江文明卡片

良渚文化的玉料从何而来

　　良渚文化出土玉器种类、数量惊人，说明良渚时期玉料的用量很大，要有丰富的玉矿来供给。然而，在良渚文化范围内一直没有发现良渚时期的大型玉矿，有学者据此认为良渚玉料是从盛产玉的辽宁或新疆辗转而来。

　　然而，史前时期人口稀少，生产力低下，运载工具、交通工具简陋，良渚人如何能够从遥远的东北、西北，穿过无路的荒野莽林、高山大川把玉料运至东南的良渚文化圈内？这是一个待解之谜。

第二节　长江孕育文明

　　"文明"一词，首见于《周易》中"天下文明"一句，指光明、有文采的意思。如今，"文明"通常是指人类社会的进步状态，与所谓的"野蛮"、"蒙昧"相对而言。

　　关于文明起源的认定问题，迄今为止国内外学术界讨论非常激烈，判定标准也不尽相同。我国考古学家夏鼐先生提出我国文明起源的"三要素"，即城市、文字和冶炼金属。我国学者李学勤先生也提出自己的看法，认为文明起源至少应该包含以下几大要素：金属的使用、文字的产生、城市的出现、礼制的形成、贫富的分化和人牲人殉的发端。

　　综合众家说法，我们认为，文明起源至少需要具备以下几大要素：城市的出现、文字的书写、冶金术和金属工具的使用、密集型的农业、宗教的统一力量和礼仪建筑等。

　　重要的是，文明起源的这几大基本要素，都不约而同地出现在新石器时期的长江流域。所以，我们可以肯定地说：长江流域同样是中国文明的摇篮。

为此，著名考古学家苏秉琦先生提出了"中华文明满天星斗"的说法，即在距今6000年左右，从辽西到良渚，中华大地的文明火花如满天星斗一样璀璨夺目。具体而言，在甘青地区有齐家文化系统，在辽西地区有红山文化系统，在海岱地区有龙山文化系统，在长江中游地区有石家河文化系统，在长江下游地区有良渚文化系统，在中原地区有仰韶文化系统。这些文化系统"各有其根源，都创造出了灿烂的文化"，中华文明的起源呈现出多元、区域性、不平衡的发展态势。各个地区的文化通过相互竞争、碰撞、融合，最终形成了完整的中华文明。

著名考古学家李伯谦先生也指出："中国文明起源的问题，从某种意义上也可以说是黄河流域和长江流域文明的起源问题。只要对黄河、长江这两河流域文明的进程有个基本的了解，中国文明起源的问题就基本解决了。"也就是说，长江流域文明演进的过程，与中华文明的进程是密切相关的。

长江文明卡片：

长江与北纬30°线

在我们生活的这个星球上，有一条神秘的北纬30°线。

它是世界自然奇观最为集中、最为神秘的地区，如地球上海拔最高的珠穆朗玛峰和最深的西太平洋马里亚纳海沟，位于北纬30°地带；世界上著名的大江大河如美国密西西比河、埃及尼罗河、伊拉克幼发拉底河、中国长江等都在北纬30°区域入海；世界著名奇观绝景如黄山、庐山、天柱山、武陵源、神农架、雅鲁藏布江大峡谷等也分布在北纬30°线附近。

它同时也是人类文明遗迹最为集中、人类文明现象最为神秘的地区，人类的起源地如亚山人、长阳人、郧县人遗址都坐落在北纬30°线上；古埃及金字塔狮身人面像、玛雅文化遗址、撒哈拉大沙漠壁画、"复活岛"巨石人像、百慕大三角区等也分布在北纬30°线上；世界著名宗教如佛教、基督教、伊斯兰教、犹太教和印度教等，发祥地都在北纬30°线附近；中国佛教四大名山中的峨眉山、九华山、普陀山，都处在北纬30°区域；中国许多著名的考古发现如三星堆遗址、盘龙城遗址、河姆渡遗址、良渚遗址等也在这里横空出世；中国地域文化的奇观如楚文化、巴蜀文化也都位于这条线上。甚至有人说，在北纬30°上生长的姑娘也是世界上最漂亮的。

神秘的北纬30°线，给世界留下太多的奇观，也给人们留下了太多的谜团。对此，众说纷纭，莫衷一是，其中一种解释是：北纬30°恰好处在亚热带与温带的过渡地带，降水丰沛，植物茂盛，适宜人类生存，早期文明和社会就很容易在此勃兴并发展，北纬30°线也就顺理成章地成为世界文明带上的中轴线。

长江与城市

城市的出现是人类社会进入文明时代的标志之一。城市是社会发展到一定阶段的结果，是一定地域范围内的政治、经济和文化中心，标志着私有制和阶级的确立，战争的激化，强权的形成，工农业的分工，劳心者与劳力者的对立等社会形态的确立。

在城市出现以前，史前人类已经习惯以聚落形态定居生活，这个现象至迟出现于新石器时代早期，

万年仙人洞遗址

此时的聚落形态主要是穴居和半穴居，如江西省万年仙人洞遗址就曾发现典型的穴居遗址。

随着农业的产生，人口的增长，人们开始走出洞穴，走向平原河谷，过上稳定的定居生活。在湖南澧县彭头山遗址，曾发现一处面积较大的地面建筑。据推测，这样的房屋可供一个对偶家庭居住。

至距今约5000年前的新石器时代晚期，随着聚落遗址面积的扩大和建筑技术的提高，为城市的出现提供了可能，中国历史进入到城市文明的崭新阶段。

这个阶段，在我国黄河中下游，部落争雄，万邦林立，古老的氏族制度将不复存在。高大的城垣，深深的壕沟，标志着国家文明的诞生。

与黄河流域城市文明同步，长江流域同时期也出现了数座或大或小的城池。

1987年，湖北省天门市石家河发现了一座规模巨大的屈家岭文化古城——石家河古城。此后，湖北省又陆续发现并确认了4座同时期的古城：石首市的走马岭城、荆门市的马家垸城、荆州市的阴湘城和公安县的鸡鸣城。

与此同时，湖南也发现2座古城，即澧县彭头山城和鸡叫城。

20世纪90年代末，湖北应城市又发现了门板湾和陶家湖两座古城。2005年，考古工作者又在天门发现了一座更早的城池。

至此，长江中游地区发现的史前古城已达10处之多。长江中游这些史前古城的出现，是该区域原始文化发展到一定历史阶段的必然产物。

长江中游地区10座新石器时代的城池分别位于长江以北、汉水两岸，时代跨度在屈家岭文化晚期至石家河文化时期，现简要介绍其中几座古城。

走马岭古城：位于湖北省石首市焦山河乡走马岭村，遗址总面积20万平方米，其中城内遗址面积约5万平方米，年代在大溪文化晚期或屈家岭文化早期，延续至石家河文化中期。据推测，古城人口最多时达千余人，是一个规模颇大的部落。

走马岭城址

阴湘城遗址：位于湖北省荆州市江陵县马山镇，平面大致呈圆角长方形，残存面积约20万平方米。年代为屈家岭文化早期至石家河文化晚期，是研究江汉地区史前时代的社会、经济、文化发展水平和环境状况不可多得的一处重要遗址。

阴湘城遗址

马家垸古城：位于湖北省荆门市刘集乡显灵村，面积约24万平方米，时代为屈家岭文化至石家河文化早期。

马家垸古城遗址

在长江流域大大小小的诸多古城中，我们要特别提到良渚古城。

2006年6月的一天，浙江省杭

州市余杭区瓶窑镇葡萄畈村的村民要在良渚文物保护区内建房子。为防止破坏埋在地下的文物，良渚遗址工作站的考古队依照惯例先行进行勘探。

在一片稻田下，考古队员们先发现了一条南北走向的河沟，河床内有许多良渚晚期的碎陶片。随着勘探和发掘工作的继续，城墙出现了，一座古城横空出世。

良渚古城东西长 1500～1700 米，南北长 1800～1900 米，总面积达 290 多万平方米，比 400 个现代足球场还要大，非常宏伟、壮观，是目前我国发现的新石器时代城址中规模最大、最为完整的一座，堪称"中华第一城"。

良渚古城是长江下游第一次发现这一时期的城址，是同时代面积最大的古城，其规模宏大的营建工程及其所反映的惊人的社会管理和社会组织动员能力，表明其除了具有政治意义上的功能，还可能具有军事和防洪功能。它不仅将良渚文化的文明时期从"文明曙光初露"推向"成熟的史前文明"，为中国文明起源的研究提供了新的重要资料，中华文明至少诞生于距今 5300 年至 4300 年之前。著名考古学家严文明表示："良渚古城发现的意义不亚于殷墟的发现，因为长江中下游地区之前还从未发现良渚文化时期的城址，良渚古城是目前所发现的同时代中国最大的古城遗址，堪称'中华第一城'。"

2007 年 11 月 29 日，考古学家在杭州郑重宣布：一座 290 多万平方米、5000 年前的古城在良渚遗址的核心区域被发现，良渚遗址群将成为实证中华五千年文明史的圣地。

所以，最迟在公元前 3000 年中叶，在长江中下游地区，随着城市的出现，以大中型城市为基地，由点到面，各自陆续建立起一批邦国，城市成为文明时代到来的标志。

长江与文字

一般认为，中国文字的源头可以追溯到新石器时期陶器上面的刻划符号。这种情况，在其他古代文明中也有实例，如古埃及文字的起源可追溯到公元前 4000—前 3000 年的陶器上绘写、浮雕或刻划的符号。

在我国，20 世纪 30 年代在山东章丘城子崖的考古发掘，也获得一些有刻划符号的龙山文化陶片。20 世纪 50 年代，陕西西安半坡遗址的发现，发现了一大批仰韶文化陶器刻划符号，很快就引起古文字学家的高度重视。

　　对于这些刻划符号的性质，学术界尚有不同意见，但大多数学者认为它们可能是原始文字。

　　在长江流域，包括湖北宜昌大溪文化杨家湾、中堡岛以及天门石家河等新石器文化遗址中，出土了很多有刻划符号的陶片及陶器，刻划符号一般刻在陶器的圈足底端外面，刻划符号都比较规则，深度宽度均匀。经研究整理，这批刻划符号可分为自然类、植物类、动物类、人体类、工具器物类、数字刻划符号、复杂结构类以及其他类等八大类。在屈家岭文化遗址中，也发现有刻划符号，只是数量少，更为简单。据推测，这些刻划符号可能与当时人们生活中的水、山、土、动物、植物和工具、玩具以及计数有某种必然联系，与日常生活息息相关，是对生存环境中具体对象的抽象表述。

陶片上刻划符号

刻划符号

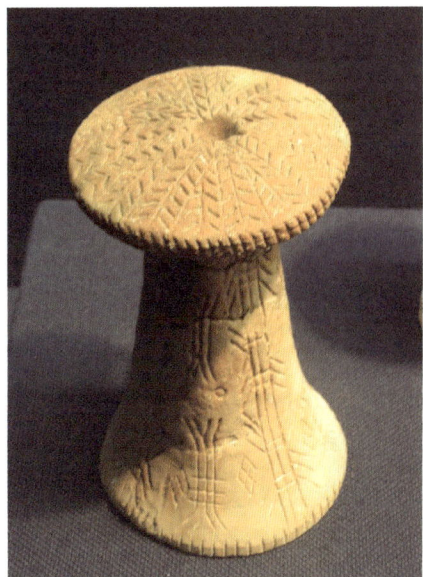

刻划符号（摹本）

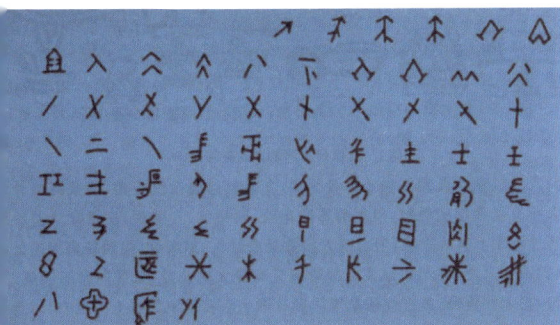

刻划符号

长江流域新石器时期刻划符号的发现，为研究中国文字起源提供了一批珍贵的实物资料，它们极大地拓展了我国文字起源研究的新视野，为新石器时代的原始文字揭开了新篇章。

当然，它们也理所当然地成为研究中华文明起源弥足珍贵的材料。

长江与艺术

原始艺术如玉雕、陶塑等，在人类向文明社会迈进的过程中，同样也起着重要的作用，有的雕塑艺术甚至逐渐成为文明的标志，如以红山文化玉龙形象的出现为标志，表明5000多年前辽河流域的历史源头上，已经出现该地区文明时代的曙光。

在长江流域，中游地区的玉雕、陶塑艺术，下游地区的玉雕艺术，均可视为长江流域文明起源的要素。我们不妨以天门石家河出土的陶塑为例进行说明：

考古工作者在石家河遗址中发现了数以千计的陶塑品，形象惟妙惟肖、栩栩如生。所有的陶塑品均为泥质红陶，陶土经过淘洗，火候与一般陶器接近，制法皆为手捏。陶塑形体不大，一般体长5～10厘米，绝大多数陶塑都有鲜明的个性特征，少数带有一定的写意性或随意性。

石家河文化陶塑动物包括禽鸟类、兽类、水生动物类以及复合动物类。禽鸟类动物有鸡、鸭、鹅以及各种鸟雀等，数量逾千件之多。还有双尾相连的联体鸟造型，这种造型与后世楚文物之中的虎座鸟架鼓中的双鸟相背尾相连的形状极其相似，这可能是一种难得的巧合吧。

兽类动物有狗、猴、猪、牛、羊、兔以及老虎、大象。其中以狗的数量最多，形象最生动。陶塑狗有立式和卧式之分。立式狗有的静立，有的奔走，有的吠叫，有的抬头翘尾，身体稍向前倾，注视前方，有的狗背上还驮一幼狗，或一小鸟，悠闲自在，意趣盎然；卧式狗一般侧卧，四肢自然蹲曲，腰身略卷，颈部粗长，头部高昂似在警惕地谛听张望，栩栩如生。石家河先民如此用心、用情地塑造这些小狗，似乎告诉我们一个道理：狗是人类永远的忠实朋友。而猪、羊、牛、兔等当是石家河文化时期人类所饲养的家禽。陶塑老虎、大象等大型动物特征突出，极易辨识，说明石家河文化时期，江汉地区气候比较温暖湿热，既有老虎出没的茂密森林植被，同时又非常适合大象一类的热带动物生存。

石家河文化陶狗

石家河文化陶兔

石家河文化陶猪

石家河文化陶猫头鹰

石家河文化陶羊

石家河文化陶鸡

石家河文化陶猫头鹰

长江与稻作农业

关于亚洲稻的起源和传播问题，学术界争论很久。一般以印度起源说最为流行。但随着中国长江流域新石器时期野生稻、人工栽培稻的相继出土，表明它们不仅早于黄河流域最早的稻谷遗迹，而且也比印度的稻谷遗迹早。因此，世界学术界已经公认中国长江中游是人类稻作文明的发祥地，世界稻作文化是由长江流域向环太平洋地区乃至世界播迁的。水稻的栽培和推广，是长江文化对中华文明的巨大贡献，也是长江文化为人类作出的开创性贡献。

新石器时代，长江流域雨量充沛，气候温暖，非常适宜水稻生长。据统计，迄今我国共发现新石器时代水稻遗存约120处，其中长江流域有近100处，占到了80%以上。这些水稻遗存不仅数量大，而且大多年代很早。

在江西万年仙人洞、吊桶环遗址，有着从旧石器时代晚期过渡到新石器时代早期完整而清晰的地层堆积。在该遗址新石器早期地层中，发现了距今1万年前的水稻栽培稻植硅石，把世界水稻栽培种植的历史提前了几千年，成为目前已知世界最早的水稻栽培稻起源地之一。

湖南道县玉蟾岩洞穴遗存为旧石器文化向新石器文化过渡的早期遗址，遗址中发现了目前世界上时代最早的水稻实物标本，对于研究水稻农业起源的时间、地点，同样有着特殊意义。

玉蟾岩栽培稻

湖南澧县彭头山遗址中普遍发现稻作遗存，其年代距今9000年左右。

距今7500年的城背溪文化遗址的陶片中掺和有一定数量的稻壳和稻谷，经研究确定为人工栽培粳稻。

进入大溪文化时期，稻作农业得到进一步发展，几乎所有的遗址都发现了稻谷遗存和痕迹，如湖北松滋桂花树遗址发现有大量炭化稻谷壳和水稻茎叶，说明水稻种植范围和产量进一步增加。

屈家岭文化时期，已经形成以

稻作农业为主体的原始农业。在许多屈家岭文化遗址中，出土有大量的稻谷壳和稻谷茎叶。屈家岭遗址一块 500 余平方米的红烧土遗迹中夹杂有大量的稻谷壳，经鉴定为粳稻。发现如此之多的稻谷遗存，说明当时屈家岭遗址附近必定有大面积的稻作农业区。

长江流域在新石器时代早期至晚期，始终广泛种植稻作，不仅出土丰富，而且年代早。毫无疑问，长江流域是稻作农业的起源地之一，在世界稻作农业文明史上占有重要地位。

从国内现已发现的史前稻作遗存分布情况来看，中国稻作农业也是从长江流域向外传播的：稻作农业在鄂西、湘西北地区产生以后，向东顺长江而下传播到长江下游各地，再沿海路向苏北及东南沿海各地传播；向西溯江而上入渝、川、滇；向北溯汉水入陕南直至中原。

在新石器时期的长江流域，先民精心栽培水稻，兼有渔猎，生活自给自足。如今，人们形容长江中下游地区的富庶与繁荣，总是将其与"鱼米之乡"的美誉联系起来，殊不知，早在遥远的新石器时期，长江先民就已经"稻饭羹鱼"，长江原本就是"鱼米之乡"。

长江与宗教信仰

宗教礼仪方面，长江流域新石器时期的"太阳人"石刻、祭祀玉器、古城宗教祭祀区等，都是长江先民原始宗教礼仪的最好见证。

1998 年，在湖北省秭归县东门头城背溪文化遗址出土一件新石器城背溪文化的石刻，石刻图案造像的主题是太阳，故被称为"太阳人"石刻。在远古先民心目中，太阳是

"太阳人"石刻

神圣而伟大的，崇拜太阳并用图形记录下来，是远古人对太阳崇拜之情的体现。所以，也有学者将这件"太阳人"石刻称为"太阳神像"。

新石器时代，人类的精神世界和精神生活如艺术、审美、习俗、信仰、宗教崇拜等越来越丰富，多姿多彩。"太阳人"石刻是目前我国境内发现最早的一件新石器时代的太阳图腾崇拜文物，为研究原始宗教、艺术、文化和社会性质提供了极为宝贵的资料，具有重要的学术价值。

由于"太阳人"石刻的重要价值，2008年，为给北京奥运会助兴喝彩，国家文物局举办《中国记忆——5000年文明瑰宝展》，"太阳人"石刻毫无争议地入选展览。2010年，"太阳人"石刻移师上海世博园"城市足迹馆"展出。

长江流域新石器时期的祭祀玉器也特别引人注目。从大溪文化、石家河文化到良渚文化，从上游、中游到下游，长江地区史前玉器出土数量众多，且制作精美，其中一些蕴含宗教礼仪意蕴的玉器，如玉钺、玉刀、玉璜、玉璧、玉琮等，无不折射出人类早期文明的曙光。

良渚文化玉琮

人首雕像是石家河文化玉器中最富特色的玉雕造型。雕像面部表情严肃，表现出一种令人肃然恭敬的神秘意味。有推测认为，人首雕像可能是部落酋长；也有推测认为，

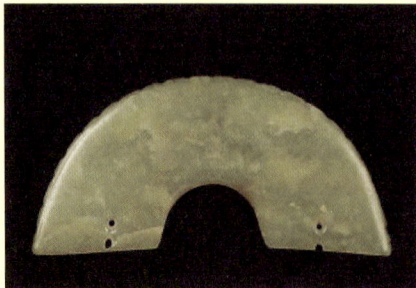

大溪文化玉璜

石家河文化玉人首雕像

人首雕像可能是先民所崇拜的神灵雕像，具有象征天神的意义。

　　玉蝉是石家河文化玉器中数量最多、造型最丰富的器类。蝉是一种一生中要经过几次蜕变的神秘昆虫，人们平日可以观察到蝉由蛹蜕化而来的过程，但对蝉在形态上的蜕变现象，不能作出科学的解释，因而对这种自然现象感到十分迷惑不解，从而产生神秘感，视"死而复生"的蝉如神虫，于是对它们产生了一种崇拜心理，进而使蝉具有宗教象征意义。所以，不仅在石家河遗址，在良渚文化遗址中也不时飞过玉蝉的轻盈身姿。

石家河文化玉龙

石家河文化玉虎

石家河文化玉蝉

　　此外，长江流域新石器遗址中出土的玉龙、玉虎、玉鹿等动物形象，均应是先民崇拜的产物。

石家河文化玉鹿

龙和凤一直被认为是中国传统文化的特殊符号，在中国传统文化中是内涵博大而又最富有魅力的形象，代表着中华文明的起源与发展。中国"南方第一龙"就是在长江流域的湖北黄梅焦墩遗址发现的，由卵石组成，长4.46米，高2.26米，状如鳄，头似牛，头顶有一角，腹下有两足，形态矫健，令人叹服。

巧合的是，中国"南方第一凤"也是在湖北境内的天门石家河遗址发现的，玉雕凤形，首尾相接如环形，精美逼真，惟妙惟肖。

石家河玉凤

在遥远的新石器时代，龙与凤的形象竟然都出现在长江流域，龙飞凤舞，龙凤呈祥，昭示着长江文化厚重而浪漫的未来。

文章链接：

长江，中华文明的发祥地

在世界大河中，长江对人类文明贡献最大。

在人类历史上，大江大河几乎毫无例外地成为文明的发祥地。

具有世界地理常识的人都知道，长江的一些具体指标——例如她的长度、年平均水量——并不是世界第一。但如果我们能作些具体比较，就不难发现，长江无疑是全世界对人类贡献最大的河流，这不仅因为我是长江水滋养的，也不仅因为我是中国人。

长江是中国第一大河，全长6380公里，仅次于尼罗河和亚马孙河；年入海水量1万亿立方米，仅次于亚马孙河和刚果河，均居世界第三位。

尼罗河比长江还长，但尼罗河两岸的很多地方都是沙漠，在历史上和今天，埃及的绝大多数人口集中在尼罗河三角洲。今天的尼罗河分属七个国家，尼罗河的两个源头——青尼罗河和白尼罗河分属不同的国家。即使是在埃及历史上的全盛时代，它的国土也没有包括整条尼罗河。

亚马孙河发源于秘鲁，流经七个国家。亚马孙河的水量居世界第一，但因流域基本都在热带，很多地方至今还是原始丛林，在人类文明史上的重要性远不如其他大河。

刚果河（扎伊尔河）的流量居世界第二，流域属八个国家，但属非洲最潮湿的炎热气候，生长着最稠密广袤的热带雨林，大多数地方显然也不适合人类早期文明的发展。

相比之下，长江可谓得天独厚——地处温带，气候温和，水量充沛，支流众多，流域广阔，物产丰富，中下游地势平坦，河道基本稳定——几乎集中了大河的全部优点。进入文明史以降，长江流域曾由华夏诸族与其他民族共同开发，源头一直处于藏族的先民唐旄、发羌、吐蕃的活动范围内，自公元13世纪起完成处于同一个政权的管辖之下，始终为中华民族所有。

第一次崛起：
中国早期文明的重要组成部分

迄今为止已经发现的古人类和古文化遗址显示：长江流域和黄河流域等地区一样，是中国最早的人类发祥地之一，并孕育了足以与黄河流域并驾齐驱的灿烂的早期文明。

1986年起在四川（今属重庆市）巫山县发现了目前所知中国最早的人类化石——距今约204万年的"巫山猿人"。在湖北郧县发现的猿人化石与"蓝田人"的年代相同或更早，距今75万～65万年。河南南召云阳镇的"南召猿人"化石与北京猿人的时代大致相同。在南京汤山发现的猿人头盖骨的时代稍晚于北京猿人，距今约30万年。在安徽和县龙潭洞发现了30万～40万年前的猿人化石，巢县银山的古人类化石距今约20万年。在湖北长阳赵家堰发现的"长阳人"属于"古人"，年代约在10万年前。

1995—1996年，四川丰都县（今属重庆）烟墩堡出土的1万多件标本类型众多，特色鲜明，可能代表了一种新的旧石器文化。1993年和1995年在江西万年县仙人洞发现了距今2万～1.5万年的旧石器时代末期及距今1.4万～0.9万年的新石器时代早期遗址，提供了中国目前从旧石器时代向新石器时代过渡的最清晰的地层关系证据。

新石器时代的遗址分布更加广泛。在长江下游，在浙江余姚河姆渡村发现的河姆渡文化距今7000～6000年。大量遗物证明，当时已进入农业定居生活，有了家畜饲养、渔猎捕捞，并有了原始的乐器和艺术品。以余杭良渚镇为代表的良渚文化距今 5500～4300 年，在长江三角洲分布很广。90 年代发现的比较完整的祭坛和一些大墓使我们有理由相信，当时已具有国家和城市形态，而这一带正是一个政权的中心。

类似的证据还有江苏昆山赵陵山的良渚文化遗址，那里也发现了大型土筑高台、大墓和大量人殉现象。5500～4800 年前的大溪文化和 4700～4600 年前的屈家岭文化广泛分布于长江中游，前者得名于巫山（属重庆市）大溪镇，后者得名于湖北京山屈家岭。90 年代发现的以湖北石门皂市为代表的皂市下层文化已有七八千年的文化遗址，还有很大的发掘前景。湖南澧县城头山发现的古城遗址据信是中国已知时代最早的城址。在上游的成都平原，广汉三星堆出土了大批精美的金器和青铜器，数量之多，水平之高，艺术形象之丰富，显示了 4000 多年前的水平。近年来陆续找到了一批距今四五千年的古城遗址，更说明了广汉三星堆的惊人发现并非个别和偶然。

尽管不能排除人口迁移和外来文化的影响，例如不少文化与黄河流域的仰韶文化、龙山文化相似，三星堆文化有明显的外来影响；但长江流域的主要文化类型是在本地独立发展起来的。如此众多的文化足以构成一个与黄河文明并存的长江文明，它的发达程度和重要性至少不亚于黄河文明，它也是中国早期文明的重要组成部分。

但是我们不得不承认，长江文明在走过了一段辉煌后就衰落了，一些文化出现了明显的断裂，有的不知所终。学术界对其原因目前还不能作出完整的解释，有人认为是不利的自然条件的影响，如洪水、海侵等；有人认为是外敌的压力所致，造成一些部族的外迁或灭绝。

到春秋战国时，尽管长江流域先后出现了巴、蜀、楚、吴、越等与北方诸侯抗衡的政权，尽管它们都曾有过富有地方特色的瑰丽多采的文化，但在总体上已难以与中原文化相提并论。到秦和西汉时期，长江流域无论在经济文化，还是政治军事，都明显落后于以黄河流域为主的中原地区。

第二次崛起：

得益于人口南迁和经济重心南移

如果说，长江文明的第一次崛起主要是出于内因的话，那么它的第二次崛起在很大程度上是由外部原因所促成的。"江南卑湿，丈夫早夭"，曾经是中原人将长江中游南部视为畏途的主要原因。湿热的气候、低洼的地势，过于茂密的植被，导致传染病流行，使人口寿命降低。公元前 1 世纪前后，气候由暖转寒，黄河流域的农业生产受到一定影响，而长江流域的气候却变得相当适宜，从而获得了一次意外的机遇。

但长江流域人口稀少，经济基础相当落后；加上政治中心一直在北方，在北方的农业生产还没有饱和并出现危机之前，中央政府不可能重视南方的开发，更不可能为此而投入额外的人力和物力。

在这种情况下，少量迁入长江流域的人口也大多是"罪犯"、无地农民、贫民或低级官员，数量和质量都不能满足大规模开发的需要。东汉末年至三国的分裂局面，曾经形成一次空前的人口南迁。但短期的分裂结束后，蜀、吴两国的上层人士，包括土著在内，都被迁往北方，南方的开发刚起步就中止了。

公元 4 世纪初，西晋的内乱和少数民族入主中原驱使大批上层人士和汉族民众南迁，并以建康（今江苏南京）为首都建立了东晋和南朝政权，南北分裂的局面一直延续了近 300 年。

为了维持自己的政权，南迁的统治者和北方移民致力于南方的开发，并不得不调整与土著的关系，使自身的整体优势得到充分发挥。这次被称为"永嘉南迁"的大移民的迁出地遍及黄河的上、中、下游，而以中下游为主；迁入地也遍及长江上、中、下游，也以中下游为主；迁出人口包罗各阶层，中上层占有较高比例；移民在迁入地居统治地位，拥有政治特权和经济文化优势，但在数量上是少数。这就形成了一次黄河文明的系统南迁，但也经历了一个本土化的过程。

所以当公元 589 年分裂结束时，南方文化与北方文化已旗鼓相当，甚至比北方文化保留了更多的中原传统。尽管由于政治中心依然在北方而使其开发进程再次延缓，但南方的经济基础已经奠定。

公元 755 年爆发的安史之乱和随后绵延不绝的内乱外患，使黄河流域再次沦为战场。由此引发的人口南迁出现一次次高潮，一直延续到 10 世纪前半叶的五代。

在北方遭受战祸，经济倒退或停滞的二百年间，南方却由于较少战乱或基本维持了安定而以前所未有的速度得到发展，这既得益于源源不断的移民，也是在经济上摆脱了中央政权的财政重负的结果。

一般认为，到10世纪后期中国的经济重心已经南移。尽管这一说法还缺乏量化分析的支持，但中国人口的南北分布比例从此经常保持在6:4，在基本依靠人力生产的条件下，经济实力的比例大致不会相差很大。而当时长江流域以外的南方开发程度还不高，所以说到10世纪中叶，长江流域在经济实力上已超过了黄河流域。

公元1127年的"靖康之乱"和此后一个半世纪的分裂，使中国再度出现数百万人口南迁。北方的上中层人士大多迁出，经济文化实力大受影响，而在此期间北方遭受的天灾人祸又远比南方严重，特别是在蒙古入主中原之初，以至出现了中国人口分布南北比例8:2的极点。

明朝初年，长江下游史无前例地成为全国性的政治中心，很大程度上反映了该地区在全国的重要地位。尽管以后首都仍在北方，但南方的经济文化优势已经完全确立，从此再未逆转。

明清二代，南方负担了中央财政的绝大部分，也占据了文化、政治人物的大部分，这一优势一直维持到了本世纪。但从明朝开始实行的闭关锁国政策，使长江流域基本处于一个封闭的环境，对外的影响只限于周边中国文化圈和几种有限的商品。

在西方出现工业革命和政治进步的巨大变革时，长江流域依然停留在传统的农业社会，直到西方列强的军舰驶入长江，尽管它依然可以"人间天堂"自诩，却早已落后于世界了。

改革开放以来，

长江文明第三次崛起

当工业文明传入长江流域时，它并非没有转型和发展的机会，一些志士仁人也作过一次次的尝试，但中国落后的政治制度、中央集权体制和外来势力的干预，使这些试验都以失败而告终。

新中国成立后，长江流域的经济文化有了巨大的进步，但"左"的路线和一些错误的经济政策、特别是过于强调集权统一的结果，使长江流域又一次丧失了发展的机遇。

但种种迹象表明，长江文明正酝酿着它的第三次崛起。这当然与世界和中国的发展趋势有关，但起更重要作用的是由于长江流域本身的自然和历史各方面的因素。

从全球气候的宏观变迁看，在未来数十年至一二百年间出现变暖或变冷的可能性都是存在的。虽然一些科学家预言，由于人类活动增加了大气中二氧化碳的含量必然导致气候变暖，但如果考虑到自然因素将起更大的作用，变冷的可能并不能完全排除。不过无论变暖还是变冷，处于中纬度的地区一般受影响最小，而长江流域恰恰是占了中国中纬度地区的大部分。如果年平均气温在2℃的范围内变化，长江流域的自然条件仍将保持其优势。

由于气候的变化是一个缓慢的过程，对于一些不利因素，如海平面或地下水位升高或下降，部分地区气温过高或偏低等，完全可以预防或采取必要的补救措施。这类情况在历史上都曾经出现过，在当时生产力不发达的情况下，我们的先人也一一化解了困难，在今天的科学技术条件下，我们的适应能力一定会强得多。而且，已经建成和将要建成的一系列水利工程必定会发挥调节作用，不仅能有效地减轻或消除自然灾害的破坏性，而且可以产生巨大的效益。

航空、铁路、公路、特别是高速公路和高速铁路在交通运输中所占比例将越来越大，但水运的优势依然存在。在21世纪或更远的将来，水运仍将是远程、大宗货物的主要运输手段。环太平洋地区是未来发展的中心，所以长江及其支流的航运和与之连接的海运在中国和世界经济中仍有重要地位。以水运和沿江铁路、公路系统构成的运输网络也有利于流域内部的经济整合，使其整体实力进一步加强。

在近代，长江沿线是中国开放较早的地区。西方文明以长江及其支流为渠道，传入沿江大中城市以至中小市镇。近代工业、交通、商业、金融、邮政、文化教育、医疗卫生等得到较快的进步，使长江流域在经济文化方面一直处于全国领先地位，民众具有较强的开放意识，还造就了一批适应开放的各类人才。

在历史上，长江流域的人口曾经有过共同的来源，在内部也有过密切的交流，如影响深远的"湖广填四川"就是以湖北、湖南、江西为主的移民大规模迁入四川并重新开发四川的过程，近代上海的人口绝大多数由江浙移民构成，江西曾经向湖南、湖北、安徽等地输出过大量移民，近年来的人口流动更加频繁。

所以各个文化亚区之间既有各自的个性，又有很大的共同性和兼容性。

如果说长江文明的第二次崛起得益于黄河文明的话，它的第三次崛起将不仅注意吸收国内其他地区的先进文化，也将受惠于全球的先进文明，这是历史上从未有过的有因素。

天时、地利、人和，三者兼备于长江流域，让我们紧紧抓住这千载难逢的机遇，携起手来，共同迎接长江文明的第三次崛起！

（葛剑雄）

第十章
青铜岁月

新石器时代晚期，随着城市、文字、青铜器、宗教祭祀等文明起源要素的相继面世，中华文明曙光初现。

夏商王朝虽然诞生、成长于黄河流域，但其势力范围也早已深入长江，并在长江流域建立了神奇瑰丽、与黄河流域并驾齐驱的夏商文明。

春秋战国时期，各诸侯国的主要舞台虽然也在黄河流域，但是它们在各自势力范围内独立发展，形成了不同的文化圈，如中原文化圈、北方文化圈、齐鲁文化圈、楚文化圈、吴越文化圈、巴蜀滇文化圈等。其中，楚文化圈、吴越文化圈、巴蜀滇文化圈就是长江文明的杰出代表，占据当时中华文明的半壁江山。

第一节 殷商"南土"盘龙城

根据文献及甲骨文记载，商朝疆域已经覆盖长江流域的四川、重庆、湖北、湖南、陕西、河南、安徽、江苏、浙江等大部或部分地区。

文献记载的史实也在考古实践中得到证实，如长江中游一带的商代遗存，主要有湖北盘龙城遗址、江西吴城遗址和新干大型墓葬、湖南宁乡商代居住遗址及铜器群等。这些发现包括城市、村落、墓地等。我们不妨以盘龙城为例，一探长江流域商代文明的风采。

殷商时期，包括武汉在内的长江流域以南地区被称作"南土"。在后人的想象当中，南土应该是孤悬在外的穷僻之壤、野鄙之地，遑论文明与文化了。然而，让人意想不到的是，这方南土与当时的中央政权关系十分密切，社会发展水平令人刮目相看。武汉盘龙城商代城址的发现，就是一个最好的证明。

一个神秘的、惊天动地的文明，注定在光芒四射之前要经历漫长的等待。盘龙城就是这样，她离我们只有几米的距离，却隔着几十个世纪。他们沉睡了3000多年，直到1954年才被发现。

这一年，武汉市遭受特大洪水袭击，人们在今黄陂盘龙湖畔取土筑堤，却无意之中发现了一座古老的城池——盘龙城。就这样，大水冲出一个惊世古城，尘封之都，穿越而来。

1974年，盘龙城遗址首次进行大规模考古发掘。著名作家张承志当时作为一名北京大学历史系考古

张承志

盘龙城考古发掘现场

专业的学生，幸运地参与了这次发掘。后来，成为著名作家的他，饱含激情地写下了一篇《诗的考古学》，他写道："盘龙城是我参加过的实习中时间最长的一次。那次发掘后来那样激动人心，可是，在发掘过程中充满无数怀疑。到了柱基出土那天，大家都要疯了。那种兴奋外行人不能想像。测绳一拉，提起探铲，隔两米五打下去，铛、铛、铛，下面是一块石头，铛、铛、铛，又是一块石头，表土一揭，掀开就清楚了，一座二里岗宫殿出来了……"

夯土遗下的城基累累叠叠，光阴已越 3500 年。经过发掘，盘龙城遗址以宏阔的城池、豪华的宫殿、大规模手工作坊以及精美的出土文物，震惊了学术界。

此后 60 余年中，科学考古发掘一直没有中断，也不断给武汉这座城市增添惊喜。在 1989 年的一次发掘中，在盘龙城遗址一座并不起眼的小型墓葬中，出土青铜器 35 件、陶器 9 件、玉器 4 件、石器 3 件、绿松石 3 件、骨器 3 件。其中 1 件青铜鼎高达 85 厘米，口径 55 厘米，成为我国迄今所出土的商代早期青铜鼎中最大的一件。

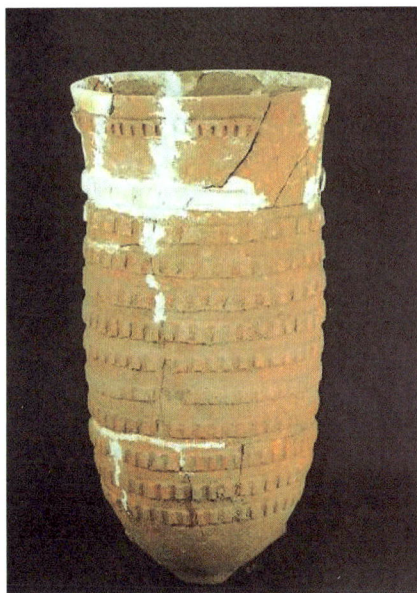

盘龙城大陶缸

盘龙城大玉戈

盘龙城宫殿区陶制下水管道

盘龙城青铜鼎

在中国古代，特别是先秦时期，鼎被视为立国重器，是国家和权力的象征。直到现在，中国人仍然遗留有鼎崇拜的意识，"鼎"字也被赋予显赫、尊贵、盛大等引申意义，如钟鸣鼎食、一言九鼎、大名鼎鼎、鼎盛时期、鼎力相助，等等。

盘龙城遗址出土如此体量巨大的青铜鼎，说明在长江中游一带活动的商朝贵族，并非等闲之辈。盘龙城

应该是当时商王朝统治长江中游的重要据点，大铜鼎就是这个据点的贵族权力与身份的象征。

盘龙城宫殿建筑规模宏大，采用的是"前朝后寝"的格局，这是中国最早采用这一格局的建筑，"前朝后寝"、廊庑环绕庭院成为此后3000多年来中国宫殿建筑的基本模式。

在城外四周，分布有居民居住地、手工作坊、小型墓地，城外较远处有大型墓地。手工作坊有酿酒、冶炼、制陶等行业。盘龙城遗址宫

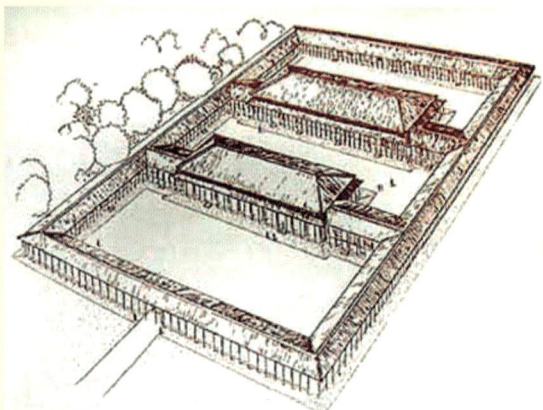

盘龙城宫殿建筑复原图

殿区、手工作坊区、生活区、墓葬区分布明显，布局合理，被认为是是研究中国早期城市和国家形态的

一只"麻雀"。据推测，盘龙城鼎盛时期约有11000人口。这在当时，应该属于大都市了。

盘龙城是我国南方发现的第一座商代古城，距今已有3500多年，打破了此前"商文化不过长江"的观点，开启了武汉城市文脉，被誉为武汉"城市之根"，也因此使武汉市"市龄"在中国数百座城市中名列前茅。

第二节　巴蜀文化

春秋战国时期，如同中华文明之大势，长江流域文化发展迅猛，大放异彩。其中，巴蜀文化、楚文化和吴越文化更是被誉为"盛开在长江流域的三朵上古区域之花"，对中华文明尤其是长江文明产生过巨大影响。

顾名思义，巴蜀文化是长江上游以巴蜀地区为中心的古代区域文化，是中华文化的重要组成部分。

巴蜀文化有着悠久的历史和鲜明的地域特征，其发展鼎盛的标志，就是举世闻名的三星堆文化和金沙遗址。

位于川西平原的广汉市城西，

有个小小的村庄，名叫三星村。村外有三堆高出地面的黄土堆，像三颗金星散布着，当地人多称呼这里为"三星堆"。

1929年春，一个偶然的机会，在这个默默无闻的小村庄里，人们意外地发现了一坑制作异常精美的玉石器，从此，"三星堆"这个地名越来越多地出现在世人眼前。

20世纪60年代，考古学家投入大量人力、物力在三星堆遗址进行踏勘、寻觅；

1980年以来，四川省考古工作者对三星堆遗址进行了大面积的科学发掘。特别是1986年，在三星堆相继发现了两个祭祀坑，出土了数量惊人、风格独特的一批青铜礼器、玉石礼器、金器及象牙等遗物。此外，还清理出了大面积的建筑遗迹、古城墙遗迹，被誉为"比秦代兵马俑更加不同凡响的青铜文明的重大发现"。

随着考古工作的不断展开，三星堆文化逐渐浮出水面。

三星堆遗址分布面积12平方千米，距今已有3000～5000年历史，是迄今在西南地区发现的范围最大、延续时间最长、文化内涵最丰富的古蜀文化遗址。

三星堆遗址已出土数万件青铜、玉石、象牙、陶器、漆器等珍贵文物。在三星堆遗址众多的出土文物中，有一批遗物特别引人注目，堪称中国古代文物宝库中最具历史、科学、文化、艺术价值和最富观赏性的瑰宝，也是宝贵的世界人类文化遗产，现简单介绍几件如下。

青铜神树：高3.95米，上有枝、叶、花果，枝间和枝头立有鸟，挂有刀、剑等物。根据《山海经》等古代文献的记载，该青铜神树推断可能为古神话传说中的扶桑树。

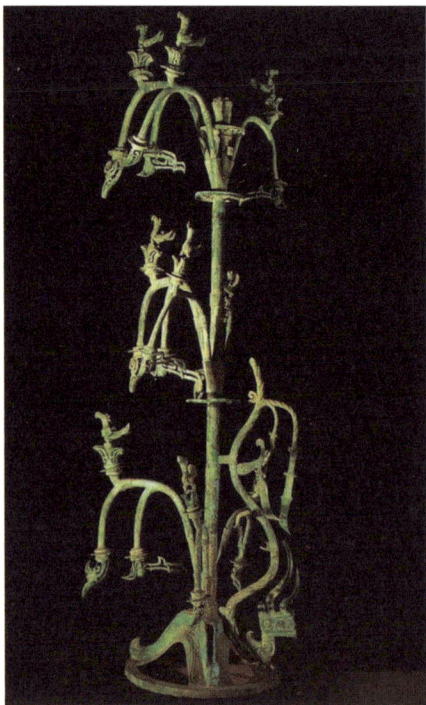

青铜神树

青铜立人像：高2.62米，重逾

180千克，采用分段嵌铸法铸造而成，制作精美，是目前世界上现存的最大、最完整的青铜立人像，被称为"世界铜像之王"、"东方巨人"。

青铜纵目人面像：是世界上已发现的最大、最古老的青铜纵目人像。双眼斜长，眼球极度夸张，凸出眼眶。有学者认为，三星堆出土的纵目人面像，就是古代蜀王蚕丛的神像。还有人认为，眼睛格外凸出的蜀王蚕丛很可能是一个严重的甲亢病患者。

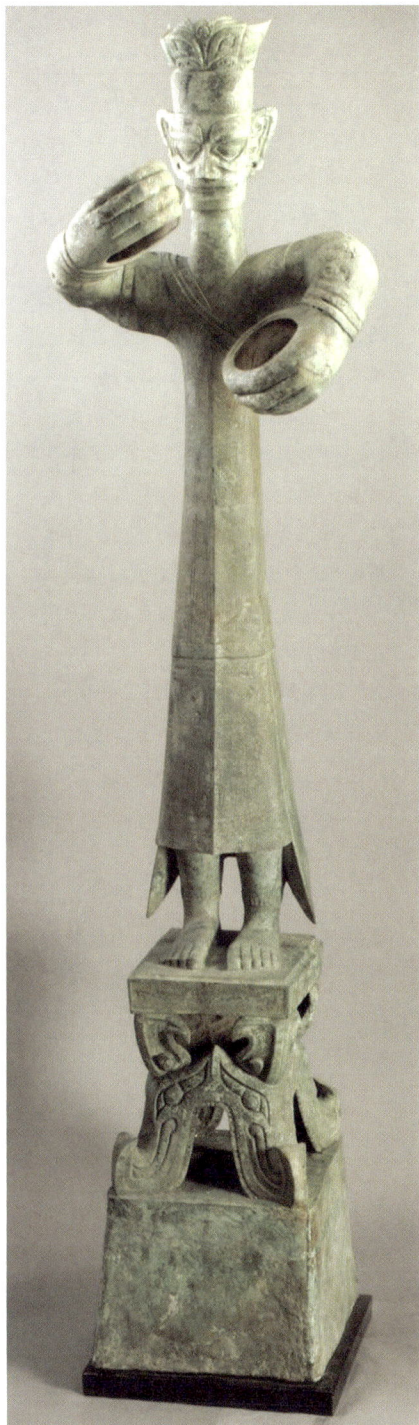

青铜纵目人面像

金面人头像：由铜头像和金面罩两部分组成。人头像为圆头顶，面部带着面罩至头顶。倒八字长眉，杏核状丹凤眼，蒜头鼻，鼻梁较短，阔口，闭唇，宽方颐，长条形耳廓，耳垂有一穿孔。青铜人头像与金面罩紧密闭合，其造型、大小均与人头像相同。

青铜立人像

金面人头像

金杖: 长1.42米，直径2.3厘米，重约500克，是已出土的中国同时期金器中体量最大的一件。金杖上刻有头戴王冠的人像，象征着君王的神圣与权力，被誉为"天下第一神杖"。

金杖

不难发现，三星堆出土的很多器物，除部分具有中原地区的文化因素以外，更多反映的是一种地方

长江文明卡片

三星堆遗址的千古之谜

三星堆遗址震惊中外，也产生了很多令人费解的谜团。

★谜之一：三星堆文明起源于何方？

三星堆出土数量庞大的遗迹遗物，但却没有留下一个文字，三星堆文明起源于何方，让人难解。

★谜之二：古蜀国是因何消失？

古蜀国持续繁荣了1500多年，然后又像它的出现一样突然地消失了。关于古蜀国灭亡的原因，有水患说、战争说等等，但都仅仅是猜想。

★谜之三：与玛雅文化、古埃及文化有何联系？

三星堆出土的青铜器如青铜像、金杖等，与玛雅文化、古埃及文化非常接近，它们之间有何联系？

★谜之四：三星堆陶器上的符号有什么含义？

三星堆遗址出土的陶器残片上可以找到一些不规则的图形符号，即所谓"巴蜀图语"。它们是文字？是族徽？是图画？或是地域性宗教符号？

★谜之五：象牙从何而来？

三星堆遗址出土的象牙，有可能是附属国的贡品，也有人认为就是本地的产物，还有人表示是贸易往来的结果，莫衷一是。

★谜之六：金杖因何而用？

三星堆金杖，有认为源自西亚或埃及，也有认为系本土产生，而且它的用途，也是一个待解之谜。

土著文化的风格，应该与古蜀国密切相关。

沉睡数千年，一醒惊天下。三星堆遗址令人耳目一新，震惊了整个世界，是国内外罕见的重大考古发现之一。

三星堆遗址博物馆

发源于长江上游的三星堆古代文明，再一次有力地证明了中华文明"多元起源"、"多元一体"的特点。所以，三星堆的发掘也为中国古代文明的研究，打开了新的宝库大门。

三星堆文化之后，古蜀国都邑迁往何方？金沙遗址的发现，让答案浮出水面。而金沙遗址的发现，也是充满偶然性。

2001年2月8日，成都西郊金沙村的一处工地上两台挖掘机正紧张工作着，突然，有村民发现挖出的泥土中夹杂有象牙和一些玉器。

文物工作者闻讯迅速赶到了现场，经初步鉴定，金沙村遗址是一个规模宏大的"古墓"。至此，金沙遗址横空问世。

经过全面发掘，金沙遗址发现有大型建筑基址、祭祀活动场所、一般居址、大型墓地等遗迹，出土文物有金器、铜器、玉器、石器、漆器等6000余件，其中，数以吨计的象牙、璀璨的金器和五彩斑斓的玉器更是令人瞩目。迄今为止，金沙遗址是世界上出土金器、玉器最丰富、象牙埋藏最密集的文化遗址。

金沙遗址

金沙遗址出土的"太阳神鸟"金饰生动再现了远古人类"金乌负日"的神话传说故事。金饰上，四只神鸟围绕着旋转的太阳飞翔，体现了远古人类对太阳及鸟的强烈崇拜。"太阳神鸟"金饰以简练和生动的图像语言，诉说着古蜀太阳神话的传说和商周时期古蜀国极为盛行的对太阳神鸟和太阳神的崇拜和讴歌。

"太阳神鸟"金饰

　　中国古代有关太阳崇拜的文物出土较多，但以金沙遗址"太阳神鸟"金饰的图案最为精美，其构图严谨、线条流畅、内涵寓意深远，是古代人民深邃的哲学宗教思想、丰富的想象力、非凡的艺术创造力和精湛工艺水平的完美结合。

　　如今，"太阳神鸟"金饰已被确定为中国文化遗产标志、成都城市形象标识主图案。

　　金沙遗址的年代为公元前1200—前600年，有可能是三星堆文明衰落后，成都平原兴起的又一个政治、经济、文化中心，是古蜀国在商代晚期至西周时期的都邑所在。

　　金沙遗址的发现表明，在3000多年前，三星堆古城从广汉搬至了成都。它的发现，为破解三星堆古城突然消亡之谜找到了有力证据。

　　同时，该遗址与成都平原的宝墩文化、三星堆文化、战国时期的蜀文化一道共同构建了长江上游古代文明发展演进的完整系列，对研究古蜀文化的起源、发展、衰亡有着重大学术意义。

长江文明卡片

金沙"太阳神鸟"金饰出土始末

　　2001年2月8日，成都近郊的金沙遗址被发现，考古人员随即展开大规模科学发掘，大批文物不断出土，令人惊叹不已。

　　2月25日上午10时许，在一块直径约10厘米的小泥块中，不经意地露出了一个小金角，阳光下显得尤其耀眼。考古人员随即用竹片和油漆刷小心翼翼地剥落泥块外层的松土，一件金饰被发掘出土。刚出土时，金饰件已被揉成一团，考古人员小心翼翼将金饰复原展开——刻划的"太阳"和"鸟"的图案清晰地呈现出来，"太阳神鸟"金饰也由此得名。

　　令人惊叹的是，"太阳神鸟"金饰重20克，外径为12.5厘米，内径为5.29厘米，厚度为0.02厘米，与一张复印纸差不多大小；且由自然砂金制成，含金量高达94.2%。如此精湛的工艺，即便是在今天都不易达到。

　　金沙遗址填补了古蜀文化的重要缺环，复活了一段失落的历史，它的发现被评选为"2001 年全国十大考古发现",也被誉为本世纪初中国第一个重大考古发现。

至此,我们可以确认,成都平原是长江上游文明起源的中心,是中华文明重要的组成部分,为中华文明起源"多元一体"学说的确立,提供了重要佐证。

金沙遗址博物馆

第三节 楚文化

长江中游"地利西通蜀,天文北照秦;风烟含越鸟,舟楫控吴人",缩毂南北,沟通东西。春秋战国时期诞生成长于荆楚地区的楚文化也堪当长江中游先秦区域文化的佼佼者。

春秋战国时期,楚国的崛起不仅是长江文明史上的一个里程碑,而且在中华文明史上也具有举足轻重的意义。楚文化博大精深,精彩绝伦,是中国古代文化极为重要的组成部分,对中华文明作出过卓越贡献。

楚国的发展过程,就是一个跌宕起伏、荡气回肠的新生、成长、崛起的历史进程。立国之时,楚尚是一个地处偏僻的蕞尔小邦,"土不过同"。所谓同,即方圆面积50里,其版图之逼仄,可见一斑。立国之初,楚国国君爵位也非常卑微,在周天子举行的诸侯盟会仪式上,无缘正式盟会大典,只能在一旁默默看守祭天的火堆。但是,数百年之后,楚国强势崛起,一跃成为一个雄踞南方的泱泱大国。鼎盛时期的楚国疆域包括今湖北、湖南、江西、安徽、江苏、浙江全部,以及陕西、河南、山东、广东、广西、四川、贵州、云南等省区的部分地区,几乎囊括半个中国,成为当时地域最广、人口最多、实力最强的国家。

在楚国 800 余年的发展历史长河中,楚人创造了高度发达的荆楚地域文化,青铜冶铸技术高度发展,丝织刺绣技术后来居上,木竹漆器流光溢彩,老庄哲学独树一帜,屈骚文学别创新体,美术乐舞动人心魄。楚文化不仅与中原文化比肩而立,竞趋争先,而且在很多方面已达到能与古希腊文化相媲美的高度。

在楚国青铜文化方面,成就最显著的非曾侯乙墓出土的青铜器莫属。

曾侯乙墓中出土的 4640 余件青铜礼器、乐器加上青铜质地兵器、车马器在内,重达 10 吨之巨,消耗的铜、金、锡、铅等金属约 12 吨。其中,曾侯乙编钟共 65 件,全套编钟总重量达 2500 多千克。这些青铜器物造型之复杂,纹饰装潢之精美,世所罕见。通过现代科学鉴定,在其制作工艺上,综合使用了浑铸、分铸、锡焊、铜焊、雕刻、镶嵌、铆接及熔模铸造技术。

曾侯乙编钟（局部）

曾侯乙墓出土的尊盘,尊与盘的口沿均饰以蟠虺透空花纹,玲珑剔透、层次分明。令人吃惊的是,该尊盘为失蜡法铸造,它是我国目前发现的最早采用失蜡法的青铜铸件,铸造工艺达到先秦青铜器制作技术的最高峰,反映了中国古代科技的杰出成就。

尊盘

尊盘纹饰细部

楚文化的贡献除上述这些方面外,还在建筑、语言等方面,同样成就非凡。

天下第一台

据记载,楚国历代君王都修建了大量的离宫、苑囿,其中以章华台最为著名。

所谓章台，是诸侯国专门用于举行大型活动如祭祀、宴享、观天等的重要场所。其中，"华"与"花"相通，有华丽、豪华、漂亮的意思。楚人取"章华"命名高台建筑，既言明该高台的用途，也不无夸耀其文化繁盛之意。

公元前540年，楚灵王即位，立即着手修筑章华台。好大喜功的楚灵王承袭了楚国先君好筑高台的遗风，且有过之而无不及。为了炫耀国力，威镇诸侯，他决意"穷土木之技，殚珍府之宝"，举全国之力，在古云梦泽一带修建一座宏伟宫苑，以豪华富丽夸耀于诸侯。

到公元前535年，历经6载，一个占地方圆40里、以章华台为主体、由22座宫殿组成的大型建筑群拔地而起，气势雄伟，蔚为壮观，史称"天下第一台"。

章华台的总体布局由台、湖、陵三部分组成，是一个以主体台为中心，其他单体建筑为辅的复合建筑群，是我国帝王园林化离宫别馆的先导。自楚灵王兴建此台，我国台类建筑的历史进程便产生了质的变化，园林化离宫建筑体系应运而生。

章华台落成后，楚灵王兴奋不已，但凡到楚国访问的国君和使者，楚灵王都要邀请他们登临章华台，感受泱泱大国气象。一次，处于偏远北方的狄国使者访楚时，也在章华台上受到了楚灵王的热情款待。章华台宫阙巍峨，不仅高耸（相当于一座近10层的高楼），而且四周曲栏环绕，连绵十余里。由于台阶太高，拾级而上非常消耗体力，以致这位使者在登临章华台时，因体力不支，中途休息了三次，才登上台顶。这也是章华台又名"三休台"的来历。

但是，章华台的命运却凄凉多舛。战国末年，章华台毁于秦军战火，雕梁画栋顿成砖屑瓦砾，千古名台从人们的视线中消失了。从此，章华台的故址也成为了一个难解之谜，只引得后代骚人墨客吟咏诵唱，历史学家苦苦寻觅，不由得发出"千古风流章华台，宫楼巍峨费钱财。当年细腰繁如锦，灵王旧址今何在"的无限感慨和惆怅。

楚人与成语

中华文化博大精深，源远流长。汉语成语作为一种特殊的语言现象，承载了极其丰富的文化信息。

楚文化作为中国地域文化的一支，同样成为大量汉语成语的母源或载体。只要我们稍加留心，就会发现，在《中国成语大辞典》中，涉及"楚国"、"楚人"的成语特别多，居于先秦各诸侯国之首。

楚国成为当之无愧的"成语大国"，也从另一个侧面反映了楚国的重要地位和楚文化的辉煌灿烂。这些承载着数千年荆楚文化信息的成语，有的至今仍鲜活地运用于我们的日常语言中，也有的深藏于《庄子》《老子》等世所公认的闪耀着楚文化智慧光芒的思想精髓之中。

这些荆楚成语，饱含荆楚文化的内涵与智慧，口耳相传，历久弥新，如筚路蓝缕、金石为开、射石饮羽、问鼎中原、一鸣惊人、一飞冲天、百发百中、百步穿杨、毁家纾国、下里巴人、阳春白雪、曲高和寡、高山流水、从善如流、惟楚有材、楚材晋用、名列前茅、价值连城、随珠和璧、亡秦必楚、晏子使楚、斑衣戏彩、优孟衣冠、楚囚对泣、南冠楚囚、朝秦暮楚，等等，不胜枚举。

如"筚路蓝缕"语出《左传·昭公十二年》："昔我先王熊绎，辟在荆山，筚路蓝缕，以处草莽。跋涉山林，以事天子。唯是桃弧、棘矢，以共御王事。"

筚路即简陋的柴车，蓝缕是破旧的衣裳，桃弧是桃木做的弓，棘矢是棘枝做的箭。这段话的意思是：立国初期的楚人，坐的是简陋的柴车，穿的是破旧的衣裳，生活在草莽丛生的山林里。他们开垦荒山，辛勤耕作，还要在崎岖的山路中往返跋涉，为周天子当差效力，贡献弓箭等物品。楚人就是在如此艰苦恶劣的环境中迈出了奋发创业的第一步。

此后，楚国几代国君继承先祖筚路蓝缕的精神，奋力开拓。在群雄逐鹿的春秋战国时期，楚人强势崛起，后来居上，春秋中期问鼎中原，成为诸侯霸主。及至战国时期，灭国六十余，疆域随之席卷半个南中国，成为"地方五千里，带甲百万，车千乘，骑万匹，粟支十年"的声势煊赫的东南第一大国，楚文化更是被推向辉煌和极致。楚人之所以能变弱小为强大、变落后为先进，筚路蓝缕的艰苦创业精神，无疑是其中的重要因素之一。楚国的发展史，可以说就是一部筚路蓝缕的创业史。

如今，"筚路蓝缕"作为一个成语，载入我们的辞典，作为一种传统，融入我们的血液，作为一种象征中华民族在艰难困苦时期所表现出的精神面貌，时时鞭策我们自强不息，奋发有为。

长江文明卡片

"荆"与"楚"

实际上，"荆"与"楚"是同物异名，荆即楚，楚即荆，它是一种柔韧性较好的木本植物，如成语"负荆请罪"中的"荆"指的就是这种木本植物。

西周初年，楚国先君熊绎被封在荆山（今保康、南漳一带），国号荆。荆国即为楚国前身。

楚国国名究竟是如何来的呢？有人说，这是因为楚人的居地住生长着许多荆条，这种荆条当时被称为"楚"。也有人说，"楚"字象征着一个人跋涉在灌木丛中。更多的专家倾向认为，荆楚这个国名，源于楚国西周时期被分封在荆山一带……可谓众说纷纭，莫衷一是。

2008年，清华大学收藏了2388枚失落在海外的战国竹简。这批竹简文献中的一篇，叫作《楚居》，其中赫然记载：楚先君穴熊的妻子妣厉难产而死。巫师用荆条（原文中为"楚"）把她左胁的长长伤口捆扎起来，安葬地下。为了纪念这位伟大的母亲，这个部族后来就自名为"楚"。

关于楚国国名的来源，这篇由楚国史官所写的文献提供了最权威的解释，争论至此尘埃落定。

秦代，因为"楚"犯了秦始皇父亲子楚的名讳，遂改以荆山之"荆"称之。后来湖北就多称荆，有时合称荆楚。

第四节 吴越文化

吴越文化以太湖流域为中心，可分为吴文化和越文化两大区域类型，是中华文明的重要组成部分。

吴越地区在公元前11世纪"泰伯奔吴"之前，已经达到较高的文明程度，这一点从马家浜文化、良渚文化的考古发现中可以得到佐证。

自商末周初起，吴和越两个国家分别在今天的苏、浙地区逐渐形成，并于春秋时期相继称霸。所以，吴文化、越文化两者同源同出，同俗并土，从河姆渡文化、良渚文化一路走来，历经数千年的风雨同舟，在相互交融与激荡、流变与集成中，形成

越王勾践剑

统一的文化类型——吴越文化。

在吴越文化青铜器群中，"天下第一剑"越王勾践剑声名赫赫。有关它的传说脍炙人口，谱写了一段千古传奇。

1965年，湖北江陵在修建水库中，发现一批楚国墓葬，随即展开了考古发掘工作。

当揭开望山1号墓椁室时，一柄古剑赫然在目。考古人员小心拔剑出鞘，寒光闪闪的剑身即刻震惊了现场所有人。为了验证是否锋利，大家拿来了二十几张纸铺成一层，结果剑锋一过，轻松划开。一时间，工地上沸腾了。剑在冷兵器时代是一种杀伤力极强的武器，传说削铁如泥，如今看来并非虚传。

这柄剑为什么会如此锋利呢？经过学者反复研究发现，这柄剑的剑刃和剑身是用不同成分的青铜嵌铸而成。剑刃含铜量低而含锡量较高，硬度高而较脆，可以打磨得异常锋利，提高杀伤力；剑身含铜量高含锡量较低，硬度低而韧性高，使剑不易折断。也就是说，这柄剑是一柄复合剑，剑刃和剑身是分开铸造的。

复合铸造工艺在世界上许多国家近代才出现，而2000多年前的中国青铜剑就采用了此项技术，令人叹为观止。

这柄剑全长55.7厘米，剑身宽4.6厘米，剑柄长8.4厘米。剑首向外翻卷呈圆箍形，内铸11道极细的同心圆。金黄色的剑身满饰黑色菱形花纹，剑格向外凸出，正面用蓝色琉璃点缀，背面镶嵌着绿松石。

这柄剑身上刻有"越王鸠浅，自作用剑"八字鸟篆铭文。其中，"越王""自作用剑"这几个字很好判读，但"鸠浅"两个字，大家却一时无法释读。

为了弄清楚剑主人的名字，湖北方面将铭文拓片分别寄送郭沫若、唐兰、商承祚、于省吾、徐中舒等著名学者，请他们帮助辨认。

经过反复讨论，剑主人的身份最终得以确认。"鸠浅"是"勾践"两字的通假字，剑主人正是赫赫有名的越王勾践，中国历史上著名的励志故事——"卧薪尝胆"的主人公。因为他的传奇事迹，后世还流传"有志者，事竟成，破釜沉舟，百二秦关终属楚；苦心人，天不负，卧薪尝胆，三千越甲可吞吴"的名联。

如今，越王勾践剑已然成为湖北省博物馆的镇馆之宝，名扬中外。这里，是勾践一生中从未到过的地方，他的宝剑却以一种君临天下的姿态，吸引着无数人惊羡的目光。

第五节 长江古铜矿带

铜是人类最早使用的金属之一。在铁器出现之前，铜及其合金曾是用量最多、用途最广、对人类社会发展所起作用最大的一种金属。

夏商以来，长江流域的三星堆青铜器、盘龙城青铜器、楚国青铜器以及吴越地区青铜器，数量众多，工艺精湛，表明长江流域的青铜文明已经达到相当高的水平，令当时中原列国望尘莫及。

至此，我们不禁要问：长江流域青铜器的铜料从何而来？青铜器冶铸场身藏何处？

我国铜矿资源丰富，已探明铜的储量居世界第7位。我国铜矿资源分布广泛，其中，江西、西藏和云南的储量最多，其储量占全国铜矿储量的47.1%，铜储量较多的还有甘肃、安徽、内蒙古、山西、湖北、黑龙江等6省区。

如此同时，经过考古工作者的多年探索，在我国境内发现了很多先秦时期的古铜矿遗址。从分布上看，长江中下游地区是中国先秦时期古铜矿遗址的密集分布区。该区域古铜矿遗址主要有：江西瑞昌铜岭遗址（商代至两周）、湖北大冶铜绿山遗址（商周）、湖北阳新遗址群（东周时期，包括丰山铜矿遗址、陶港镇铜垱山遗址、港下矿井遗址）、湖北鄂州汀祖遗址、安徽皖南沿江遗址（东周）、湖南麻阳遗址（战国）、浙江上虞银山遗址（东周）等。

长江中下游地区如此密集分布的古铜矿遗址，很好地回答了上面提出的两个问题。

在上述先秦古铜矿遗址群中，湖北大冶铜绿山古矿冶遗址生动再现了先秦时期长江流域乃至中国青铜文明的风采。

1973年，大冶铜绿山铜矿工人采矿作业时发现了一处古矿冶遗址，经数十年的发掘，出土了不同时代、不同结构、不同支护方法的竖井、盲井、斜井数百座，无支护竖井 10多座，大小平巷近百米，以及不同时期的各式炼铜竖炉 29 座，古炉渣总量超过 40 万吨，还有一大批劳动生产、生活用具。

经研究，铜绿山古矿冶遗址始于夏商时期，经春秋战国一直延续到西汉，历时 3000 多年，是迄今为止我国保存最为完整、采掘时间最早、冶炼技术最先进、生产规模最大的古矿冶遗址，其采掘和冶炼工艺填补了我国冶金史上的空白，矿井支护、排水、通风和选矿等技术，对于现代矿山生产仍有借鉴意义，

铜绿山古矿冶遗址

具有重要的历史和科学价值，有国外考古学家称之为"中国继秦始皇兵马俑后又一个奇迹"，是"20世纪中国 100 项考古大发现"之一。

铜绿山古铜矿冶炼炉复原图

需要特别指出的是，在铁器出现以前的青铜时代，铜产量就是国家实力的象征，因此铜料就成为非常重要的战略物资，其地位相当于今天的石油资源。

于是，盛产铜料的长江中下游地区也就成为殷商王朝觊觎的目标，商王朝势力南下，与获取该地区铜、锡资源不无关系。从此，包括铜绿山在内的长江古铜矿的铜料源源不断地运往中原地区，运到北方都城的铸造铜作坊。

为了保障南铜北运的顺利进行，殷人还在位居长江中游的黄陂盘龙城建立了军事据点。所以，盘龙城遗址既是商王朝伸向长江流域的桥头堡，也是商朝铜料运输线上的中转站。

第十一章
覃思巧智

中华民族是一个充满思辨与智慧的民族。在漫长历史发展过程中，各种重要思潮、流派和人物竞相登台，著书立论，传播科学，在中华文化史、科技史乃至世界文化史、科技史上留下了浓墨重彩的一笔。同样，自古至今，长江流域也诞生了一大批这样的思想、科学巨子，他们覃思巧智，格物致知，火尽薪传，流芳千秋，为长江文明注入厚重、隽永的内涵与意味。

第一节 妙悟学说，长江智慧

在中国古代思想发展过程中，长江流域思想巨人层出不穷，思想潮流引领社会发展。这其中，首先得提到老子、庄子以及他们创立的道家学说。

老子，春秋时期楚国苦县（今河南鹿邑）人，其思想主要见《老子》一书。《老子》又称《道德经》，主要思想是"无为"，以"道"解释宇宙万物的演变。《老子》中的一些名句格言，如"道可道，非常道。名可名，非常名"、"上善若水"、"治大国若烹小鲜"等，世代传诵。有人曾统计，《道德经》是世界上仅次于《圣经》被翻译语言最多的一部作品。

庄子（约公元前369—约前286年），宋国蒙邑（今河南商丘东北，一说今安徽蒙城县）人，其思想主要体现于《庄子》一书中，主要思想是"天道无为"，认为一切事物都在变化。

老庄哲学思想和由他们创立的道家学派，不仅对我国古代思想文化的发展作出了重要贡献，而且在此后的2000多年中，在中国古代思想的发展进程中一直扮演重要角色。随着历史的发展，道家思想以其独特的宇宙观、社会观和人生领悟，呈现出永恒的价值与生命力。如今，我们经常挂在嘴边的口头禅如"你知道吗"，以及"你这个人不讲道理"、

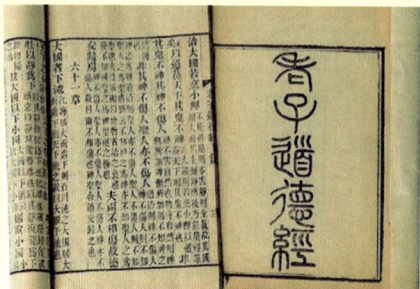

《道德经》

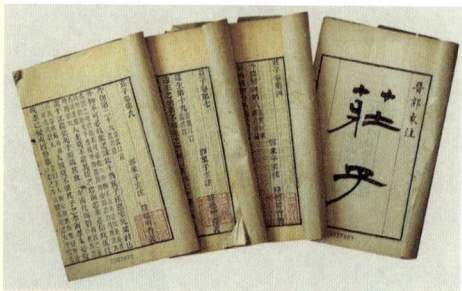

《庄子》

"这个事我们一定要讲道理"等等，都出自道家。道家思想影响之大，由此可见一斑。

秦汉以后，在中国哲学思想的大舞台上，先贤辈出。如西汉董仲舒（著作《春秋繁露》及《天人三策》），东汉王充（著作《论衡》），晋朝王弼（代表作《老子注》《周易注》），唐朝韩愈（有《韩昌黎集》）、柳宗元（有《柳河东集》），北宋周敦颐（著《太极图说》及《通书》）、程颢、程颐（有《二程遗书》）、张载（有《张子全书》），南宋朱熹（代表作《四书集注》《朱子语类》）、陆九渊（有《象山先生全集》），明朝王守仁（有《王文成公全书》）、李贽（代表作《藏书》《焚书》），明末清初王夫之（有《船山遗书》）、黄宗羲（代表作《明

朱熹

李贽

夷待访录》《宋元学案》《明儒学案》《南雷文定》）、顾炎武（代表作《日知录》《天下郡国利病书》《亭林诗文集》）等，都是中国历史上著名的思想家，其思想引一时之潮流。这些思想家或是出生、生活在长江流域，或是为官、讲学于长江流域，可以说，长江流域对中国古代思想

周敦颐

王夫之

顾炎武

黄宗羲

化对中国古代宗教文化发展的影响是巨大而深远的。

佛教原本产生于公元前6—前5世纪的古印度，其传入中国的时间大约在两汉之际。南北朝时期，中国佛教进入兴盛阶段，佛教寺庙遍布全国，佛教徒数量空前增多。唐朝诗人杜牧"南朝四百八十寺，多少楼台烟雨中"的诗句，正是长江流域佛教兴盛的生动写照。

从隋唐开始，中国佛教逐渐形成许多宗派，主要有三论宗、瑜伽宗、天台宗、华严宗、禅宗、净土宗、律宗、密宗等八大宗派。其中，形成于长江流域的禅宗是中国佛教最重要的一个宗派，对中国哲学思想、文学艺术、语言习俗、建筑等诸多领域都产生了深刻影响。

禅宗，中国佛教的主要宗派。

的发展、丰富，贡献巨大。

在中国文化中，宗教文化占据重要地位，并对中国文化的许多领域都产生了深刻影响，是中国文化的一个重要组成部分。

长江流域的佛教文化、道教文

据史料记载，佛教禅宗随初祖达摩自印度来到中国后，一直沿袭游化乞食的修行方式。唐代，四祖道信、五祖弘忍先后在湖北黄梅境内的西山和东山开辟道场，开创了定居传法、农禅并修的修行方式，创立"东山法门"，完成了禅宗中国化的进程。

道信大师

弘忍大师

湖北黄梅在中国佛教史上享有崇高的地位，有"三代禅祖聚蕲黄"、"蕲黄禅宗甲天下"的佳话。著名佛学家赵朴初先生也指出："中国无寺不禅，禅宗信徒基本源于黄梅。"人们常用"十里三座庙，无处不逢僧"来形容黄梅佛教发展的盛况。1994年11月在黄梅召开的首届禅宗与中国文化国际学术研讨会，认定五祖弘忍大师为中国禅宗创始人，确立五祖寺为中国禅宗发源地之一。

禅宗使佛教中国化和世俗化，深刻地影响了中国佛教以及中国文化。所以，唐宋以后，"禅"成为

四祖寺

五祖寺

中国佛教的别称。禅宗创立后还流传于日本、朝鲜半岛、越南等地，至今不衰。

道教发源于中国，正式创立于东汉末年，距今已有1700多年的历史。南北朝时期，道教成为与佛教并列的中国正统宗教之一；唐宋时期，道教受到统治阶级的推崇而得到进一步发展；自宋代起，几乎历代封建皇帝都极力推崇、扶植武当道教；明朝，湖北武当山一直被作为"皇室家庙"来扶持，武当山的地位升华到"天下第一仙山"，成为全国道教中心。

武当山

武当山道教建筑

道教是我国唯一土生土长的宗教，对中国传统文化影响巨大。首先，道教对封建王朝政治生活产生过重要影响，封建统治者不约而同地借助道教巩固皇权；第二，道教对中国古代医学、化学、养生以及气功、武术等方面均有贡献；第三，道教对文艺、民俗生活产生了深远影响；第四，道教对中国哲学的发展有卓越贡献；第六，道教对民族性格、民族心理等方面有深刻影响，如主张心境平和、淡泊纯静、热爱和平，柔韧不折等。由于道教对中国古代文化影响的巨大而深刻，因此鲁迅先生有"中国根底全在道教"的提法。

所以，中国佛教文化、道教文化在长江流域意境深远，多姿多彩，深刻影响着历代中国人民的精神生活与物质生活，是中华传统文化的有重要组成部分。

长江文明卡片

中国佛教四大名山

浙江普陀山、山西五台山、四川峨眉山、安徽九华山。

中国宗教四大名山

湖北武当山、江西龙虎山、安徽齐云山、四川青城山。

第二节 人作天开，格物成器

长江文化不仅表现在其深厚、独特的精神文化、物质文化面貌上，也同样体现在长江流域科学技术、发明创造方面，有些领域的成就一直居于古代中国乃至世界前列，如传统医药、四大发明，等等。

天文学

中国是世界上天文学起步最早、发展最快的国家之一，与农学、医药学和数学并列我国古代最发达的四门自然科学。在长江流域古代天文学方面，战国时期的甘德与北宋时期的沈括贡献最大。

战国时期，楚人甘德、魏人石申合著的《甘石星经》是世界上最早的天文学著作，记录了丰富的天文现象，并且发现了五大行星出没的规律。

北宋沈括是中国古代杰出的科学家之一。沈括（公元1031—1095年），浙江杭州钱塘县人，他一生致志于科学研究，在众多学科领域都有很深的造诣和卓越的成就，被誉为"中国整部科学史中最卓越的人物"。沈括名作《梦溪笔谈》，内容宏富，集前代科学成就之大成，在世界文化史上有着重要的地位。在天文学方面，沈括的成就体现在发明"十二气历"，将四季二十四节气和十二个月完全统一起来，有利于农事安排。

沈括

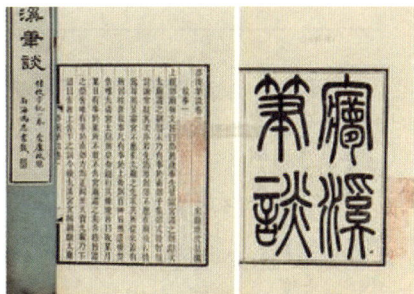

《梦溪笔谈》

由于对天文气象颇有研究，沈括在日常阅读中，眼光不免有些严苛挑剔。唐代诗人白居易与朋友结伴游庐山，写有一首诗《大林寺桃花》。沈括读后，非常惊讶，带着讥讽的口吻评道："既然'四月芳菲尽'，怎么会'桃花始盛开'呢？大诗人也写出这样自相矛盾的句子，可谓'智者千虑，必有一失'呀！"

有一年春夏之交，沈括到一座山上考察，见到了白居易诗中的奇景：四月天气，山下众花凋谢，山顶上却是桃花红艳，猛然想起白居易的诗来，才领悟到自己错怪了大诗人，从中他也发现了海拔高度对季节与气候的影响。

后来，他又找来白居易的诗，发现前面有一篇序，序中写道："（大林寺）山高地深，时节绝晚，于时孟夏月，如正二月天，梨桃始华，涧草犹短。人物风候，与平地聚落不同。"沈括读后，自责地说："都怪我读书不仔细啊！"

数学

数学是中国古代科学中的一门重要学科，源远流长，成就辉煌。长江流域在中国古代数学领域，最重要的贡献就是算筹的发明与应用。其中，筹算记数法已使用十进位值制，这种记数法对世界数学的发展，具有划时代的意义。

长江文明卡片
二十四节气

春秋战国时期，我国古代人民根据月初、月中的日月运行位置和天气及动植物生长等自然现象，把一年平分为二十四等份，并且给每等份取了个专有名称，这就是二十四节气。

二十四节气的名称为：立春、雨水、惊蛰、春分、清明、谷雨、立夏、小满、芒种、夏至、小暑、大暑、立秋、处暑、白露、秋分、寒露、霜降、立冬、小雪、大雪、冬至、小寒、大寒。

从二十四节气的命名可以看出，节气的划分充分考虑了季节、气候、物候等自然现象的变化。其中，立春、立夏、立秋、立冬、春分、秋分、夏至、冬至是用来反映季节的；小暑、大暑、处暑、小寒、大寒反映气温的变化；雨水、谷雨、小雪、大雪反映了降水现象；白露、寒露、霜降表面上反映的是水汽凝结、凝华现象，但实质上反映出了气温逐渐下降的过程和程度；小满、芒种反映有关作物的成熟和收成情况；惊蛰、清明反映的是自然物候现象，尤其是惊蛰，它用天上初雷和地下蛰虫的复苏，来预示春天的回归。

二十四节气是我国古代一种用来指导农事的补充历法，是古代劳动人民长期经验的积累和智慧的结晶。2006年，"二十四节气"列入第一批国家级非物质文化遗产名录。2014年，我国正式启动将"二十四节气"列入世界人类非物质文化遗产名录的申报工作。

所谓算筹，其实就是一把刻得很整齐的竹棍，长约 10 厘米。除竹制的以外，还有木、铁、玉石、骨、象牙制的算筹。把算筹装在袋子里或笔筒中随身携带，这就是古人说的"算袋"或"算子筒"。算筹堪称中国最古老的计算工具。

中国的算筹和筹算制度，在春秋战国时期就已发展得比较成熟。《老子》一书中讲道："善计者不

算筹

算盘

长江文明卡片

从算筹到算盘

算筹与筹算对中国古代数学的发展功不可没，南北朝数学家祖冲之计算圆周率应该就是用算筹完成的。

但算筹也有严重缺陷：运算时需要较大的地方摆放算筹，位数越多，问题越难，需要摆放的面积越大，用起来不大方便。另一个缺陷就是运算过程不保留。它的运算过程实际上就是挪动算筹，运算了下一步，上一步就看不到了。中国古代数学不能发展为现代数学，筹算方法的限制是一个重要原因。

在此情况之下，算盘应运而生。

算盘是中国传统的计算工具，是中国古人在长期使用算筹的基础上发明的，是中国古代的一项重要发明。在阿拉伯数字出现前，中国算盘是世界上广为使用的计算工具。

据记载，算盘在东汉就产生了，后来人们又总结出许多计算口诀，使计算更加便捷。到明代，珠算不但能进行加减乘除的运算，还能计算土地面积和各种形状东西的大小。明清时期，算盘与珠算还传到朝鲜、日本、东南亚和世界其他地区。

今天，古老的算盘不仅没有被废弃，反而因它的灵便、准确等优点，仍然发挥着重要的作用。使用算盘和珠算，还有锻炼思维能力的作用，因为打算盘需要脑、眼、手的密切配合，是锻炼大脑的一种好方法。

2013 年，中国珠算项目被列入人类非物质文化遗产目录。

用筹策"，表明那时算筹已经很普遍了。《易经》中八卦的图标为横竖长短不同的横线组成，可能也与当时算筹的使用有关。

考古发掘出土的算筹实物，大部分出土于长江流域：

1954 年，湖南长沙左家公山战国楚墓出土竹算筹 40 根，每根长 12 厘米。

1973 年，湖北江陵凤凰山出土汉代木牍，其中一片记有"当利二月定算"，这是文献中最早出现以筹码代替文字记数例子之一。

1975 年，湖北江陵凤凰山汉墓中发现竹制算筹。

1983 年，湖北江陵张家山西汉古墓出土竹制算筹。

……

当古人出谋划策时，需要对有关问题进行数学计算，计算就要用算筹，所以，"运筹"成为"出谋划策"的代名词，如汉高祖刘邦曾盛赞张良"运筹帷幄之中，决胜千里之外"，后来，"运筹帷幄"就作为一个成语沿用下来，形容人勤于思考、并善于作出判断。唐代也曾经规定，文武官员必须备有算袋，以提高决策的科学性。现代数学中，有一个分支叫"运筹学"，其名称也来源于古代筹算。

农学

长江流域是世界上最早种植水稻的地区之一，是世界农耕文明的重要发祥地。

长江文明卡片

五谷

我们常常讲"五谷丰登"，这里的五谷代表所有的粮食。

不过在古代，"五谷"有多种不同说法，最主要的有两种：一种指稻、黍、稷、麦、菽；另一种指麻、黍、稷、麦、菽。两者的区别是：前者有稻无麻，后者有麻无稻。古代中国经济文化中心在黄河流域，稻的主要产地在南方，而北方种稻有限，所以"五谷"中最初无稻。

长江流域农耕文明在长期的发展过程中，创造出了高度发达的农业耕作技术，形成了无与伦比的农业科技体系和一整套完整的农业科技理论，并留存有很多价值巨大的农学著作，如西汉的《氾胜之书》、北魏贾思勰的《齐民要术》、元代王祯的《农书》、明代徐光启的《农政全书》，合称"中国古代四大农书"，也是世界农学史上的名著。

其中，《农政全书》的作者徐光启系松江府上海县人，明代著名科学家、政治家，官至礼部尚书兼文渊阁大学士、内阁次辅。他是中西文化交流的先驱者之一，也是上海地区最早的天主教徒。余秋雨先生曾评价说："我认为上海文明的肇始者，是明代进士徐光启。"

徐光启

徐光启出身农家，自幼即对农事极为关心。他的家乡地处东南沿海，水灾和风灾频繁，这使他很早就对救灾救荒感兴趣，并且关心排灌水利建设。步入仕途之后，他又利用在家守制、赋闲等各种时间，在北京、天津和上海等地设置试验田，亲自进行各种农业技术实验。徐光启还对棉花在东南地区的种植、推广进行了不少研究。

《农政全书》综合介绍了我国传统农学成就，建立了一个比较完整的农学体系。书里还用相当的篇幅介绍"救荒"，表明作者关心民间疾苦的情怀，书中还首次介绍了欧洲先进的水利技术和水利工具。

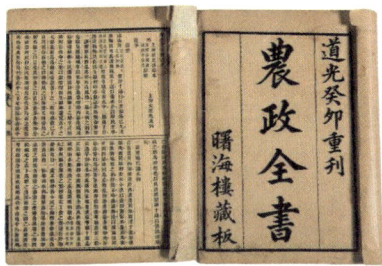

《农政全书》

在中国古代社会，手工业是农业的重要补充。战国时期的手工业专著《考工记》，记录了当时官营手工业各个工种的设计规范和制造工艺，不但在我国工程技术发展史上占有重要地位，在当时世界上也是领先一步的。明代宋应星的《天工开物》，总结了明代农业、手工

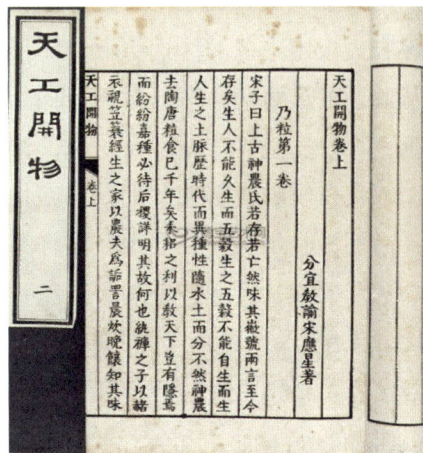

《天工开物》

业的生产技术，被誉为"中国 17 世纪的工艺百科全书"。

医药学

中国古代医药学，又称中医，是中华传统文化的标志之一，是中华文明宝库中的一颗璀璨明珠。如今，中医以系统完整、博大精深的理论体系，高超的医疗技术和丰富的典籍著称于世。中医日益受到世界各国人民的普遍关注与应用，越来越多的人尝试采用中医疗法。

史前时期，在长江流域，中华民族人文始祖炎帝神农遍尝百草，发明医药。据记载，远古时期，疾病和猛兽伤害是人类生存最严重的威胁之一。为解除疾病和创伤给人们带来的痛苦，炎帝神农深入山野，辨尝各种草木的性味，从而发明用草药医治疾病和创伤的方法。炎帝神农为中国古老的医药事业奠定了基础，被誉为我国医药学的开山始祖。

炎帝神农没有想到的是，在他身后的漫长历史岁月当中，同样是在长江领域，悬壶济世的名医圣手灿若繁星，妙手仁心的人间佳话不断演绎。特别是被称为"鄂东四大名医"的庞安时、万全、李时珍和杨际泰，他们均出自鄂东大别山，皆是一代名医，都为祖国传统医学作出了巨大贡献。

毋庸置疑，无论是名气，还是成就，李时珍均名列"鄂东四大名医"之首。

李时珍（公元 1518—1593 年），字东璧，号濒湖，明代蕲州（今湖北蕲春）人，著名医药学家，被誉为"医圣"。

李时珍出生于一个世医家庭，自幼刻苦好学。24 岁起，李时珍开始在家乡行医。由于医术高明，医德高尚，李时珍很快成为远近闻名的医生。

在长期的医疗实践中，李时珍发现以往的本草书中存在着不少错误、重复或遗漏之处，便决心重新编著一部新的本草专书。于是，他开始了重修《本草》的浩大工程。

李时珍首先在家乡周围做了大量实地考察工作，后来又扩大调查范围，一边行医，一边调查研究和著述。年近五旬时，李时珍还多次离家远行，与徒弟一起到武当山、庐山、茅山、牛首山以及安徽、江苏、河南、河北、江西等地，进行广泛深入的调查研究、实验解剖、整理标本和搜集方剂。在外调查期间，李时珍深入民间，不耻下问，广泛收集单方秘方，精心编选，反复实践，就地采药，填补空白。

与此同时，李时珍还涉猎群书，参考了 800 多种书籍，作札记数百万言，对前人的著述与经验广罗博采，取其精华。

功夫不负有心人。李时珍读万卷书，行万里路，访万余人，耗尽半生心血，历时 27 年，三易其稿，于万历六年（公元 1578 年）写成《本草纲目》这部皇皇巨著。

《本草纲目》共 52 卷，190 万字，载方 1 万多个，记药物 1892 种，其中新增药物 374 种，并对每种药物的产地、形状、颜色、气味、功用都作了说明，同时附图 1000 多幅，是我国药物学的空前巨著。

公元 1596 年 11 月，湖广黄州府青年李建元挑着沉甸甸的一担书籍，千里迢迢地来到京师，怀着十分喜悦的心情，将父亲李时珍用心血写成的《本草纲目》进献给当朝的万历皇帝。然而，使他万万没有想到的是，等待他的是薄薄的一纸圣旨，上面仅仅 9 个字："书留览，礼部知道，钦此。"

但是，是金子终究会发光。不久，《本草纲目》就洛阳纸贵，很短时间内就被翻刻 30 多次，医家几乎人手一部。

此后，《本草纲目》流传到日本、朝鲜和越南；约 17 世纪传到欧洲，先后译成德文、英文、法文、俄文、拉丁文等许多种文字，被誉为"东方医药巨典"。

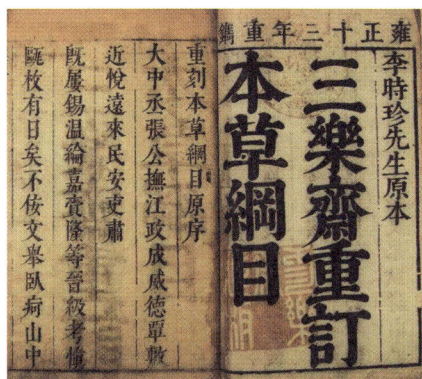

《本草纲目》

李时珍

鄂东四大名医中，生活时代距离我们最远的当属北宋名医庞安时。

庞安时（约公元 1042—1099 年），字安常，蕲州蕲水（今湖北浠水）人。庞安时出生在一个医生世家，自幼聪颖过人，读书过目不忘。他除了向父亲学习医术外，还十分重视《黄帝内经》《灵枢》以及其他涉及医学的书籍，兼收并蓄，颇有心得，而尤精于《伤寒论》，以善治伤寒名闻当世，时人有"庞安时能与伤寒说话"之称。

庞安时

在一次大病后，庞安时的耳朵失聪了，从此他更是"两耳不闻窗外事"，将全部身心投入医学领域。

经过数年努力，庞安时的医术终于达到了融会贯通的地步，并能时出新意，成为远近闻名的医生。

庞安时性情豪爽，好结交高人逸士，与北宋名人苏轼、黄庭坚、叶梦得、张耒等人来往密切，交情甚厚。

北宋元丰年间，苏轼因为"乌台诗案"被贬黄州，因此得以结识一代名医庞安时，并与他结下深情厚谊，谱写了一段人间佳话。

苏轼到黄州不久，左手臂肿痛，听说庞安时医术高明，便慕名前去求医。因为庞安时耳朵有些聋，苏轼就将自己的病情写在一张纸上，才写几句，庞安时就看懂了苏轼的病情。

苏轼十分钦佩，开玩笑地说："我以手为口，先生以眼为耳，都是非同寻常之人呀！"

针对苏轼的病情，庞安时采用针灸疗法，一针而愈。苏轼大为叹服，以后凡有不适，多请安时治疗，两人遂成为志同道合的莫逆之交。苏东坡与庞安时多有出游酬和，并留下《浣溪沙》《西江月》《答庞安时书》等佳作名篇。

有一次，两人相约同游蕲水清泉寺。二人吟诗饮酒，好不尽兴。苏东坡趁兴写下著名的《浣溪沙》："山下兰芽短浸溪，松间沙路净无泥，萧萧暮雨子规啼。谁道人生无再少？门前流水尚能西，休将白发唱黄鸡。"

一天，苏东坡正在书房看书，外面衙役来报："启禀大人，庞先生求见。"苏东坡忙说："有请！"

庞安时在衙役的引领下来到书房门前，猛抬头，一眼看见门旁新挂了两只灯笼，不由诗兴大发，随口吟出一联：灯笼笼灯，纸（枳）壳原来只防风。

苏东坡正好迎出门来，心领神

会，略一沉吟，随即对出下联：架鼓鼓架，陈皮不能敲半下（夏）。

二人相视大笑，手挽手走进后院。院子的中央有一座小花园，庞安时看见园中翠竹葱绿茁壮，赞叹道：中暑最宜淡竹叶。

苏东坡随口对道：伤寒尤妙小柴胡。

两人在花园边坐下，衙役递上香茶，二人品茶谈天，好不惬意。

忽然，一阵微风拂过，送来阵阵花香，庞安时抬头一看，只见园中玫瑰盛开，妩媚妖娆。他触景生情，又出一联：玫瑰花开，香闻七八九里。苏东坡不假思索，脱口而出：梧桐子大，日服五六十丸。

庞安时坐了一会，告辞出来，随口又出一联：神州到处有亲人，不论生地熟地。苏东坡含笑答道：春风来时尽着花，但闻藿香木香。

二人联中的"枳壳、防风、陈皮、半夏、竹叶、柴胡、玫瑰花、梧桐子、生地、熟地、藿香、木香"都是中药名，你来我往，工整和谐，妙趣横生。

明代鄂东名医当中，还有一位与李时珍医术不相上下，他就是万全。

万全（公元1499—1582年），号密斋，湖北罗田人。万全对儿科、妇科、内科杂病有精深研究，特别是在儿科方面，他提出不滥吃药，以预防为主的方针，颇有创见。他发明的"万氏牛黄清心丸"，至今仍是治疗小儿惊风的一剂良药。

万密斋

万全重视祖国医学遗产，但不拘泥守旧，而注重于具体分析病情，灵活运用古方，创造了不少起死回生的奇迹，被称为"神医"。万全成名后，足迹遍及黄冈、英山、浠水、蕲春、郧阳、襄阳、荆州、孝感以及江西九江等地，经他亲手救治痊愈的患者不计其数。

万全晚年，将其毕生所精研的医学理论进行了总结，写成《万密斋医学全书》，为我国医学的发展作出了重要贡献。因为医术出众，医德高尚，万全于清初被追授为"医圣"。

如今，在罗田县县城东北大河岸西，静静地竖立着一块汉白玉的石碑，碑文上有"国朝加封医圣万公讳密斋之墓"的字样。一代名医万全就静静地安卧在这个小山坡下，任后人追思凭吊。

万密斋墓

清代杨际泰也是"鄂东四大名医"之一。杨际泰（公元1780—1850年），字平阶，湖北广济（今武穴）人。杨际泰妙手回春，救人无数，是蕲（水）黄（梅）广（济）一带的名医。

杨际泰

据传，蕲州府有一个老妇人，身患重病，卧床很久，家里请了很多医生都束手无策。后来，病人家属听说杨际泰的大名后，登门请他看病。杨际泰经过一番仔细把脉问诊，提笔开方，并有把握地说："这几服药吃了后，一定可以起床进食。"病人家属闻言大喜，赶快抓药煎服。果然，几服药用完，病人精神大振，开口吃饭了。

老妇人大病初愈，身体虚弱，家人出于好心，熬了人参汤给她进补。老妇人喝下不久，浑身燥热难当，旧病复发。家人十分着急，赶快将杨际泰请来，语气中有责备杨际泰"用药不准，治标没治本"的意思。杨际泰认真察看老妇人病情，仔细审视自己所开的药方，坚信药方无误。于是，他详细询问老妇人用药后的情况，家人如实相告。杨际泰顿时明白了，提笔在原药方上写道："人参杀人无过，大黄救命无恩。"背起药箱就走。

老妇人的家人一见杨际泰的批语，恍然大悟，因为大黄降火，人参大补，两种药相克，危及病人身体。他们马上追上杨际泰，一个劲儿赔礼道歉。

杨际泰在继承和总结前人成果的基础上，写成《医学述要》，凡

杨际泰《医学述要》

36卷，数十万言，内容丰富，创见迭出，是近代中医学的百科全书。

在行医过程中，杨际泰发现很多乡亲吸食鸦片，吸坏了身体，吸垮了家庭，陷入家破人亡的悲惨境地。耳闻目睹鸦片之害，杨际泰忧心忡忡，彻夜难眠，奋笔疾书，撰写《告乡民书》，书中提到吸鸦片有"四耗"（神、精、气、血）、"十害"（一损精神、二耗脂血、三废正气、四耗钱财、五伤性命、六增丑态、七坏名声、八犯例禁、九泄机密、十入膏肓），力劝乡亲们戒吸鸦片。他还在《告乡民书》上画一幅《丑态图》，并附打油诗一首：

鬼是当年人，人是转眼鬼。

若要勤吸烟，便是速求毙。

死虽分上下，人鬼是一体。

请你看此图，问汝悔不悔？

与此同时，杨际泰决心利用自己的医术，寻找克制毒瘾的良方。杨际泰翻阅大量医书，查出鸦片的特性、药用与毒性原理，有针对性地配制解毒药物。经过不断试验，终于发明了一种戒断鸦片毒瘾的秘方，并根据配方配制解毒消瘾药，发给吸食鸦片者服用，治疗效果出奇的好。消息传开后，病人纷纷前来求方索药，治愈者无以数计，开创了中国药物戒毒的先河，被后人称为"鸦片战争的一位后方英雄"，也留下了"南有林则徐断绝毒源，北有杨际泰解除病根"的口碑。

地理学

中国古代地理学的最大特点就是重视沿革地理传统的形成和发展，所以中国古代地理学的成就表现在沿革地理、地理志、地方志等几个方面，源远流长，内容丰富。

郦道元，北魏地理学家。范阳涿鹿（今河北涿鹿）人。郦道元勤奋好学，博览群书，每到一地，他都留心考索水道变迁和城邑兴废等地理现象，终于撰成《水经注》一书，全面而系统地介绍了水道流经地区的自然地理和经济地理等方面的内容，是一部具有重大科学价值的地理学巨著。《水经注》同时还是一部颇具特色的山水游记，郦道元也因此被誉为中国山水游记文学的鼻祖。清初学者张岱说："古人记山水，太上郦道元，其次柳子厚，近则袁中郎（袁宏道）。"毛泽东说："《水经注》作者也是一位了不起的人。"国外学者称郦道元是"中世纪世界上最伟大的地理学家"，《水经注》则是"世界地理学的先导"。如今，对《水经注》的研究已经形成了一门专门的学问——"郦学"。

由于长江流域水系发达，河流众多，河道变迁频繁，所以郦道元在《水经注》里，花了相当多的笔墨去研究长江流域的河流水道。

郦道元

明朝旅行家徐霞客的《徐霞客游记》是中国地理学史上的又一部重要著作。

徐霞客（公元1587—1641年），明朝江阴（今江苏江阴市）人。从22岁开始，直至56岁逝世，徐霞客先后游历了江苏、安徽、浙江、山东、河北、河南、山西、陕西、福建、江西、湖北、湖南、广东、广西、贵州、云南等16个省，东到浙江普陀山、西到云南腾冲、南到广西南宁一带、北至河北蓟县盘山，足迹遍及大半个中国。更可贵的是，在30多年的旅行考察中，徐霞客主要是靠徒步跋涉，连骑马乘船都很少，还经常自己背着行李赶路。他寻访的地方，多是荒凉落后的穷乡僻壤，或是人迹罕见的边远地区。他不避风雨，不怕虎狼，与云雾为伴，以野果充饥，以清泉解渴。他曾几次遇到生命危险，出生入死，尝尽了旅途的艰辛。徐霞客一生绝大部分时间都是在旅行考察中度过的，根据沿途见闻，他撰写了《徐霞客游记》一书，这是我国最早的一部野外考察的地理学著作，对他旅途所经地区的地质、地理及水文、植物学，特别是西南地区的岩溶地貌，作出了全面、科学的考察与介绍。

徐霞客被誉为"千古奇人"，《徐

徐霞客旅行线路图

霞客游记》开篇之日（5月19日）也被定为中国旅游日。

发明创造

世界著名科技史专家李约瑟称赞中国是"发现和发明的国度"，其中，最为著名的当属四大发明。

中国古代四大发明，是指东汉蔡伦改进的造纸术、北宋毕昇发明的活字印刷术以及无名氏发明的火药和指南针。四大发明是中国古代最有代表性的科学技术成就。

"四大发明"的说法最早由李约瑟提出，为许多学者所认可，他们普遍认为这四种发明对中国古代的政治、经济、文化的发展产生了巨大的推动作用，而且这些发明传

到西方后，对世界文明也产生了很大的影响。

造纸术：实际上，早在西汉前期，中国已经有了纸，如著名的"灞桥纸"。公元105年，东汉宦官蔡伦（湖南耒阳人）在前人的基础上，用树皮、破渔网、破布、麻头等作为原料，制造成了适合书写的植物纤维纸，人们把这种纸称为"蔡侯纸"。蔡伦的这次改进，扩大了纸的原料来源，提高了纸张的质量和生产效率，同时降低了纸的生产成本，使纸成为人们普遍使用的书写材料，为纸张取代竹帛奠定了基础，更为文化的传播创造了有利条件。所以，美国学者麦克·哈特在《影响人类历史进程的100名人排行榜》

中，将蔡伦排在第 7 位，远远排在大名鼎鼎的哥伦布、爱因斯坦、达尔文之前。2007 年，美国《时代》周刊评选"人类有史以来最佳发明家"，蔡伦又榜上有名。2008 年北京奥运会开幕式，也特别展示了蔡伦发明的造纸术。

蔡伦

活字印刷术：隋唐之际，中国已经出现了雕版印刷术。雕版印刷对文化的传播起了重大作用，但同时也存在着明显的缺点，如刻版费时费工费料、大批书版存放不便、有错字不易更正，等等。北宋时期，湖北英山人毕昇曾在家乡和杭州等地印刷作坊从事雕版印刷工作。作为一个从事雕版印刷的工人，毕昇非常了解雕版印刷的这些缺陷，并很想从技术上进行革新改进。经过

反复试验，毕昇终于制成胶泥活字，实现排版印刷，即活字印刷。

活字印刷术的发明，是对我国劳动人民长期实践经验的科学总结，是印刷史上的一次伟大革命。从 13 世纪到 19 世纪，活字印刷术传遍全世界。活字印刷术的发明，对于中华文明和世界文明的传承与发展，作出了不可估量的重大贡献。

毕昇

木活字

葛洪

火药：火药是葛洪等中国古代方术家为祈求长生不老，在炼制丹药过程中发明的。葛洪（公元284—364年），东晋著名炼丹家、医药学家，丹阳郡句容（今江苏句容）人，他系统地总结了晋以前的炼丹成就，对隋唐炼丹术的发展具有重大影响，成为炼丹史上一位承前启后的著名炼丹家。在炼丹过程中，最初的火药工艺出现了。

炼丹术的目的和动机都是荒谬可笑的，但它的实验方法还是有可取之处，最后导致了火药的发明。这倒是葛洪等炼丹家始料未及的。

指南针：世界上最早的指南仪器是战国时期中国古人发明的"司南"。后来，人们利用磁石指南的特性，制成指南针。北宋以后，指南针被广泛应用于航海。

不难看出，中国古代四大发明

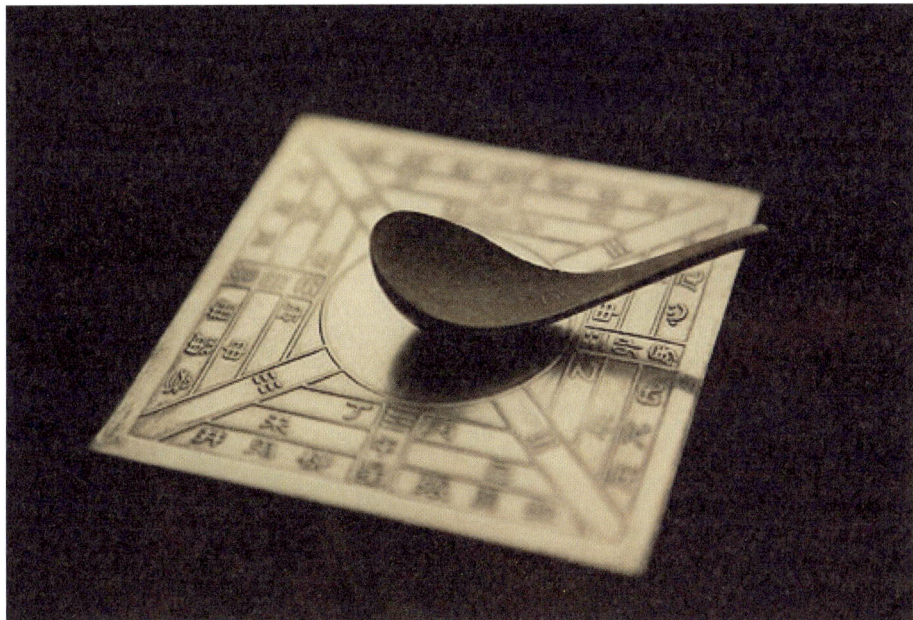

指南针

的发明者、发明地都与长江流域有着千丝万缕的联系，也可视为长江流域对中国古代四大发明的独到贡献。

长江文明卡片

"四大发明"与新"四大发明"

2008年9月，《奇迹天工：中国古代发明创造文物展》在中国科技馆新馆开展，重新定义的新"四大发明"闪亮登场，它们是：丝绸、青铜、造纸印刷和瓷器。

展览主办方指出，传统的四大发明一经提出，就有学者提出不同看法。世界著名科技史专家李约瑟博士曾经列举了中国传入西方的26项技术，认为中国重要的发明技术远远不止这四大发明。所以，由国家文物局和中国科协主办的这次展览，分为"锦绣华服"、"雄奇宝器"、"典藏文明"、"泱泱瓷国"4个专题，集中展示了中国古代科技的辉煌灿烂、中华文化的博大精深，揭示了中华文明对推动世界文明发展作出的重要贡献。展览一经推出，社会反响强烈，有人形象地将丝绸、青铜、造纸印刷和瓷器称为新"四大发明"。

第十二章
艺文长河

在世界各著名大河中，万里长江有雄浑大气的面容，同时兼有灵秀精致的底蕴，所以长江文明或磅礴，或秀丽，或深邃，它们共同绘就中华文明的灿烂星空。

蜿蜒曲折的长江，宛如一条流动的文学艺术长河，无处不凸显长江文明的博大与富饶、神奇与情趣、悠远与年轻的风采与魅力，无处不体现着长江文明的光荣与梦想。

第一节 词赋诗文，千秋绝唱

中国古代文学，题材丰富，形式多样，有诗歌、散文、小说以及词、赋等，呈现出多姿多彩、壮丽辉煌的图景。有人曾形象地指出，如果将中国古代文学成就比作一串华贵典雅的项链，那么诗经、楚辞、汉乐府、唐诗、宋词、元曲、明清小说就是那一颗颗晶莹闪亮的珍珠。

自古至今，长江流域文坛大家辈出，名篇佳作纷呈，长江撑起了中国文学的半壁江山，特别是在楚辞、唐诗、宋词、元曲、明清小说的创作方面，更是作出了卓越贡献。

楚辞

先秦以后，中国文学创作进入蓬勃发展时期。在各个历史阶段，一大批才华横溢的文学家，采用不同的创作手法，在中国文坛尽抒才情，千古流传。

首先出现在黄河流域的《诗经》是我国也是世界上最早出现的一部诗歌总集。《诗经》305首，分风、雅、颂三部分，字字珠玑，篇篇生花，是"四书五经"之首，堪称中华文化的元典。

与此同时，在长江流域，屈原及其创作的楚辞也在大放异彩。

楚辞是战国时期流行的一种文学体裁，作品运用楚地的文学样式、方言声韵，叙写楚地的山川人物、

长江文明卡片

诗·词·曲

诗、词、曲是中国古典文学中的三种重要文体，高雅而经典，蕴含深刻的思想情怀和高超的艺术美感。

诗歌、音乐、舞蹈在中国古代是一种混合艺术。中国古代的诗歌艺术在唐代达到巅峰，艺术价值和思想价值都达到空前的高度。

词起源于晚唐五代时期，是配合新兴的歌曲来歌唱的歌词。到宋代，词的创作达到鼎盛，产生了"婉约"和"豪放"两个派别。

曲即元曲，原本是来自少数民族的歌曲，先是在民间流传，后逐渐流传开来，很多知识分子也加入到写曲的行列中。

历史风情，具有浓厚的地域特色。

开创这种文学体裁的就是屈原。汉代时，刘向把屈原的作品及宋玉等人"承袭屈赋"的作品编辑成集，名为《楚辞》，成为继《诗经》以后，对我国文学具有深远影响的一部诗歌总集，并且是我国第一部浪漫主义诗歌总集。

相比同时期的《诗经》，楚辞犹如一座宝藏丰富、风景秀丽的大

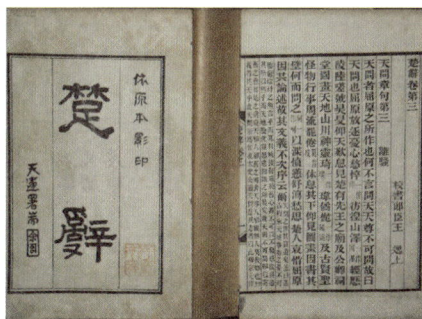

《楚辞》

屈原

山，横看成岭侧成峰，展现出不凡的成就和独特的风姿。

屈原（约公元前339—约前278），战国末期出生于今湖北秭归一个楚国贵族家庭。

楚怀王时期，屈原出任左徒。他怀着一种初生牛犊不怕虎的气魄和胆略，极力主张改革政治，破旧除弊。经过屈原的一系列改革，楚国一度出现国富兵强、诸侯威震的局面。但是，屈原的改革主张遭到旧贵族的诬陷嫉妒和秦国的离间挑拨，屈原为怀王所疏远，郁郁不得志，被迫离开郢都。楚顷襄王三年（公元前296年），屈原被放逐于江南，长期流浪于沅、湘一带。

屈原目睹楚国政治日益腐败，亡国就在眼前，自己又无能为力；他既不能拯救祖国，又不愿远离自己的故土和人民，心情十分痛苦和矛盾。于是，只有吟诗呐喊，才能抒发他心中的感受。

有一天，他在江边走着，迎面来了一位老渔翁。老渔翁见他满脸愁容，形体消瘦，便问道："你不是三闾大夫吗？为什么在这里唉声叹气？"屈原回答说："老人家，你知道吗？整个朝廷都很混浊，只有我一个人是纯洁的；众多的官僚都昏庸似醉，只有我一个人是清醒

的。我不和他们同流合污，因此被流放到这里了。"渔翁默默无语。

屈原一边在江边漫步，一边赋诗表达忧愤的心情，面对滚滚东逝的江水，触景生情，感慨万分。他大声地吟诵：

……

岂余身之惮殃兮（我并不怕自己的身子要遭殃）

恐皇舆之败绩（我怕的是君王的乘舆要被毁坏）

……

哀民生之多艰兮（我哀怜人民的生活多么艰苦）

长太息以掩涕（我长久叹息地禁不住热泪双流）

屈原想到自己为振兴楚国推行政治改革却遭到无情打击，心中极为悲愤，但并不因此而后悔。他向苍天和大地表白：

亦余心之所善兮（只要内心认为是正确的）

虽九死其犹未悔（纵使是死上九回，我也绝不后悔）

……

屈原边走边吟的这首诗，就是中国文学史上的不朽之作《离骚》。

《离骚》是中国古代最为宏伟的抒情诗篇，采取夸张、比兴手法，是现实主义与浪漫主义高度结合的

杰作，由此奠定了楚辞的历史地位。后人称楚辞为"骚"，称屈原诗歌为"屈骚"。楚辞对后代文学创作产生了深远的影响。

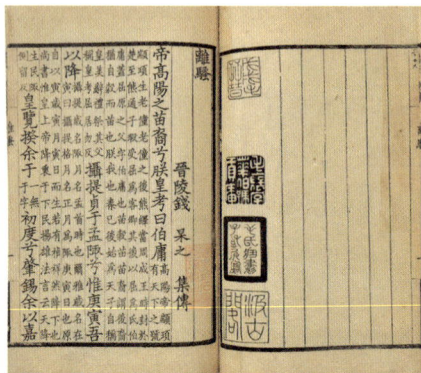

《离骚》

屈原作《离骚》前后，还写了许多不朽的诗篇，流传至今的有《九章》《九歌》《天问》等20余篇。

《九章》主要记述屈原生活的片断，表现了对祖国的无限热爱和对腐朽没落政治的极度痛恨，多直抒胸臆，感情炽烈，具有强烈的感染力。

《九歌》是一组祭祀所用的乐歌，想象丰富，语言精美，充满浪漫气息，具有极强的艺术魅力。

《天问》是屈原又一首长诗，充满了理性批判精神，堪称探究自然宇宙、天地万物的长篇哲理诗。

这些不朽的诗篇，千古流传，成为中国文学史上的璀璨明珠，"逸

响伟辞，卓绝一世"。

屈原之后，楚国还有宋玉、唐勒、景差等人继续从事楚辞创作。其中，唯有宋玉能够将屈骚精髓薪火相传。因此，后人将宋玉和屈原相提并论，以"屈宋"并称。

以屈原、宋玉等为代表的荆楚诗人创作的楚辞文学体裁，与《诗经》共同构成中国诗歌乃至整个中国文学的两大源头。

唐诗宋词

在盛世唐朝的诸多伟大成就中，唐诗创作奇峰特立，至少产生了有姓名记载的诗人2300多位，创作近5万多首诗作，并且还涌现出世界级大诗人李白、杜甫、白居易

等。李白以豪迈奔放的热情、生动轻快的语言，写下许多描绘祖国壮丽山河景色的诗歌，被后人称为"诗仙"；杜甫写了许多反映社会矛盾和现实生活的诗歌，后人称他的诗为"诗史"；白居易的诗深入浅出，通俗易懂，在民间流传很广。

唐诗代表了中华诗歌创作的最高成就，是中华文化最珍贵的遗产，无疑也是世界文化发展史上一座巍峨耸立的高峰。所以，鲁迅说："我以为一切好诗，到唐朝已被做完，此后倘非翻出如来掌心之'齐天大圣'大可不必再动手了。"

如果打开《全唐诗》，我们就会发现，在唐代诗坛，出自长江流域的著名诗人，咏唱长江流域风物

李白

杜甫

白居易

的唐诗，均占有相当比例。我们仅以地处长江中游的荆楚地区为例说明：

唐代诗坛上，湖北籍诗人风骚独领，地位不可小觑，其代表人物有孟浩然、岑参、张继、皮日休等。

孟浩然

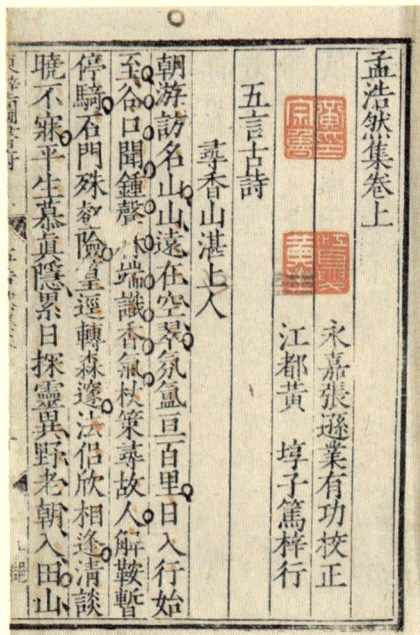

《孟浩然集》

孟浩然（公元689—740年），襄州襄阳（今湖北襄阳）人，开盛唐山水田园诗派之先河，留下不少脍炙人口的名句，如"春眠不觉晓，处处闻啼鸟。夜来风雨声，花落知多少"等。

岑参（公元715？—770年），荆州江陵（今湖北江陵）人，是盛唐最富盛名的边塞诗人之一，与高适齐名，并称"高岑"，开一代诗风。

岑参

张继，也出自襄阳，以一首《枫桥夜泊》而名垂诗坛，诗韵钟声，千古传诵。

张继《枫桥夜泊》诗碑

皮日休，襄阳人，是唐朝诗人群体中的一个"异类"。他以一介书生的文弱身躯，参加唐末农民大起义，冲锋陷阵。鲁迅评价皮日休"是一塌糊涂的泥塘里的光辉的锋芒"。

皮日休

此外，李白、杜甫、元稹、白居易等也都曾游历荆楚并写下大量诗篇。

据不完全统计，唐代诗人出自荆楚地区的诗篇达 2000 多首，就一个地区产生诗作的数量来说，仅次于首都长安。尤其是李白，在安陆娶妻生子，盘桓湖北长达 10 余年。这就是他自谓的"酒隐安陆，蹉跎十年"。其后他虽移居别处，但又多次到过湖北。在他长达 37 年的书剑飘零生涯中，在湖北前后度过了十二三年之久。在他流传下来的900 多首诗中，描写楚地风情或写于楚地的就有近 200 首。湖北有幸成为"诗仙"李白的第二故乡。

灿若群星的长江流域诗人为唐代文坛书写了精彩的一章。

宋词以姹紫嫣红、千姿百态的神韵，与唐诗争奇，与元曲斗艳，代表了中国古代文学创作的最高水平，是中华民族弥足珍贵的文学遗产。

同样，宋代著名词人如范仲淹、柳永、欧阳修、王安石、苏轼、黄庭坚、李清照、陆游、辛弃疾等，皆为一代宗师。他们大部分出生、生活在长江流域，他们的词作风格各异，如苏轼的词豪迈奔放，陆游的词纤丽雄慨，辛弃疾的词慷慨激昂，李清照的词清新婉约；他们词作描写的对象，大多为长江风物。如苏轼"一词二赋"（《赤壁赋》《后赤壁赋》和《念奴娇·赤壁怀古》）

苏轼

就是他寓居黄州期间所作，后来成为中国文学史上的千古绝唱。

明清小说

小说创作在明清两代异军突起。明清小说的最高成就，是"四大名著"即《三国演义》《西游记》《水浒传》和《红楼梦》，代表了中国古代白话小说的艺术高峰。

罗贯中的《三国演义》是我国第一部长篇历史小说，形象地再现了魏、蜀、吴三国盘根错节的政治、军事和外交斗争。另外，小说还塑造了许多不同性格的典型人物，如神机妙算的诸葛亮、义薄云天的关羽、奸诈多疑的曹操等，给读者以深刻的印象。

吴承恩的《西游记》是根据长期流传民间的唐僧取经故事而创作的一部神话小说，作者以浪漫主义的手法，成功塑造了孙悟空、猪八戒、唐僧等许多栩栩如生的形象。

施耐庵的《水浒传》也是一部长篇历史小说，根据民间流传的北宋末年宋江起义的故事创作而成，书中揭露了封建社会的黑暗与矛盾。

长江文明卡片

描写长江的诗句选

★孤帆远影碧空尽，惟见长江天际流。——李白

★天门中断楚江开，碧水东流至此回。——李白

★山随平野尽，江入大荒流。——李白

★黄云万里动风色，白波九道流雪山。——李白

★朝辞白帝彩云间，千里江陵一日还。——李白

★无边落木萧萧下，不尽长江滚滚来。——杜甫

★星垂平野阔，月涌大江流。——杜甫

★日出江花红胜火，春来江水绿如蓝。——白居易

★江流天地外，山色有无中。——王维

★尽日不分天水色，洞庭南是岳阳城。——崔季卿

★阁中帝子今何在？槛外长江空自流。——王勃

★长江一帆远，落日五湖春。——刘长卿

★惆怅南朝事，长江独自今。——刘长卿

★大江东去，浪淘尽，千古风流人物。——苏轼

★我住长江头，君住长江尾。日日思君不见君，共饮长江水。——李之仪

★滚滚长江东逝水，浪花淘尽英雄。——杨慎

★才饮长沙水，又食武昌鱼。万里长江横渡，极目楚天舒。——毛泽东

曹雪芹的《红楼梦》是诞生于封建社会末期的一部深刻批判封建制度的长篇小说，是我国古代白话小说创作的巅峰之作，同时在世界文学史上也占有重要的地位。

巧合的是，四大名著的作者皆出自长江流域，其中罗贯中是钱塘（今浙江杭州）人，吴承恩是江苏淮安人，施耐庵系江苏苏州或兴化人或大丰人，曹雪芹虽然祖籍辽阳，但也出生在金陵（南京）。

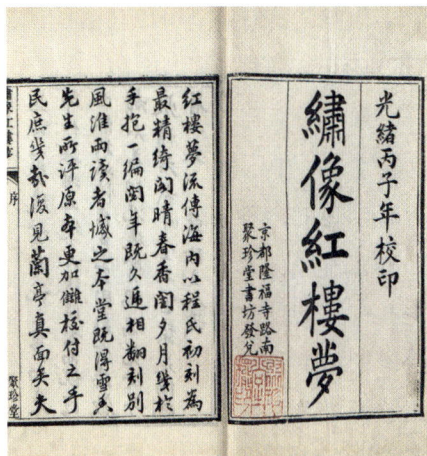

《红楼梦》

长江文明卡片

数字中的长江文化

中国古代往往喜欢将一个时期内文风相近的创作群体集体命名，如"建安七子"、"唐宋八大家"等。

建安七子：是东汉建安年间七位文学家的合称，包括孔融、陈琳、王粲、徐干、阮瑀、应玚、刘桢。

竹林七贤：是指三国时期嵇康、阮籍、山涛、向秀、刘伶、王戎及阮咸七人，因常聚在竹林之下喝酒、纵歌，肆意酣畅，因而得名。

初唐四杰：是中国唐代初期四位文学家王勃、杨炯、卢照邻、骆宾王的合称，简称"王杨卢骆"。

唐宋八大家：唐宋时期八位著名散文作家的合称，即韩愈、柳宗元、苏洵、苏轼、苏辙、王安石、欧阳修、曾巩。

明代江南四大才子：指明代时生活在苏州的四位才华横溢且性情洒脱的文化人，一般认为是指唐伯虎、祝枝山、文徵明、徐祯卿。

中国民间四大传说：《牛郎织女》《孟姜女寻夫》《梁山伯与祝英台》《白蛇与许仙》。

中国十大古典悲剧：《窦娥冤》《赵氏孤儿》《精忠旗》《清忠谱》《桃花扇》《汉宫秋》《琵琶记》《娇红记》《长生殿》《雷峰塔》。

中国十大古典喜剧：《救风尘》《玉簪记》《西厢记》《看钱奴》《墙头马上》《李逵负荆》《幽阁记》《中山狼》《风筝误》。

中国四大名著：《三国演义》《水浒传》《西游记》《红楼梦》。

从这些数字中，我们也可以看出长江流域对中国文化的贡献。

因此，我们完全可以自豪地说，4 位长江作家奠定了中国文学史上四座巍峨的丰碑。

总之，中国古代文学源远流长，有着丰富的内容，多样的形式和独创的艺术风格，形成了繁花似锦、色彩绚丽的艺术园地，是我国文化遗产中的奇珍异宝。这其中，长江流域为之增色无穷。

第二节　旋律流淌，长江之歌

音乐是反映人类情感的一种古老的艺术形式。

中国古代音乐五音齐备，旋律优美，以"此曲只应天上有"的艺术魅力，演绎了一曲七彩缤纷的中华乐章。

中国古代音乐的早期历史，古代文献一般追溯到黄帝时代。实际上，早在黄帝之前，中国古代先民早就有意识地从事音乐活动了。

2001 年，考古学家在长江三峡奉节县云雾乡兴隆洞发现了一批古人类化石，其年代为距今 14 万年。最让人惊奇的是，其中还发现一小段石钟乳，经研究认为是当时人类制作的可以吹奏发声的石哨，它应该是一件人类最早的乐器，在中国音乐发展史上意义重大。

进入新石器时代后，中国先民的音乐活动更加丰富多彩。新石器时期的乐器，有哨、埙、陶钟、磬、鼓、铃等。如湖北新石器时期遗址里曾出土不少陶球和陶铃，陶球形状各异，有的还有手柄，外部装饰各种纹饰和色彩。陶球内装石子，轻轻摇动，即可发出响声。陶铃器身为椭圆形，顶面有并列两穿孔，可作穿绳吊挂之用。对于陶球和陶铃的用途，有研究者认为，它们应该是乐器之类的娱乐工具。

陶球

陶铃

先秦是中国古代音乐发展的一个黄金期，音乐艺术取得了长足的进步。曾侯乙编钟代表了这个时期长江流域、中国乃至世界音乐艺术的最高成就。

1978年，考古工作者在湖北随州市发掘的曾侯乙墓，是20世纪中国100项重大考古发现之一。

曾侯乙编钟

曾侯乙编钟全套共65件，分三层八组悬挂在呈曲尺的铜、木结构钟架上。每件钟均能奏出双音。全套编钟有五个半八度，十二个半音齐备，可以旋宫转调，音阶如现今通行的C大调，能演奏五声、六声或七声的乐曲。

在曾侯乙编钟上，还刻有错金铭文2828字，被专家学者称之为"一部珍贵的音乐理论论著"、"一部不朽的古代乐律学典籍"。

1978年8月1日，这是一个值得纪念的日子。这天下午，历史上的第一场、也是唯一一场曾侯乙编钟原件演奏音乐会在随州驻军某部礼堂举行。这是沉寂了2400多年的曾侯乙编钟重新向世人发出它那雄浑而又浪漫的千古绝响。

曾侯乙编钟"首秀"的曲目充分体现了"古今中外"的原则：《东方红》开篇，接下来依次是古曲《楚殇》、外国名曲《一路平安》、中国民歌《草原上升起不落的太阳》，最后以《国际歌》落幕。演出结束时，掌声雷动。

1997年7月1日，在香港政权交接仪式庆典音乐会上，作曲家谭盾与大提琴家马友友合作，演出大型交响曲《1997：天地人》，西洋乐器大提琴与传统金石之声曾侯乙编钟（复制件）交相唱和，仿佛一曲跨越千年的吟唱。这是世纪的强音，更是

谭盾

中华民族伟大复兴的呐喊。

马友友

曾侯乙编钟的出土，轰动了全世界，国外学者称之为"精神世界的圣山"、"文明古国的象征"。世界各国的音乐家、政界名流在耳闻目睹曾侯乙编钟后，无不为之深深折服。

曾侯乙编钟是我国现存最大、保存最完整的一套大型编钟，是世界音乐史上的一次空前发现，以其铸造之精、保存之好、音律之全、音域之广、音色之美，被称为"古代世界的第八大奇观"。

与世界其他地区一样，中国古代舞蹈和音乐密不可分。中国古代将音乐、舞蹈结合的艺术形式称为

长江文明卡片

古琴

古琴，原名"琴"或"七弦琴"，音域宽广，音色深沉，余音悠远，是中国最古老的弹拨乐器，有着3000多年的悠久历史。

古琴也是中国古代地位最崇高的乐器，被誉为哲学性的艺术或艺术性的哲学，位列"琴棋书画"四艺之首，一直是中国古代文人必备的知识和必修的科目。

中国古琴十大名曲包括《潇湘水云》《广陵散》《高山流水》《渔樵问答》《平沙落雁》《阳春白雪》《胡笳十八拍》《阳关三叠》《梅花三弄》和《醉渔唱晚》。

无论是从古琴的诞生、古琴的存世、古琴谱的传承，还是从古琴名家的涌现等方面看，长江流域占尽风流。

2003年，中国古琴入选联合国第二批"人类口头和非物质遗产代表作"名录。

八音：古代乐器的统称。古人按材料的不同，把乐器分为八类，分别为金、石、土、革、丝、木、匏、竹。

五声：也称"五音"，指我国古代高低不同的各种音阶，即宫、商、角、徵、羽，相当于现行简谱上的1、2、3、5、6。

六律：我国的古代律制，实则十二律，即古乐的十二个调。律，本来指用来定音的竹管。古人用十二个长度不同的律管，吹出十二个高度不同的标准音，以确定乐音的高低。

十大古曲：《高山流水》《梅花三弄》《春江花月夜》《汉宫秋月》《阳春白雪》《渔樵问答》《胡笳十八拍》《广陵散》《平沙落雁》《十面埋伏》。单看这十大古曲的名称，就已经心驰神往，再加上由中国传统乐器演奏，音色优雅，中国韵味之美，尽显无遗。

编钟乐舞

"乐舞"。宋元以后，随着戏剧的发展，音乐舞蹈和戏剧结合，成为一种新的综合表演艺术，有许多著名的戏剧表演家，同时也是著名的音乐舞蹈家。长江流域在这个领域同样取得了令人瞩目的成就。

第三节 争奇斗艳，长江戏曲

中国传统戏曲有着源远流长的历史，百花争艳，绚烂至美，对中华民族的文化有着深厚的影响。中国传统戏曲表演形式载歌载舞，有说有唱，有文有武，集"唱、念、做、打"于一体，独树一帜。中国传统戏曲与古希腊悲喜剧、印度梵剧并称世界三大古剧，在世界戏曲文化的大舞台上闪烁着耀眼夺目的艺术光辉。

中国传统戏曲不仅历史悠久，形式丰富，而且剧种、剧目繁多。据不完全统计，中国各地方戏曲剧种有360多种，传统剧目数以万计。中国比较著名的戏曲种类有：京剧、昆曲、越剧、豫剧、粤剧、川剧、秦腔、评剧、晋剧、汉剧、楚剧、河北梆子、湘剧、黄梅戏、湖南花鼓戏等。上述剧种中，就包含很多发源于长江、流行于长江的剧种，如藏剧、川剧、傩戏、楚剧、汉剧、昆曲、黄梅戏、湖南花鼓戏、越剧、沪剧等。

长江文明卡片

中国古代戏曲简史

中国传统戏曲最早是远古先民从模仿劳动的歌舞中产生的。唐代中后期，我国戏曲快速发展，戏曲艺术逐渐形成。

宋代的"杂剧"、金代的"院本"和讲唱形式的"诸宫调"，从乐曲、结构到内容，为元代杂剧打下了基础。

元代，戏曲空前发展，涌现出了一大批杰出的戏曲作家与作品，如"元曲四大家"等。同时，在民间，戏曲演出活动十分活跃，标志着我国传统戏曲进入成熟阶段。

明代万历年间是中国古代戏曲史上继元代杂剧繁荣以后的又一个黄金时期，戏曲创作与戏曲演出非常繁荣。

清康熙年间，由"南洪（洪昇）北孔（孔尚任）"创作的传奇《长生殿》和《桃花扇》，合称"双璧"，成为中国古代戏曲的完美结束。

在中国传统戏曲发展进程中，才华横溢的长江流域戏曲家为中国传统戏曲的繁荣作出了重要贡献。在此，我们仅仅对优孟和汤显祖作一简要介绍。

"戏剧鼻祖"优孟

优孟，春秋时期楚宫廷艺人。为人正直，善辩多才。优孟常常在谈笑之间对君王进行讽谏，充分展现了他的高超智慧。

优孟

楚国令尹孙叔敖位居高位，但两袖清风，廉洁自守，家里没有一点多余的积蓄。孙叔敖死后，家中更为贫困，他的儿子以打柴维持生活，日子过得十分艰难。

优孟听说这件事后，钦佩之情油然而生，同时心中也非常不安，他决定帮帮孙叔敖的后人。

于是，优孟就身着孙叔敖生前

穿过的衣帽，和孙叔敖的儿子朝夕相处，仔细揣摩孙叔敖的神情、声调。渐渐地，他模仿得维妙维肖，像极了孙叔敖。

一年以后，楚庄王摆酒宴，优孟应邀出席。优孟一出场，庄王大吃一惊，以为孙叔敖死而复生，决定再度拜他为相。优孟乘机向庄王陈述孙叔敖生前廉洁自守，有功于国，死后妻儿贫穷困顿的情况。楚庄王听了优孟的话，立即召见孙叔敖之子，将一块土地分封给孙叔敖的儿子。

优孟的这次表演就是成语"优孟衣冠"的来源，优孟也被尊奉为中国古代戏剧的鼻祖。

"东方莎士比亚"汤显祖

汤显祖（公元1550—1616年），明代戏曲家、文学家，江西临川人。

在汤显祖多方面的成就中，以戏曲创作为最，其戏剧作品《牡丹亭》《紫钗记》《南柯记》和《邯郸记》合称"临川四梦"，其代表作《牡丹亭》所塑造的杜丽娘形象，深入人心。这些剧作不但为中国人民所喜爱，而且也传播到英、日、德、俄等很多国家，被视为世界戏剧艺术的珍品。

1946年，剧作家赵景深认为汤显祖和莎士比亚有5个相同点：一是生卒年几乎相同（前者公元1550—1616年，后者公元1564—1616年）；二是同在戏曲界占有最高的地位；三是创作内容都善于取材他人著作；四是不守戏剧创作的清规戒律；五是剧作最能哀怨动人。

1959年，剧作家田汉到江西临川汤显祖故居参观并作诗："杜丽如何朱丽叶，情深真已到梅根。何当丽句锁池馆，不让莎翁在故村。"认为汤显祖与莎士比亚旗鼓相当，杜丽娘与朱丽叶不相上下。

此后，汤显祖也被誉为"东方莎士比亚"。

汤显祖

"百戏之祖" 昆曲

元末明初，在苏州昆山千灯镇的石板街，自称"风月散人"的顾坚与好友常在家中赋词吟曲，久而久之，就形成了昆山腔。

到明代嘉靖年间，熟悉音律的魏良辅把昆山腔与当时流行的余姚腔、海盐腔及其他江南小调相融合，演变成了昆曲，又称"昆腔"、"昆剧"，并从此盛行200多年。

昆曲不仅形成较早，而且剧目丰富多彩，熔诗、乐、歌、舞于一炉，是中国戏曲艺术的集大成者。

200多年间，昆曲顺着长江水在整个长江流域广泛流传，还在全国形成许多支脉，如北方的昆弋、湘昆、川昆等，对于京剧、越剧、川剧等剧种影响深刻，昆曲也因此被称为"百戏之祖"。

到清朝末年，市民阶层崛起，舒缓、惆怅的昆曲曲调与当时的社会格格不入，于是昆曲渐渐成了"隔世之音"。

昆曲清丽柔婉、细腻抒情，表演载歌载舞，程式严谨，是中国古典戏曲的代表之一。2001年5月18日，昆曲被联合国教科文组织评为首批"人类口头和非物质文化遗产"。

如今，在昆曲的故乡人眼里，昆曲的百转千回和园林的动静曲折原本就是一脉相承：园林是看得见的昆曲，昆曲是听得到的园林。

京剧与长江流域戏曲

在异彩纷呈的中国众多传统戏曲剧种中，京剧的名气最大、影响最深，被称为"国剧"。

京剧是在清代地方戏高度繁荣的基础上产生的。清乾隆年间，原在南方演出的三庆、四喜、春台、和春四大徽班陆续进入北京，与此同时，湖北罗田人余三胜率领的汉调艺人也在京城演出，徽汉合流，同时接受了昆曲、秦腔的部分剧目、曲调和表演方法，又吸收了一些其他地方民间曲调，通过不断的交流、融合，最终形成京剧。

余三胜

京剧形成后，深受欢迎，一跃成为一个有着全国影响的剧种，也将中国传统戏曲艺术推进到一个新的高度。如今，京剧以北京为中心，遍及中国，远播海外，成为传播中国传统文化的重要手段，所以也称为"国粹"、"国剧"。2010 年 11 月 16 日，京剧被联合国列入"人类非物质文化遗产代表作名录"。

长江流域艺人不仅对京剧形成有功，而且在京剧发展中同样大放光芒。

谭鑫培，湖北武汉江夏人，自幼随父亲进京学艺。谭鑫培博采众长，以其独具特色的"云遮月"的嗓音，创造了飘逸洒脱、悠扬婉转的"谭派"唱腔，为京剧老生表演艺术开拓了新天地，影响深远。

谭鑫培

谭鑫培有八男二女，第五子谭小培及谭小培的儿子谭富英，均为"谭派嫡传"。谭富英的儿子谭元寿以扮演《沙家浜》中的郭建光而家喻户晓。谭元寿的儿子谭孝曾、谭孝曾的儿子谭正岩，都是谭派文武老生，谭门成为戏曲界少见的绵延七代的梨园世家。

余叔岩是余三胜之孙，曾拜谭鑫培为师。余叔岩继承谭派艺术并有较大的发展创造，形成独特的风格，成为"新谭派"的代表人物，人称"余派"。他还与马连良、高庆奎、言菊朋合称"四大须生"。

余叔岩

但是，若论对中国京剧贡献最大、声望最高的艺术家，则非原籍长江流域的梅兰芳先生莫属。

梅兰芳，原籍江苏泰州，公元1894 年 9 月 24 日出生于北京一个梨园世家。8 岁，梅兰芳开始学戏。第一出开蒙戏《二进宫》，老师反复教他，仍不能上口。先生将梅兰芳叫到跟前斥责说："祖师爷没给你这碗饭吃，我也没办法。"说完，先生拂袖而去，不再教他了。

先生的话像一根针刺疼了梅兰芳的心，他暗下决心，非闯出个样子来不可。苦练基本功，使梅兰芳受益甚大。1904 年，10 岁的梅兰芳第一次登台，便崭露头角，最终红遍大江南北。

梅兰芳

泰州梅兰芳史料陈列馆

新中国成立后，梅兰芳孜孜不倦地为中国京剧艺术的发展辛勤工作，艺术生命焕发了第二次青春。1961 年 8 月 8 日，一代宗师梅兰芳先生因病逝世，享年 67 岁。

梅兰芳先生在 50 余年的舞台生活中，精心钻研，勇于革新，创造了众多优美的艺术形象，积累了大量优秀剧目，集京剧旦角艺术之大成，融青衣、花旦、刀马旦行当为一炉，创造出独特的表演形式和唱腔，世称"梅派"。梅兰芳还与程砚秋、尚小云、荀慧生合称"四大名旦"。

梅兰芳先生的经典剧目有《贵妃醉酒》《霸王别姬》《洛神》《宇宙锋》《穆桂英挂帅》《抗金兵》等。梅派艺术深受国内广大群众的喜爱，在国际上享有盛誉，并与原苏联戏

长江文明卡片

京剧行当

京剧行当分为生、旦、净、丑四大类型。

生：除了花脸以及丑角以外的男性正面角色的统称。

旦：女性正面角色的统称。

净：俗称花脸，大多是扮演性格、品质或相貌上有些特异的男性人物。

丑：扮演喜剧角色，因在鼻梁上抹一小块白粉，俗称小花脸。

剧家斯坦尼斯拉夫斯基、德国戏剧家布莱希特共同开创了世界戏剧三大表演体系。

长江文明卡片

京剧脸谱

京剧脸谱是京剧演员面部化妆造型的一种艺术形式，被公认为是中华传统文化的标识之一。京剧脸谱常用的颜色，有红、白、黑、绿、蓝、黄、紫和金、银等，脸谱色彩有一定的内容和含义，从中可以看出角色人物的性格特征。

红色，象征忠义、勇武，富有血性，如关羽；

紫色，表现稳健、持重，如杨延昭；

黑色，表现公正无私，如包公；也表现暴躁、鲁莽、耿直，如张飞；

白色，大多表现阴险、狡猾、居心叵测，如曹操、赵高；

黄色，一般表现性格猛烈，如廉颇；

褐色和粉红色，表现比较正直的老人；

银色，用于神仙一类人物，如如来佛、二郎神等。

第四节 翰墨丹青，长江书画

中国书画艺术丹青璀璨，翰墨飘香，琳琅满目，精彩纷呈。无论在内容、形式，还是表现手法上，长江流域书画艺术自有体系，意境悠远，成就突出。

历史上，长江流域书画名家不断涌现，书画名作令人叹服。

长江流域书画名家如曹不兴、王献之、陆机、陆探微、张僧繇、萧绎、董源、巨然、周文矩、张旭、怀素、米芾、欧阳询、苏轼、黄庭坚、赵孟頫、董其昌、仇英、蓝瑛、徐渭、唐寅、八大山人、石涛、郑板桥、任伯年、何绍基、邓石如、赵之谦……以及齐白石、潘天寿等，都是中国书画史上顶天立地的巨匠，万世流芳。

长江流域书画名作始自战国帛画、秦汉画像石和画像砖，其后如《兰亭序帖》《真草千字文》《九成宫醴泉铭》《书谱》《自叙帖》

战国帛画

《黄州寒食诗帖》《蜀素帖》《女史箴图卷》《韩熙载夜宴图卷》《泼墨仙人图轴》《富春山居图卷》《六君子图轴》……可谓洋洋大观，令人叹为观止。

长江文明卡片：

《富春山居图》的故事

《富春山居图》是元朝画家黄公望为郑樗（无用师）所绘，"中国十大传世名画"之一。

明朝末年，该画传到收藏家吴洪裕手中，吴洪裕极为喜爱此画，甚至在临死前下令将此画焚烧殉葬，被吴洪裕的侄子从火中抢救出，但此时画已被烧成一大一小两段。较长的后段称《无用师卷》，现藏台北故宫博物院；前段称《剩山图》，现藏浙江省博物馆。

2010年3月14日，时任国务院总理温家宝在回答台湾记者提问时讲了一个故事："元朝有一位画家叫黄公望，他画了一幅著名的《富春山居图》，79岁完成，完成之后不久就去世了。几百年来，这幅画辗转流失，但现在我知道，一半放在杭州博物馆（浙江省博物馆在杭州市），一半放在台北故宫博物院，我希望两幅画什么时候能合成一幅画。画是如此，人何以堪。"温总

理的话，充满了对两岸"血浓于水"同胞情谊的深情寄托。

2011年6月1日上午10时，"山水合璧—黄公望与富春山居图"特展在台北故宫举行。分隔360年之后，浙江省博物馆馆藏的《富春山居图》（剩山图）与台北故宫博物院院藏的《富春山居图》（无用师卷）终于相逢。

2013年，由刘德华、林志玲等主演的电影《天机·富春山居图》艺术地再现了这幅名画背后的传奇。

《富春山居图》（局部）

"书圣"王羲之

三国魏晋南北朝时期，书法家创造出风格多样、繁花似锦的书法艺术。三国时期，楷书成为书法艺术的主体。楷书又名正书、真书，由钟繇所创。晋时书法大家辈出，尤以"二王"（王羲之、王献之）

名气最盛，"书圣"王羲之吸收汉魏以来各家的精华，集书法之大成，其行书《兰亭序》笔势飘若浮云，矫若惊龙，被誉为"天下第一行书"。

王羲之

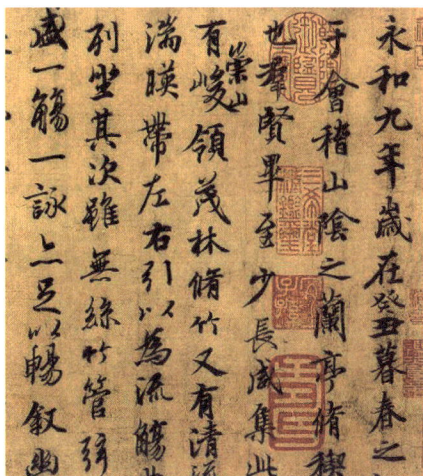
《兰亭集序》（局部）

长江文明卡片

王羲之妙书春联

春节快到了，王羲之书写了一副春联，让家人贴在大门两侧。对联是："春风春雨春色；新年新岁新景。"

不料，因为王羲之书法盖世，名声在外，春联刚一贴出，即被人趁夜揭走。家人告诉王羲之后，王羲之也不生气，提笔又写了一副，让家人再贴出去。这副写的是："莺啼北星；燕语南郊。"

谁知天明一看，又被人揭走了。可这天已是除夕，第二天就是大年初一，眼看左邻右舍家家户户门前都挂上了春联，唯独自己家门前空空落落，家人急得团团转。

王羲之想了想，微微一笑，又提笔写了一副，写完后，让家人先将对联剪去一截，把上半截先张贴于门上："福无双至；祸不单行。"

果然，又有人趁着夜色来偷揭春联，可一看，这副春联太不吉利。来人叹了口气，走了。

初一早晨天刚亮，王羲之亲自出门将昨天剪下的下半截分别贴好，大家一看，对联变成："福无双至今朝至；祸不单行昨夜行。"众人看了，拍掌称妙。

"画状元"吴伟

吴伟，明代湖北江夏（今湖北武汉）人。父亲早逝，年幼时被湖广布政使钱昕收养。吴伟从小就流露出绘画天赋，7岁时画了一幅画，并题字："白头一老子，骑驴去饮水。岸上蹄踏踏，水中嘴对嘴。"令老师十分惊讶。后来，吴伟的画名逐渐传开，并以画供奉内廷，得赐"画状元"。在他的号召下，形成兴盛一时的"江夏派"。

"扬州八怪"

"扬州八怪"是清代中期活跃于扬州地区一批风格相近的书画家总称，或称扬州画派。

"扬州八怪"究竟指哪些画家，说法不尽一致。还有人说"扬州八怪"实际上不止八个人，但较为公认的是指金农、郑燮、黄慎、李鱓、李方膺、汪士慎、罗聘、高翔、边寿民等人。

"扬州八怪"究竟"怪"在哪里，说法也不一。大致分析，应该是指这个群体都有坎坷波折的身世和特立高标的品行，同时在艺术上都有着独辟蹊径的立意、不落窠臼的技法和挥洒自如的笔锋。

文房四宝

长江流域对中国书画艺术的另一个大的贡献，就是文房四宝。

所谓文房四宝，是指中国传统文化中的文书工具，即笔、墨、纸、砚。

文房四宝制作历史悠久，品类繁多，历代都有著名的制品和艺人。自宋朝以来，"文房四宝"则特指湖笔、徽墨、宣纸和端砚，即浙江吴兴（原为湖州府治）的湖笔，歙县（原徽州府治）的徽墨，安徽泾县（原属宁国府，产纸以府治宣城为名）的宣纸，广东高要（原为肇庆府治，古名端州）的端砚。可以看出，在中国文房四宝中，长江流域就占有三席，即湖笔、徽墨和宣纸。此外，出产于安徽歙县的歙砚与端砚齐名，位居中国四大名砚之列。

在古代中国，文房四宝总是同文人士大夫的书斋生活相关，文人士大夫赋予了它们深沉含蓄的魅力，它们也成就了历代文人温文儒雅、挥洒激扬的风采。

中国书画艺术挥洒笔墨于尺幅，抒发人生感悟，展现心中"至善至美"的世界，丹青璀璨，翰墨飘香，琳琅满目，流光溢彩，具有深厚的文化传统和独特的民族韵味，彰显着古老中国的人文灵性与魅力。这其中，长江流域孕育了中国书画的精气神韵，培养了中国书画的名家巨匠，在中国书画史上写下了浓墨重彩的一章。

第十三章
精妙技艺

生活之本，技艺之妙。在漫长的历史进程中，长江儿女巧夺天工，富于创造，发明了许多源于生活、利于生活、装点生活的各种工艺与制造。它们种类繁多，工艺精湛，如漆器、玉器、瓷器、丝织刺绣、紫砂等，不胜枚举。

长江流域人民在不同的时代，在不同的环境中，在日积月累的日常生活中，创造了诸多覃思妙构与发明创造，成为时光永远抹不去的精致与优雅，其中有些创造不仅成为长江文化的特色，也一跃成为中华文化的元素符号，傲然而立。

总之，长江流域传统工艺创造以其悠久的历史、别具一格的风范、高超精湛的技艺和丰富多样的形态，不仅成为中华民族造型艺术的重要组成部分，也在人类文化史上谱写了充满智慧和灵性的篇章。

第一节 十指春风，妙手天成

众所周知，中国是世界丝绸文化的发源地，中国丝绸文化几乎是与中国文明同时产生的，而且与中国文明同步发展。

有学者研究指出，较之黄河文明，新石器时代的长江文明在稻作、蚕丝、麻纺、髹漆、治玉及干栏式居所等6个方面更是独擅风流，领先同侪。

在这里，我们特别提到了长江流域的蚕丝与麻纺两大要素。在长江文明的宝库里，长江丝织刺绣技术先进，花样百出，可谓是"乱花渐欲迷人眼"，长江丝织刺绣文化是中华文明的重要组成部分。

钱山漾遗址发掘现场

考古资料表明，早在六七千年前，长江流域先民就和黄河流域先民一样，已经初步认识并且开始利用动物纤维和植物纤维如蚕丝、麻、葛等作为人类早期服装的面料。浙江钱山漾遗址就是最好的说明。

钱山漾遗址出土丝织物残片

在认识蚕丝、葛、麻这些动物纤维和植物纤维的特性以后，先民不约而同地选择了纺轮作为纺绩纤维的工具。纺轮可以说是人类最早使用的纺线工具，是现代纺织业里广泛使用的纺锭的鼻祖。长江流域新石器时代遗址出土的纺轮，不仅数量多，而且制作精美，很多纺轮上都刻有纹饰或施以不同颜色的彩绘，光彩夺目，令人爱不释手。精心彩绘、充满艺术气息的彩陶纺轮，似乎也昭示了长江文明浪漫主义放达的先声。

继纺轮之后，长江流域的先民在掌握并使用原始纺机方面又一次走在了中华民族的前列。

在距今 6000 多千年前的余姚河姆渡遗址，在众多的出土文物中，我们非常惊喜地发现了一批木器，包括木刀、圆木棒、木杆等，它们做工精细、形制规则、保存完好。经过对比研究，它们与目前生活在云南的彝族、海南的黎族仍在使用的织布腰机上的构件几乎一模一样，应当是原始腰机上的打纬刀、卷布木辊和提综木杆。这些出土的木器基本上可以成功复原为一架性能完好、工作正常的腰机。

余姚河姆渡遗址出土的原始腰机，说明至少在新石器时代早期，长江流域的纺织技术已经走在中国的前列。因为原始腰机的出现，表明真正意义上的纺织技术的诞生。自此，人类才正式踏入穿着服用纺织品的时代，这是一个划时代的标志，意义非凡。

所以，无论从养蚕、缫丝、原始人工纺织以及原始机织等方面来看，长江流域均开风气之先，长江流域也因此理所当然地成为中国丝织刺绣的摇篮。

夏商周特别是商周时期，中国社会的各个层面都发生着前所未有的震荡与变化，作为人类社会生活重要内容之一的服饰也不例外。

商代的甲骨卜辞中，有"桑"、"蚕"、"丝"、"帛"等象形文字，还由此衍生出 100 多个有"系"

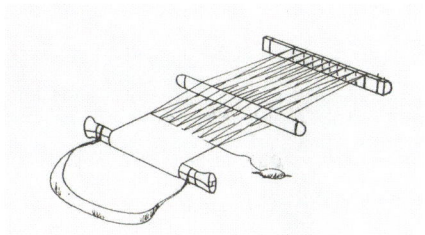

原始腰机

原始腰机使用法

桑
mulberry tree

甲骨文"桑"字

字偏旁的字。这些甲骨文的出土，明确昭示一个事实：商代已经具备比较进步的丝织技术。

甲骨文"蚕"字

甲骨文"丝"字

春秋战国时期，中国社会发生前所未有的巨大变化。这个阶段，在长江流域，区域文化争奇斗艳，上游的滇藏文化、巴蜀文化，中游的荆楚文化、湖湘文化，下游的吴越文化等，独树一帜，令人瞩目。在丝织刺绣方面，其成就领先同时期其他区域文化，体现了长江文化的独特风貌，云南晋宁石寨山墓地、四川广汉三星堆遗址和楚国墓葬出土的丝织刺绣品，就是最好的证明，借此我们也有幸一睹当时丝织刺绣文化的绰约风姿。

1982 年，考古工作者在湖北省江陵马山砖瓦厂一座战国楚墓出土丝织衣衾 35 件，包括衣、裤、裙、袍、夹袄等，按照其织造方法和组织结构，可分为绢、绨、纱、罗、绮、锦、绦、组 8 大类。上述 8 类丝织物几乎囊括了先秦丝织品的所有种类，其织造之精、品种之多、花色之美，令人叹为观止。马山一号楚墓因此也被誉为先秦地下"丝绸宝库"。

马山一号楚墓

马山一号楚墓龙凤虎纹绣

特别是锦的出现，是中国丝绸史上的一个重要的里程碑，它把蚕丝的优秀性能和美术很好地结合在一起。四川蜀锦、苏州宋锦、南京云锦被誉为中国三大名锦，至今在世界上仍享有很高声誉。

秦汉时期，长江流域的文化形态基本上可用"既承秦制，又袭楚风"这8个字来概括，丝织刺绣概莫能外，浓郁的楚风扑面而来，如湖南长沙马王堆汉墓及湖北江陵凤凰山汉墓出土的丝织刺绣品，就有力地证明了斯时斯地丝织刺绣"既承秦制，又袭楚风"的鲜明特征。

1972年，考古工作者对湖南长沙一座汉墓进行发掘，这就是著名

马王堆汉墓发掘现场

马王堆汉墓是中国迄今已经发掘的汉墓中，出土丝织品数量最多者，数量惊人、极尽奢华的丝织服饰，也从一个侧面反映了汉代长江流域丝织刺绣业高度发展的状况。马王堆汉墓被称为震惊世界的又一"地下丝绸宝库"。

马王堆一号墓出土素纱禅衣2件，它们用极细的蚕丝织成，轻薄透明若蝉翼，衣长128厘米，通袖长190厘米，是宽大长袖的成人长衫，但整件衣重量仅48克和49克，不到一两重，素纱每平方米的重量折算仅为15.4克。如果把袖口和领口所镶的锦边去掉，这两件素纱禅衣可能只有半两重了。所以，当时就有丝绸专家惊叹："薄如蝉翼，轻若烟雾。"长沙国夏季气候炎热，穿着这样轻便透气的衣服，纳凉与修饰功能同时具备。

1998 年，南京云锦研究所的科技人员经过反复研究，终于复制成功素纱禅衣。他们将它反复折叠 10 层，然后放在一张报纸上，仍能清楚地看到下面报纸上的文字、图片，这可能就是古人所云的"轻薄如空"、"举之若无"吧。

素纱禅衣

隋唐宋元时期，中国丝织刺绣的中心产区有江南、中原和四川三地，鼎足而立。不难看出，三大中心中，长江流域是三者有其二，可谓占尽风头。

明代丝织刺绣生产形成江南、四川、山西三大主要产区，长江流域仍是三者有其二，充分表明了长江流域在全国丝织刺绣生产中的重要地位。而且，三大产区中，长江流域以产量大、技术新、品种多、质量精而领先全国。

明代，上海松江顾家的刺绣因手法出新、技法出众而远近驰名。

长江文明卡片

丝绸与唐诗

中国是诗歌的国度，唐诗更是中国诗歌发展的高峰。在唐诗中，以丝绸和丝绸生产者、消费者为吟咏对象的名作佳篇，也是屡见不鲜，如李白《咏苎罗山》一诗再现了"西施浣纱"的动人故事：

西施越溪女，出自苎罗山，
秀色掩古今，荷花羞玉颜。
浣纱弄碧水，自与清波闲。
皓齿信难开，沉吟碧云间。

杜甫的《昔游》诗，则反映了江南丝绸运输到北方的情况，诗中写道：

幽燕盛用武，
供给亦劳哉。
吴门持粟帛，
泛海凌蓬莱。

杜荀鹤的《送人游吴》呈现出一幅小桥流水、鱼肥丝白的江南胜景，请看：

君到姑苏见，人家尽枕河，
古宫闲地少，水巷小桥多。
夜市卖菱藕，春船载绮罗，
遥知未眠月，乡思在渔歌。

张籍的《凉州词》则反映了丝绸之路的盛况：

边城暮雨雁飞低，
芦笋初生渐欲齐。
无数铃声遥过碛，
应驮白练到安西。

在顾氏家族中，顾名世次孙顾寿潜之妻韩希孟自称"武陵绣史"，她的女红最精，对顾绣的贡献最大，是顾绣的代表人物，这也是顾绣又被称作"韩缓绣"的缘由。

顾绣作品

清朝，丝织刺绣因风格、手法各异而形成了不同的地方体系，其中以苏绣、蜀绣、湘绣、粤绣的出品数多、技法最精、成就最高而闻名，它们合称"中国四大名绣"。

除四大名绣外，京绣、鲁绣、汉（汉口）绣、汴（开封）绣、瓯（温州）绣也颇负盛名。

清朝四大名绣中，长江流域独居三席，即苏绣、蜀绣和湘绣，再次证明了长江流域在中国丝织刺绣史上的重要地位。

长江文明卡片

刺绣为什么又名"女红"

相传，吴越地处水乡泽国，水中常有蛟龙出没，危及捕鱼人的生命安全。当地人民就有了"断发文身"的习俗，断发即剪短头发，主要是为了便于在水中能灵活自如地捕鱼；而文身，则是把自己装扮成蛟龙的模样，这样，凶狠的蛟龙也就会把他们误认为同类，不再去伤害他们。

为此，人们就要在自己的皮肤上烙出蛟龙那样的花纹来，非常痛苦。有一个叫女红的小姑娘，不忍心让自己的亲人遭受文身的皮肉之苦，她想出了一个办法，就是把文身的图案一针针刺在丝绸衣服上，让亲人穿了丝绸衣服去捕鱼，效果果然与文身一模一样。这样，村上的姑娘都来向女红姑娘讨教刺绣技艺，女红也细心地教她们刺绣。于是一传十、十传百，刺绣技艺就这么传开了。为了纪念女红姑娘，后来的人们也就把女人的针线活称作"女红"。

蜀绣作品

苏绣作品

湘绣作品

长江文明卡片

汉绣

汉绣是极具荆楚民俗的文化特征的地方绣品，历史上曾与苏绣、湘绣、蜀绣、粤绣"四大名绣"齐名。被誉为"丝绸宝库"的湖北江陵马山一号楚墓，出土了一批精美绚丽的丝织品，上面绣有龙、凤、虎和花卉等图案，令人叹为观止。可见秦汉以前，荆楚地区已有了很精湛的刺绣工艺。汉绣工艺源远流长，据史书记载，汉绣始于汉代，兴于唐代，盛于清代。历史上湖北先后形成了石首绣林镇、洪湖峰口镇一带的绣花堤和汉口绣花街等刺绣的传统产区。汉绣是在继承传统刺绣技艺的基础上，融各地各派之长，逐渐形成的一种以"平金夹绣"为主要表现形式，针法与"四大名绣"相异而富有湖北地方特色的新绣法。

汉绣秉承荆楚民众浪漫的风格，以荆楚民俗节庆的情感为依托，用浓郁的装饰性图案，为受众创造热烈浓厚的生活气氛。以简驭繁的针法，富贵厚重、光灿大丽的色彩，寓意吉祥的纹样，形成了汉绣大雅若俗的独特风姿。汉绣的构图、针法、色彩都围绕着"花无正果、热闹为先"这一审美宗旨展开。

长江流域自古以来就是中国许多少数民族安居乐业的家园，他们在此繁衍生息，各自创造了风格别具的少数民族文化。其中，少数民族的服饰造型别致、颜色丰富、饰物多样、文化深厚，真可谓是"乱花渐欲迷人眼"，而少数民族服饰中的丝织刺绣更是一颗璀璨、耀眼的明珠。

第二节 玲珑莹然，纯净优雅

"雨过天晴云破处，者般颜色作将来"，这句诗歌咏的正是玲珑莹然、纯净优雅的中国瓷器。

中国是瓷器的故乡，瓷器是中国古代人民的一个伟大发明创造，也是对世界物质文明的一大贡献。正因为瓷器在古代中国的特殊地位以及对世界的特殊贡献，英文中"瓷器（china）"与"中国"（China）同为一词。这说明，在大部分西方人眼中，精美绝伦的瓷器完全可以作为中国的代名词。

纵览中国陶瓷发展史，长江流域历代窑场竞胜、名品辈出。

至迟在商代，中国已经出现瓷器的前身——原始青瓷，它是由陶器向瓷器过渡的产物，如在江西、湖北等地的商代遗址中，就有原始青瓷出土。

原始瓷器

中国真正意义上的瓷器产生于东汉时期，发源地在今浙江上虞一带。至隋唐时期，瓷器制作技术和艺术创作已日臻成熟，南方青瓷与北方白瓷并驾齐驱，号称"南青北白"。

唐代的陶瓷器，除了"南青北白"外，还有唐三彩更是中外驰名。

唐三彩

宋代，是中国瓷器烧造业上的黄金期，名窑遍及大半个中国，钧窑、哥窑、官窑、汝窑和定窑并称"五大名窑"，名瓷精品层出不穷。其中，在长江流域，浙江的越窑、龙泉窑，江西景德镇窑都是当时国内首屈一指的名窑。

元代，是中国瓷器生产承前启后的转折时期，在瓷器烧造方面有很多创新和发展。公元1278年，元朝政府在江西景德镇设立了"浮梁瓷局"，为景德镇瓷业的发展创造了有利条件，并为其在明清两代成为全国制瓷业中心和饮誉世界的"瓷都"打下了坚实的基础。元代景德镇最突出的成就是青花和釉里红的

元青花四爱图梅瓶

烧制，特别是景德镇出产的青花瓷釉质透明如水，胎体质薄轻巧，洁白的瓷体上敷以蓝色纹饰，素雅清新，充满生机。青花瓷一经出现，便风靡一时，成为景德镇名瓷中的精品之作。

长江文明卡片

青花瓷

青花瓷是中国传统名瓷之一，是由钴料作为呈色剂在胎上作画，然后罩以透明釉，经高温一次烧成，呈白地蓝花的釉下彩瓷。青花瓷充分体现了中国的民族特色，它一出现，就以极旺盛的生命力而迅速发展，成为瓷器主流产品，长达数百年，并畅销国内各地及亚、非诸国。

明清两代是中国瓷器生产的鼎盛时期，瓷业从制坯、装饰、施釉到烧成，技术上都超过前代，瓷器生产的数量和质量也达到了高峰。明代，景德镇"集天下名窑之大成，汇各地良工之精华"，发展成为中国最著名的瓷都，所产瓷器"行于九域，施及外洋"。景德镇"瓷都"地位的进一步确立，使景德镇窑统治明清两代瓷坛长达数百年。

陶瓷文化是唯一贯穿中华文明发展进程而未中断的物质文明：从原始社会之彩陶、黑陶，到商周时

期之白陶、釉陶，乃至以后相继出现的青瓷、白瓷、釉上彩、釉下彩、颜色釉，以及琉璃、珐花、紫砂器等，眼花缭乱，美不胜收。

长江文明卡片

陶瓷之路

"丝绸之路"闻名遐迩，实际上，中国古代还有一条"陶瓷之路"，则不大为人所知。

中国瓷器早在唐代即沿陆路和海路传播到世界许多国家，如朝鲜、日本以及东南亚、阿拉伯半岛等；宋元到明初是中国瓷输出的一个高峰期，外销瓷输往东北亚、东南亚的全部国家，南亚和西亚的大部分国家，以及非洲东海岸各国等；明代中晚期至清初的 200 余年则是中国瓷器外销的又一黄金时期，中国瓷器行销全世界，成为世界性的商品。

晶莹玲珑的中国瓷器成为中外文化交流的信使，这可能也是世界将中国称之为"瓷国"的缘故吧。

在历史不同阶段，中国陶瓷均形成了独具特色的制瓷中心。隋唐时期，北方的邢窑白瓷如银似雪，南方的越窑青瓷像玉类冰；两宋以降，以五大名窑为代表，陶瓷艺术发展到一个顶峰，瓷器生产遍布全国；元明清之际，青花、彩瓷成为主流，绘画风格绮丽多变，制作工艺巧夺天工，瓷器生产发展到另一个高峰。

同时，中国制瓷业长久不衰，时至今日，江西景德镇、湖南醴陵、广东石湾和枫溪、江苏宜兴、河北唐山和邯郸、山东淄博等仍是我国重要的瓷业基地。

回首中国瓷器的发展轨迹，不难看出长江流域在中国瓷器发展史上的巨大贡献与重要地位。

第三节　木竹髹漆，流光溢彩

漆树原产于中国，是我国的一个古老树种。我国漆树资源十分丰富，据调查统计，我国漆树分布的中心区域，主要包括秦岭、大巴山、武当山、巫山、武陵山脉一带，这些地区分布着大面积的天然漆树林，如鄂西自治州的毛坝漆（因产于利川市的毛坝镇而得名）、建始漆，陕南的平利漆，其质量好，色泽佳，享有"国漆"之名，蜚声中外。由此可见，长江流域是我国漆树的主要分布地区。

生漆，俗称大漆，又称国漆、土漆，将生漆涂于各种器物的表面，制成日常器具和工艺品等，就是漆器。漆器是中国古代先民的伟大发明之一，具有轻便、美观，坚固、耐用的特点，是我国古代著名工艺品。

中国古代漆器手法多样，工艺精湛，主要有描金、填漆、螺钿、点螺、金银平脱、堆漆、雕漆、斑漆、填漆、平漆、戗金、堆红，等等。

中国古代漆器用途也非常广泛，从亭台楼阁、日常生活用品，到战场甲胄兵器，皆可使用，其用量之大，范围之广，种类之多，令人惊叹。

直至今日，漆器仍是我国民间工艺的重要组成部分，如扬州螺钿漆器、成都银片罩花漆器、安徽屯溪犀皮漆器等，远近闻名。

中国漆器工艺还具有世界性的重要影响，大约在西汉时期，中国漆器工艺就已经传入朝鲜半岛、日本及东南亚等地，影响了周边地区和民族的漆器工艺，为世界物质文化作出了卓越贡献。

无论从历史的久远，还是工艺的进步，长江流域漆器在中国古代漆器发展史上，绝对占有重要而又突出的地位与贡献。

据文献记载，早在虞夏时期，我国先民已开始在器物上涂漆。而考古发掘所见的漆器，则比文献记载还要早很多，1978年在浙江河姆渡遗址中出土一件漆木筒，经鉴定是目前所知最早的木胎漆器，距今六七千年。可见，长江流域是中国漆器的重要起源地。目前，全国80%以上的古代漆器出自长江流域。特别是战国秦汉时期，中国漆器工艺得到迅速发展，进入茁壮成长的繁荣时期，地处长江中游的楚地漆器最为发达，引领潮流。

春秋战国时期，楚国漆器产量之多、品种之备、制作之精、分布之广，都远超前代。迄今为止的战国漆器绝大部分出自楚墓，漆器在楚文化中占有重要地位。东周列国之中，楚国的髹漆工艺是最为发达的，大量使用漆器随葬，是楚墓的重要特色之一。楚国漆器流光溢彩，美不胜收。

楚国漆器

湖北随州曾侯乙墓出土的漆器

可以说是楚国漆器的一次重大发现。这批漆器保存较好，种类丰富，包括箱、盒、豆、杯、碗形穿孔器、桶、勺、禁、案、俎、几、架、鹿、透雕圆木器、藕节形器等，涵盖生活用器的方方面面。其中的二十八宿衣箱，盖与身分别用整木刳凿而成，器内髹红漆，器表髹黑漆，盖面正中朱书篆文"斗"字，周边按顺时针方向用红漆书写二十八宿的名称，盖顶两端绘青龙、白虎，是我国迄今发现记有二十八宿，并与北斗、四象相配的最早的天文实物资料，具有极其重要的科学价值。

鸳鸯漆盒

秦汉时期，在长江流域，竹木漆器基本上取代了墓葬中的铜器、陶器，成为主要的随葬品，这间接促进了漆器工艺的进一步发展，如在湖北云梦、江陵，湖南长沙，江苏扬州、浙江绍兴等地的秦汉墓葬中，就出土了大量精美绝伦的漆器。

漆衣箱

曾侯乙墓出土的鸳鸯形盒由头与身分别雕成，首颈与身榫接，头能自由转动，器身肥硕，内部刳空，背上有一长方形孔，承一长方形盖，盖上浮雕翼龙，全身以黑漆为地，彩绘艳丽，腹两侧有两幅漆画，左侧绘撞钟图，右侧绘击鼓图。

汉代漆器

同春秋战国时期相比，秦汉漆器在品种、器形方面都有了飞跃的发展，制作更为精美，并且广泛应用于社会生活。同时，秦汉漆器的产量很大，商品生产的性质明显，促进了漆器新工艺的出现，对漆器的发展产生了深刻影响。

在唐代漆器生产中，襄州（今湖北襄阳）是一个声名最高、影响最大的漆器产地，有"襄样"一说。唐宋以后发展起来的雕漆、螺钿、金漆等创新品种也各具特色、各显精妙。嘉兴的雕漆，扬州的螺钿，苏州、宁波等地的金漆闻名遐迩。明代安徽著名漆艺家黄大成全面总结漆器创制经验，所著《髹饰录》为我国现存唯一一部古代漆艺专著。

长江文明卡片：

景泰蓝是漆器吗

景泰蓝集美术、工艺、雕刻、镶嵌、玻璃熔炼、冶金等为一体，具有鲜明的民族风格和深刻的文化内涵，是中国著名的特种工艺品。但我们往往被景泰蓝色彩斑斓的外表所迷惑，以为它们是漆器，其实不然。

景泰蓝，全名"铜胎掐丝珐琅"，俗称"珐蓝"，又称"嵌珐琅"，是一种在铜质的胎型上，用柔软的扁铜丝，掐成各种花纹焊上，然后把珐琅质的色釉填充在花纹内烧制而成的器物。可见，景泰蓝的主要材质是铜，而不是漆器。因为这种工艺品在明朝景泰年间盛行，制作

景泰蓝瓶

技艺比较成熟，而且珐琅釉多以蓝色为主，故得名"景泰蓝"。

关于景泰蓝的起源，至今没有统一的答案。一种观点认为景泰蓝诞生于唐代；另一种说法是元代忽必烈西征时，从西亚、阿拉伯一带传进中国。

北京是中国景泰蓝的重要产地，北京景泰蓝以典雅雄浑的造型、华丽繁复的纹样、清丽庄重的色彩著称，是驰名世界的传统手工艺品。

第四节 南方嘉木，东方神饮

中国人常说：开门七件事，柴米油盐酱醋茶。中国是茶的故乡，在我国，茶被誉为"国饮"。在中国人，上至帝王将相、文人墨客，下至挑夫贩卒、平民百姓，无不以

茶为好。

中华茶文化源远流长，博大精深。在中国茶文化发展进程中，无论是茶事、茶人、茶市等各方面，长江流域均居功至伟。

中国是世界上最早发现茶树、栽培茶树和利用茶叶的国家。而"神奇树叶"茶的发现、利用，就与长江流域密切相关。《茶经》记载"茶之为饮，发乎神农氏"。传说神农氏为了掌握草药特性，亲自品尝百草，一天之内中毒七十二次，生命垂危。后来，幸亏找到一种叫"茶"的树叶，用它解毒，化险为夷。这种神奇的树叶就是茶。从此，茶，一种原本毫不起眼的普通植物，正式登上了中华民族文化的高堂邃宇。

炎帝像

中国茶文化的开山者当属陆羽。陆羽（公元733—804年），唐朝竟陵(今湖北天门)人，一生嗜茶，精于茶道，笃行不倦，访遍神州，写下世界第一部茶叶专著《茶经》，被誉为"茶圣"，祀为"茶神"。

《茶经》共3卷，分"源"、"具"、"造"、"器"、"煮"、"饮"、"事"、"出"、"略"、"图"等10个方面内容，从茶叶的渊源到种茶、制茶、烹茶之法，以及烹茶器具、名茶产地、品茗之道等，均作了详细的论述，是茶叶科学的系统总结。宋人梅尧臣说："自从陆羽生人间，人间相学事新茶。"一本《茶经》，奠定了中国在世界茶叶文化史上的崇高地位。

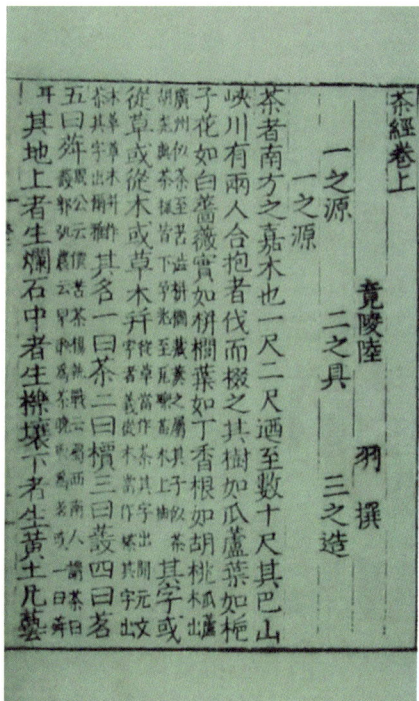

《茶经》

《茶经》的面世，标志着中国茶文化的正式形成，是中国茶文化发展的一个里程碑。自此之后，茶的精神渗透了宫廷和社会，深入到中国的诗词、绘画、书法、宗教、医学。几千年来，中国不但积累了大量关于茶叶种植、茶叶生产的物质文化，更积累了丰富的有关茶叶的精神文化，这就是中国特有的茶文化。从此，无论是居庙堂之高，还是处江湖之远，茶的清香，溢满人间。

在西方人眼中，茶叶被誉为"神奇的东方树叶"、"中华神饮"。中国茶叶走出国门的历史也十分悠久，可与中国丝绸和瓷器相媲美。我国茶叶出口分为陆路和海路两大途径。陆路主要是通过古丝绸之路向西传播，同时在我国西南，还有一条"茶叶之路"，通过这条路，茶叶出口到南亚、东南亚等国，这就是著名的"茶马古道"。唐代，航海开始发达，茶叶出口也开始有较大增长，茶文化开始传到朝鲜和日本等国，影响巨大。如今日本流行的茶艺，比中国人更讲究，可以视作"唐宋遗风"了。

谈到茶叶出口，就必须提及出自江南的茶叶，以及将江南茶叶辗转运输的晋商。在明清特别是清朝，

晋商对中国茶叶出口、茶叶转型（发明砖茶）作出了突出的贡献。他们从江南收购茶叶，一路跋山涉水，

长江文明卡片

长江流域与中国茶叶

长江流域名茶荟萃，茶香四溢，著名茶叶有西湖龙井、洞庭碧螺春、黄山毛峰、庐山云雾茶、君山银针等等。从制作工艺方面分，它们大致有六大类茶，即绿茶、红茶、青茶、黑茶、白茶、黄茶。

绿茶：绿茶是我国产量最多的一类，主要产地为安徽、浙江、湖南、湖北、四川等。绿茶名茶有西湖龙井、太湖碧螺春、六安瓜片、信阳毛尖等。

红茶：红茶属于发酵茶，安徽祁红和云南滇红享有盛誉。

青茶：青茶也叫乌龙茶，属半发酵茶，主要产自福建、广东、台湾等地。乌龙名茶有武夷岩茶、安溪铁观音等。

黑茶：黑茶一般原料较粗老，加之制造过程中往往堆积发酵时间较长，因此叶色油黑或黑褐，故称黑茶。黑茶主产于湖北、湖南、四川、云南、广西等地，是少数民族喜爱的主要茶类。

白茶：白茶属轻微发酵茶，主产于福建等地。白茶名茶有白毫银针、白牡丹等。

黄茶：黄茶的特点是"黄汤黄叶"，这是制茶过程中进行闷堆渥黄的结果。黄茶名茶有蒙顶黄芽、黄山黄芽、君山银针等。

披荆斩棘，越过蒙古到达俄罗斯。这就是著名的"万里茶道"。

经历唐宋元明清，直到鸦片战争前，中国都是世界上唯一一个出口茶叶的国家。西方国家每年不得不运来白银、棉毛织品、胡椒等货物交换中国的茶叶、丝绸和瓷器。

如今，茶已发展成为风靡世界的三大无酒精饮料（茶叶、咖啡和可可）之一，饮茶嗜好遍及全球。

正因为源于长江流域的中华茶文化蕴藏丰富的内涵，因此茶文化的功能和作用也是丰富多彩的，无论是文人士子生活中的"琴棋书画诗酒茶"，还是平民百姓生活中的"柴米油盐酱醋茶"，茶都是不可缺少的。可以说，茶文化已经渗透到中国社会的方方面面，那么，就让我们泡上一壶香茶，细啜慢饮，品茗中华茶文化的优雅与醇厚吧！

第五节 土木佳构，凝固之乐

在人类社会的发展进程中，建筑与文化密不可分。建筑以其独有的艺术形式，表现了人类文化在各个历史阶段的水平，以及对未来的理想、追求和向往。可以说，建筑已成为人类文明的一个重要组成部分。

中国古代建筑主要成就主要体现在建筑、规划和园林三个方面，无论是闲散隐逸的丽江古城，还是粉墙黛瓦的皖南民居，或者是"小楼一夜听春雨，深巷明朝卖杏花"的江南水乡，中国古代建筑反映了不同历史阶段、不同区域的文化内涵和深厚的哲学思想，是中华优秀传统文化的重要组成。因为地理、气候、文化的差异，长江流域古代建筑带有浓厚的江南风格，或富丽繁复，或秀丽灵巧，匠心独具，别有风情。

长江流域著名建筑数不胜数，特别是江南园林令人惊艳，俨然成为中国古典建筑的代表。

习家池，位于湖北襄阳南郊，是中国唯一一处从东汉开始修建、使用并保存至今的私家园林，堪称中国园林建筑的鼻祖，对后世园林建筑产生了深刻的影响。

习家池

明清时期，园林艺术突飞猛进，成为中国园林发展的巅峰期。明清中国园林曲径通幽，叠山理水，熔文化、艺术于一炉，独具东方情调。其中，北方的皇家园林，既有小桥流水、清幽僻静的园林胜景，又有气势宏伟的宫殿式建筑群，皇家气派一展无遗；江南的私家园林，凭借天然的山水、植被优势，展现出有别于北方园林的意趣。特别是江南地区经济繁荣，嘉兴、无锡、嘉定、昆山、南京、常熟、杭州、吴兴、嘉兴等地园林兴盛，而以苏州、扬州为最。江南园林淡雅朴素，白墙黑瓦，假山红柱，碧水翠竹，奇花异木，构成了一幅幅高雅、幽静的画面。

中国古典园林作为一种传统文化和艺术，不但源远流长，而且直接影响到近邻韩国和日本，也影响了欧洲的古典园林。

一方园林，别有洞天，听政、宴客、射猎、游戏、读书、对弈、品茶、吟诗、作画等，用途极广，

长江文明卡片

苏州四大园林

苏州园林又称苏州古典园林，以私家园林为主。其中沧浪亭、狮子林、拙政园和留园并称苏州四大园林，代表着宋、元、明、清四个朝代的园林艺术风格。其中，拙政园是苏州园林中面积最大的古典山水园林，被誉为"中国园林之母"。

沧浪亭

拙政园

狮子林

留园

不仅是一种物质环境，也是一种精神氛围，是中国古典文化活色生香的一例样本。

滕王阁

黄鹤楼

岳阳楼

长江文明卡片

江南三大名楼

江南三大名楼，即江西南昌滕王阁、湖北武汉黄鹤楼和湖南岳阳岳阳楼。

滕王阁，始建于唐永徽四年（公元 653 年），为唐高祖李渊之子李元婴（曾被封为滕王）所建，因初唐诗人王勃诗句"落霞与孤鹜齐飞，秋水共长天一色"而流芳后世。

黄鹤楼，始建于三国时代东吴黄武二年（公元 223 年），享有"天下绝景"之称，并留有"晴川历历汉阳树，芳草萋萋鹦鹉洲"、"黄鹤楼中吹玉笛，江城五月落梅花"等千古名句，被誉为"天下江山第一楼"。

岳阳楼，始建于三国东吴时期，自古有"洞庭天下水，岳阳天下楼"之誉，更以北宋范仲淹脍炙人口的《岳阳楼记》而著称于世。

长江文明卡片

长江与中国古代建筑

七大古都：北京、西安、洛阳、开封、南京、杭州、安阳

四大古镇：景德镇（江西）、佛山镇（广东）、汉口镇（湖北）、朱仙镇（河南）

四大名亭：醉翁亭（安徽滁县）、陶然亭（北京先农坛）、爱晚亭（湖南长沙）、湖心亭（杭州西湖）

四大书院：白鹿洞书院（江西庐山）、岳麓书院（湖南长沙）、嵩阳书院（河南嵩山）、应天书院（河南商丘）

第六节　舌尖长江，舞动味蕾

古人云：民以食为天。由此可见，饮食是人类生活必不可少的内容。中华饮食文化源远流长，博大精深，素有"烹饪王国"、"美食王国"之称。舌尖上的中国，色香味俱全，自古至今，时刻触碰着亿万中国人乃至世界各地人民的神经和味蕾，让人垂涎欲滴，回味无穷。

中华饮食文化，受文化传统、地理气候以及物产等多方面的影响，在数千年漫长的发展过程中，逐渐形成了鲜明的特色，主要表现在以下几个方面：

第一，风味多样。中国幅员辽阔，地大物博，物产丰富，而且"十里不同风，百里不同俗"，所以在饮食上也就形成了众多的风味。如在主食方面，我国就是"南米北面"的传统，而口味上则有"南甜北咸东酸西辣"之分，风味各不相同。

第二，用料精细。孔子曰："食不厌精，脍不厌细。"所谓精细，就是一道菜肴的原料包括主料、配料、辅料、调料等，都要达到最佳。如"满汉全席"中的"四八珍"可谓精细化的代表，所谓"四八珍"即山八珍、海八珍、禽八珍、草八珍，共计32种珍贵的原料。当然，"四八珍"中有些原材料是应当保护的珍稀动植物，这种作法不值得提倡。

第三，刀工精巧。为了使菜肴受热均匀，便于入味，并保持一定的形态美，我国厨师反复实践，创造了丰富的刀法，如直刀法、片刀法、斜刀法、剞刀法和雕刻刀法等，如同魔术般将普通食材变化为片、条、丝、块、丁、粒、茸、泥等多种形态，丸、球等多样花色，"喜"、"寿"、"福"、"禄"等多款吉祥图案字样，大大增添了喜庆筵席的欢乐气氛。一个中国厨师，可以将吹弹即破的豆腐切成丝，这样的刀下功夫经常让外国客人瞠目结舌，不敢相信自己的眼睛。

第四，火候独到。火候，是制作美食的关键环节之一。中国厨师根据食材情况，巧妙运用猛火、大火、中火、小火等不同火力，熟练控制用火时间，确定下锅的次序，灵活、综合运用，从而烹制出口感、形态最佳的菜肴，令人叹为观止。著名的"东坡肉"原汁原味，油润鲜红，烂而不碎，糯而不腻，酥软犹如豆腐，据传做法是"慢着火，少着水，火候到时自然美"，可见这就是一道善用火候的名菜。

第五，技法各异。烹调技法，是我国厨师的又一门绝技。我国厨师常用的技法有：炒、爆、炸、烹、溜、煎、贴、烩、扒、烧、炖、焖、氽、煮、酱、卤、蒸、烤、拌、炝、熏，以及甜菜的拔丝、蜜汁、挂霜等。不同技法具有不同的风味特色，如"叫化鸡"以泥烤技法，扬名四海，而云南"过桥米线"，则是以氽的技法烹制而成。

第六，五味调和。食物有甘（甜）、酸、苦、辛（辣）、咸五味，《黄帝内经》云："五味之美，不可胜极"，《文子》也说："五味之美，不可胜尝也"，可见五味调和可以给人带来非常美好的享受。中国历代厨师深得其中奥妙，五味调配得当，相得益彰。如鱼肉蔬菜通过适当的搭配，去其有余，补其不足，荤素和谐，令人回味无穷。

第七，讲究情趣。中国烹饪注重品味情趣，不仅要求色、香、味俱全，而且对菜品命名、品菜方式都有一定的要求。佳肴配佳名，中国菜肴的名称可谓画龙点睛，妙趣十足。菜肴名称既有根据主、辅、调料及烹调方法的写实命名，也有根据历史掌故、神话传说、名人食趣、菜肴形象来命名的，如"全家福"、"狮子头"、"龙凤呈祥"、"鸿门宴"等。在中国人的餐桌上，没有一道无名的菜肴。美食配美器，陶器的粗犷，瓷器的清雅，铜器的庄重，漆器的秀逸，金银器的辉煌，玻璃器的亮丽，皆是美食之外的又一种美的享受。中国饮食重视饮食器具的美，可以说是锦上添花，美上加美。

第八，食医结合。中国传统医学认为"医食同源"、"药膳同功"，所以中国烹饪与医疗保健有着密切的联系。利用食物原料的药用价值，做成各种美味佳肴，在饱享口福的同时，也对某些疾病起到预防和治疗的效果。同时，中国饮食四季有别，顺时变化。自古以来，中国一直按季节变化来调味、配菜，冬天味醇浓厚，夏天清淡凉爽；冬天多炖焖煨烤，夏天多冷冻凉拌。

长江流域气候宜人，物产丰富，是著名的鱼米之乡，拥有饭稻羹鱼的烹饪习俗，其丰富多彩的饮食文化传统是中华饮食文化的重要组成部分。不难看出，在前文描述的中华饮食文化的主要特色构成中，长江流域饮食文化占有相当的比重与分量。

特别是在中国著名的八大菜系的形成中，长江流域更是居功至伟，占有至少半壁江山。

在漫长的发展进程中，中华饮食经过不断积累、改良、创新和发展，在不同的区域逐渐形成一整套自成体系的烹饪技艺和风味，也就是菜系流派。其中最有影响的有"八大菜系"，即鲁、川、粤、闽、苏、浙、湘、徽菜系。中国八大菜系的烹调技艺各具风韵，其菜肴特色也各有千秋。

山东菜系：由济南和胶东两部分地方风味组成，特点是味浓厚，嗜葱蒜，善用爆、炒、炸、烧等烹调方法，尤以烹制海鲜、汤菜见长。代表菜有糖醋鲤鱼、德州扒鸡、葱烧海参、油爆海螺、炸蛎黄、清蒸加吉鱼、九转大肠、清氽赤鳞鱼、爆双脆、清汤燕菜，等等。

德州扒鸡

四川菜系：有成都、重庆两个流派。特点是注重调味，离不开"三椒"（即辣椒、胡椒、花椒）和鲜姜，以麻、辣出名，形成"一菜一格，百菜百味"的风格，享有"食在中国，味在四川"的美名。代表菜有宫保鸡丁、麻婆豆腐、鱼香肉丝、灯影牛肉、毛肚火锅、干烧岩鲤、干煸牛肉丝、樟茶鸭子、怪味鸡、水煮肉片、锅巴肉片，等等。

水煮肉片

广东菜系：有广州、潮州、东江三个流派，以广州菜为代表。特点是用料广泛，菜肴新颖奇异，烹调吸收西菜制作方法，口味清鲜、嫩滑、脆爽。代表菜有龙虎斗、烤乳猪、东江盐焗鸡、白云猪手、爽口牛丸、沙茶涮牛肉、鲜莲冬瓜盅、广东叉烧，等等。

广东叉烧

福建菜系：由福州、泉州、厦门等地发展起来，以福州菜为其代表。特点是以海味为主要原料，甜酸咸香，色美味鲜。代表菜有佛跳墙、淡糟炒香螺片、炒西施舌、醉糟鸡、沙茶焖鸭块、七星丸、油焖石鳞、鸡汁余海蚌，等等。

佛跳墙

江苏菜系：由扬州、苏州、南京地方菜发展而成，特点是用料广泛，以江河湖海的水鲜为主，刀工精细，烹调方法多样，擅长炖、焖、煨，重视调汤，保持原汁原味。代表菜有金陵盐水鸭、三套鸭、扬州干丝、清炖蟹粉狮子头、松鼠鳜鱼、黄泥煨鸡（叫化鸡）、无锡肉骨头、虾仁锅巴、水晶肴蹄、清蒸鲥鱼、霸王别姬、羊方藏鱼，等等。

狮子头

浙江菜系：由杭州、宁波、绍兴等地方菜构成，最负盛名的是杭州菜。特点是鲜嫩软滑，香醇绵糯，清爽不腻。代表菜有西湖醋鱼、东坡肉、龙井虾仁、宋嫂鱼羹、西湖莼菜汤、干炸响铃、蜜汁火方、生爆鳝片、冰糖甲鱼、黄鱼羹、醉蚶、鳗鲞、霉干菜焖肉、霉千张、清汤越鸡，等等。

西湖醋鱼

湖南菜系：由湘江流域、洞庭湖区和湘西山区三地风味组成，以湘江流域菜品为代表。由于湖南潮湿多雨的气候和较低的地势，人们习惯以吃辣椒来祛湿祛寒。湘菜的特点是：常用辣椒，熏腊制品多，

剁椒鱼头

口味偏重辣酸。代表菜有红煨鱼翅、麻辣子鸡、东安鸡、腊味合蒸、吉首酸肉、剁椒鱼头、炒腊野鸭条、板栗烧菜心，等等。

安徽菜系：由皖南、沿江和沿淮地方风味构成，以皖南菜为其代表。特点是以火腿佐味，冰糖提鲜，擅长烧炖，讲究火工。代表菜有臭鳜鱼、葫芦鸭子、火腿炖鞭笋、火腿炖甲鱼、毛峰熏鲥鱼、凤阳瓤豆腐、符离集烧鸡，等等。

臭鳜鱼

中国八大菜系风格鲜明，各异其趣，有人用拟人化的手法为它们勾画了一番：苏、浙菜好比清秀素雅的江南美女；鲁、皖菜犹如古拙朴实的北方壮汉；粤、闽菜宛如风流典雅的公子书生；川、湘菜就像才艺满身的才子名士。

此外，长江流域面点及风味小吃带有浓郁的地域特色和乡土气息，是中国饮食文化的重要组成部分。如江苏蟹黄汤包、宁波汤圆、四川

担担面、武汉热干面、云南过桥米线、西藏酥油茶……它们以悠久的历史、精湛的制作、绝美的味道，为中华民族饮食文化增添无限色彩。

长江文明卡片
"吃货三字经"

2014年，一份"吃货三字经"新鲜出炉，是网友根据大陆不同地域的风味美食进行的简洁概括，具体内容是：

涮北京、包天津、甜上海、烫重庆、鲜广东、麻四川、辣湖南、美云南、酸贵州、酥西藏、奶内蒙、荤青海、壮宁夏、醋山西、泡陕西、葱山东、拉甘肃、炖东北、稀河南、烙河北、罐江西、馊湖北、汆福建、爽江苏、浓浙江、香安徽、嫩广西、淡海南、烤新疆。

对此，全国各地吃货纷纷点赞，但也引起了一些网友的争论，主要集中在"馊湖北"上，外地网友对湖北菜"馊"表示不解，而湖北网友则更郁闷，甚至有些生气地表示，湖北菜才不馊呢！不过，据专家介绍，这里所谓的"馊"，可能是指臭豆腐、臭干子等，只是说食物类别，不含贬义。

文章链接：
长江流域的美食传说

宫保鸡丁：又名"宫爆鸡丁"。清代同治年间，丁宝桢任四川总督，

坚决禁烟，由此声誉鹊起。丁宝桢封号为"太子少保"，又名"丁宫保"。当地人们拥护丁宝桢，便以其名字来命名自己爱吃的菜。此菜酸甜辛香，色泽红亮，滑嫩可口，最宜下酒。

宫保鸡丁

麻婆豆腐：清朝同治初年，成都北郊万福桥边有一饭铺，主厨的是陈春富之妻，她有制作家常菜的好手艺。因脸上有几颗麻点，人称"陈麻婆"。陈麻婆烹制的豆腐又麻又辣，风味独具。久而久之，"麻婆豆腐"便出名了。

麻婆豆腐

叫化鸡：传说从前有个叫花子在常熟虞山脚下偷得一只鸡，在一无锅具、二无调料的情况下，他灵机一动，将鸡活杀，掏出内脏，全身裹满黄泥，埋入火堆中烧烤。烧熟后，剥去外层泥巴，鸡肉酥嫩，香味四溢。后来，慢慢发展成为一道淮扬名菜。

叫花鸡

东坡肉：苏东坡在杭州任官时，疏浚西湖，造福人民。老百姓为感谢他，给他送去猪肉、绍兴酒。苏东坡觉得应该与民众共享，于是吩咐家人将肉切成方块，慢火烧煮，做好后"连酒一起送"给民工，没想到家人将"连酒一起送"误听为"连酒一起烧"。结果烧出的肉特别香醇可口，一时传为佳话。从此，"东坡肉"也就成了杭州传统名菜。

东坡肉

龙井虾仁：相传清朝乾隆皇帝下江南时，恰逢清明时节，他把当地官员进献的龙井新茶带回宫中，并赐了一杯新茶给御厨。御厨当时正在烹炒"玉白虾仁"，闻到茶香，不忍自饮，便将茶洒进炒虾仁的锅中，无意中烧出了这道"龙井虾仁"。

龙井虾仁

过桥米线：清光绪年间，云南有一个秀才，为了专心读书，特意选择在一个湖心小岛上苦读。他的妻子每天要走很长的一段路，还要过一道桥，才能把饭菜送到，但饭菜却冰凉了。一天中午，她熬了一锅鸡汤，汤上还浮有一层油，正准备送去，突然觉得身体不舒服，便躺下睡着了。哪知一觉醒来，太阳已经偏西，一摸汤锅，竟还热乎乎。由此她得到启示，先烧制一碗重油沸汤，临吃时再倒入肉片、米线和调料，这样，她的丈夫每天都能吃上热食。后来，秀才金榜题名，过

桥米线也出了名，成了一道云南传统特色美食。

过桥米线

馒头：三国时，诸葛亮率兵南征。为了顺利渡过泸水，有人建议用人头祭泸水水神。诸葛亮不忍伤害老百姓，他想出一个用物品替代人头的绝妙办法。他令士兵用面食内包猪肉，外画人面，做成人头模样以祭泸水水神。这种祭品被称作"馒首"。由于"首"、"头"同义，后人又把"馒首"称作"馒头"。

热干面：20世纪30年代初期，汉口有个名叫李包的食贩，靠卖凉粉和汤面为生。有一天，天气异常炎热，不少剩面未卖完，他怕面条发馊变质，便将剩面煮熟沥干，晾在案板上。忙乱中，他一不小心，碰倒了案上的油壶，麻油泼在面条上。李包见状，只好将面条拌匀重新晾放。第二天早上，李包将拌油

的熟面条放在沸水里稍烫，捞起沥干入碗，然后加上卖凉粉用的调料，顿时香气四溢，热气腾腾。人们争相购买，吃得津津有味。有人问他卖的是什么面，他脱口而出："热干面"。如今，热干面成为武汉市的特色小吃，与北京的炸酱面、河南烩面、山西的刀削面、四川担担面同称为中国五大名面。

热干面

美食配美酒，人生更尽欢。酒是人类生活中的主要饮料之一，中国酿酒历史悠久，品种繁多，名酒荟萃，享誉中外。

在3000多年前的商周时期，中国人独创酒曲复式发酵法，开始大量酿制黄酒。

西汉时期，四川临邛大户人家卓王孙之女卓文君守寡回娘家居住。因倾慕司马相如的文才，卓文君相约与他私奔到四川成都。卓王孙却暴跳如雷，发誓不给文君钱财。司马相如家里一无所有，几个月后，

他们只得回到临邛，在街上开了一家酒店，文君坐柜台打酒，相如穿上围裙，端酒送菜，洗碗刷碟子。日子虽然清苦，但两口子相敬如宾，日子过得和和美美。后来"文君当垆"成为爱情坚贞不渝的一段佳话。

"文君当垆"的故事发生在四川，说明当时、当地饮酒之风的流行。

宋代，中国人发明了蒸馏法，从此，白酒成为主要酒类。有学者研究指出，白酒蒸馏技术与产生于长江流域的中国传统道教中的炼丹术息息相关。

因为特殊的地理、气候、物产、水质等因素，在川南长江上游金沙江、岷江交汇的宜宾，长江、沱江交汇的泸州以及赤水河流域的遵义，形成了中国白酒尤其是优质高端白酒的"金三角"地带，孕育形成了五粮液、水井坊、茅台、剑南春、泸州老窖、郎酒等中国最著名的白酒品牌。

在赤水河中游，贵州省仁怀县境内的群山中，有一个以酿酒为传统的小镇——茅台镇。1915年，茅台人带着他们酿制的土酒，沿着蜿蜒的赤水河进入长江。从长江，他们去了更为遥远的地方。就在这一年，在美国举行的世界万国博览会上，从一只摔破的土陶罐中溢出的

茅台酒液奇香扑鼻，征服了来自世界各国的评酒师，茅台酒赢得了当年的金奖。至此，中国悠久的酿酒历史和隐藏在群山峡谷中的茅台古镇开始为世人所知。这一年，中国茅台酒与法国科涅克白兰地、英国苏格兰威士忌齐名，成为世界三大名酒之一。

作为国酒，茅台酒以其无以伦比的品质和深厚的文化渊源名满世界。20世纪50年代，我国政府决定将这种美酒进行大规模生产。相同的技术、设备、工艺，甚至茅台镇的土壤，都被迁到异地，进行生产。然而，最终却未能生产出相同品质的茅台美酒。个中奥秘，令人不解。

茅台酒背后藏着太多太多故事和秘密。1996年，茅台酒酿造工艺被正式确定为国家秘密加以保护。

如今，赤水河两岸，遍布着中国60%的著名白酒生产厂家。从四川合江县顺赤水河而上，进入的是一个酒的世界。因为盛产美酒，赤水河又被人们称为"美酒河"。

与国酒茅台一样，长江白酒带上出产的五粮液、水井坊、剑南春、泸州老窖、郎酒等诸多名酒，都是酿造历史悠久、酿造工艺独树一帜，如1573国宝窖池群是我国建造最早、保存最完整、持续使用时间最长的原生古窖池群落，400多年从未间断使用，1996年国务院公布为行业首家全国重点文物保护单位；泸州老窖酒传统酿造技艺，发于秦汉，经元明清三朝而创制、定型、成熟，历20多代传人，持续传承690余年，与"1573国宝窖池群"并称为泸州老窖的文化遗产双国宝。

长江白酒带上，酒香四溢，醇厚绵长，令人回味不绝。

泸州老窖"中国第一窖"

国酒茅台

第十四章
和谐家园

多彩民族，和谐家园。长江流域人口4亿多，民族构成超过50余个，少数民族人口约6％。一方水土养一方人，得天独厚的自然条件，孕育了长江流域各民族丰富多彩的民族文化，成为长江文明乃至中华文明的重要组成部分。

长江流域是中国经济繁荣的地区，沿江重要城市有重庆、武汉、南京、上海等，其中不少是我国区域政治、经济、文化中心，在中国社会经济发展中的位置举足轻重。

第一节 同饮一江水

北宋崇宁二年（公元1103年），仕途不顺的李之仪被贬到边远地区任职。祸不单行，李之仪的女儿、儿子相继去世，不久，与他相濡以沫40年的夫人也撒手人寰。事业受到沉重打击，家人连遭不幸，李之仪跌落到了人生的谷底。

李之仪

这时，一位年轻貌美的奇女子出现了。她是当地的一名绝色歌伎，名叫杨姝。杨姝很有正义感，早年，黄庭坚被贬，杨姝只有13岁，就为黄庭坚的遭遇抱不平，她弹了一首古曲《履霜操》。《履霜操》的本意是伯奇被后母所谗而被逐，最后投河而死。杨姝与李之仪偶遇，又弹起这首《履霜操》，正触动李之仪心中的痛处，李之仪对杨姝一见倾心，把她视为知音，接连写下几首听她弹琴的诗词。

这年秋天，李之仪携杨姝来到长江边，面对知冷知热的红颜知己，面对滚滚东逝的江水，李之仪心中涌起万般柔情，写下了这首千古流传的爱情篇章《卜算子·我住长江头》：

我住长江头，
君住长江尾。
日日思君不见君，
共饮长江水。
此水几时休，
此恨何时已。
只愿君心似我心，
定不负相思意。

"我住长江头，君住长江尾，日日思君不见君，共饮长江水。"这原本是一首描写男女爱情的词，

1957 年 12 月，共和国元帅陈毅创作《赠缅甸友人》，对它进行了改造，化为"我住江之头，君住江之尾。

陈毅元帅

长江文明卡片

中国古代人口

　　清代以前，各个朝代全国人口的最高数字是：夏代 1000 万左右；秦代 2000 万左右；隋、宋两代各 4000 万左右；两汉、唐代、元代各有 5000 万左右；明代 6000 万左右。

　　古代人口统计一般采用多用估计法，不甚精确，而且少数民族人口一般都没有计入。

　　据文献记载来看，中国成为世界人口最多的国家，主要是在两个关键时期：一是清乾隆至道光 100 年间（公元 1736—1834 年），全国人口由不到 1 亿迅速超过 4 亿；一是新中国成立以后的 30 多年间，全国人口由 4.7 亿多迅速增长到 10.3 亿多。

彼此情无限，共饮一江水"，注入新意的词句，用来表达中缅两国人民的友谊，情深意长。

　　实际上，用"我住长江头，君住长江尾，日日思君不见君，共饮长江水"来形容长江流域广大的人民，也是非常贴切自然、适体合度的。

　　目前，中国总人口约有 13.67 亿。其中，在长江流域就居住有 4 亿多勤劳勇敢的各族人民，也就是说，我国有超过 30% 的人是"同饮一江水"。

　　长江流域居民民族构成超过 50 余个，主要有藏族、羌族、土家族、苗族、侗族、纳西族、彝族等，少数民族人口约 6%，人口在 10 万以上的民族有 13 个。流域内有 14 个民族自治州，32 个民族自治县。其中，云南省居住着 20 多个民族，是中国民族成分最多的一个省份。

　　五十六个星座，五十六枝花，
　　五十六族兄弟姐妹是一家，
　　五十六种语言，汇成一句话，
　　爱我中华！
　　爱我中华！
　　爱我中华……

　　这首传唱大江南北的歌曲《爱我中华》，表达的是中国各民族和谐相处，共同建设伟大祖国的美好现实。在长江流域，各民族兄弟同饮一江水，平等、团结、互助，共同生活在伟大母亲河长江的怀抱中。

在长江流域，由于民族众多，加之丰富、独特的人文、自然景观滋养，各族人民不仅创造了大量的有形文化遗产，而且形成了丰富而优秀的民族民间文化遗产，即所谓的非物质文化遗产，它们包括各种神话、史诗、音乐、舞蹈、戏曲、曲艺、皮影、剪纸、绘画、雕刻、刺绣、印染等艺术和技艺及各种礼仪、节日、民族体育活动等，长江流域成为中国少数民族文化荟萃之地，异彩纷呈。这些非物质文化遗产既是民族历史发展的见证，又是具有重要价值的民族文化资源。

尤其重要的是，少数民族在长期生产生活实践中创造的文化遗产，不仅是中华民族智慧与文明的结晶，更是连接民族情感的纽带、维系国家统一的基础，也是维护我国文化身份和文化主权的基本依据。

长江文明卡片

非物质文化遗产

非物质文化遗产是指各族人民世代相承的、与群众生活密切相关的各种传统文化表现形式（如民俗活动、表演艺术、传统知识和技能，以及与之相关的器具、实物、手工制品等）和文化空间（即定期举行传统文化活动或集中展现传统文化表现形式的场所）。

非物质文化遗产的范围包括：1. 口头传统，包括作为文化载体的语言。2. 传统表演艺术。3. 民俗活动、礼仪、节庆。4. 有关自然界和宇宙的民间传统知识和实践。5. 传统手工艺技能。6. 与上述表现形式相关的文化空间。

长江文明卡片

端午节

端午节为每年农历五月初五，又称端阳节、午日节、五月节等。关于的端午节起源，有龙图腾祭祀、纪念屈原、纪念伍子胥等多种说法，基本上都和长江流域密切相关。其中，最广为人知的说法是，端午节最初是中国人民祛病防疫的节日，时间农历五月初五这一天，有以龙舟竞渡形式举行祭祀的习俗。后来，因为伟大爱国诗人屈原也是在这一天死去，便演变成纪念屈原的传统节日。端午节有吃粽子，赛龙舟，挂菖蒲、蒿草、艾叶，薰苍术、白芷，喝雄黄酒的习俗。宋代诗人张耒在《和端午》中写道：

竞渡深悲千载冤，
忠魂一去讵能还。
国亡身殒今何有，
只留离骚在世间。

端午节习俗传遍全国各地，以长江流域最为流行，但各地的习俗有所不同。此外，日本、朝鲜、韩国、越南等地也过端午节。

2009 年，端午节被列入人类非物质文化遗产名录，这是中国首个入选世界非遗的节日。

面对如此丰富多彩的民族民间文化，让人目不暇接。那么，我们不妨以堪称"民族文化活化石"的服饰为例，走进特色鲜明、绮丽多姿的长江流域民族民间文化宝库。

长江流域少数民族因地制服，随俗更衣，或根据物产择衣，或依照祖训裁服。如苗族同胞喜穿"五色斑衣"，多采用植物染料制作色彩缤纷的衣服；羌族同胞多"衣皮用毡"，善于用各种动物皮毛制作衣物。一套精美的民族服饰往往要历经数年才能完成，一针一线之间倾注了少数民族兄弟对美好生活、感情的想象与追求。巧夺天工的刺绣、细密精致的编织、艳丽夺目的图案、生动跳跃的饰物，无不体现该民族的智慧与审美。

羌族少女

纳西族女子

苗族少女

让我们惊讶的是，在长江流域这个民族和谐的大家园里，竟然可以呈现出如此丰赡的民族服饰文化，

瑶族女服　　　　　瑶族男服

白族女服

它们色彩鲜明、工艺精巧、款式多样、风貌独特。在繁华似锦，姹紫嫣红的民族服饰面前，我们仿佛走进了一个民族文化百花园，民族服饰散发出的古朴之美、凝重之美、清新之美、怪诞之美、绚丽之美、重叠之美扑面而来，美不胜收。

第二节　城市与梦想

城市是一个地区经济、政治、信息、科技、文化、教育等的中心。在长江文明发展过程中，长江两岸城市日渐兴起。作为人口、资源、信息集约点的城市，或为政治军事重镇，或为经济文化中心，或兼而有之，在流域文明发展史上扮演了重要的角色。

随着历史的发展，长江流域城市发展差异化日渐明显，同时呈现出不同的城市特色。正是这种"十里不同风，百里不同俗"的个性差异，使得万里长江上大大小小的城市，各展风采，魅力无穷。我们还是以长江上的重要节点城市如成都、重庆、武汉、南京和上海为例，走进它们的过去与未来，领略它们的光荣与梦想。

适闲成都

春秋末期，经过历代蜀人的艰辛努力，蜀王开明氏"徙治成都"，成就了这座千古名城，成都城址、城名从此历经2400余年，始终未变。

公元前311年，秦在此置县并由张仪负责筑城，"周回二十里，高七丈"，世称张仪城，又因全形似龟，故曰"龟城"。

西汉时，成都与长安、洛阳、邯郸、临淄、宛（河南南阳）并称全国六大都会，并以物产丰富而著称。

东汉时，成都继续保持繁荣，并以盛产纺织品、竹木器、盐和铜、银制品闻名，是西南地区的贸易中心。

三国时，成都是蜀国都城，蜀锦远销吴、魏，成为蜀国军费的一

武侯祠

大来源。东晋南朝时期，成都一度成为成汉政权的都城，并一直拥有非常繁荣的商业。

唐代成都城以繁华闻名天下，所谓"扬一益二"便是最好的注解。益，即益州，中国古代九州之一，治所成都。成都万里桥一带热闹万分，诗人张籍曾发出"万里桥边多酒家，游人爱向谁家宿"的感叹，成都商业之繁荣，由此可见一斑。

成都的富裕和美女，也曾经是鼓舞作战士兵的法宝。唐末王建攻打成都，为提振士气，称成都城内金帛如山，美女如云，一朝攻下，金帛美女，任将士享用。这一招立马奏效，成都城顷刻而破。

五代十国时期，成都受战乱影响较小，富足繁盛，名满天下，与金陵同为全国两大印刷业中心，拥有蚕市、药市等，市场交易活跃。后蜀末代皇帝孟昶号令城内遍植芙蓉，秋日繁艳如锦，故世人又称成都"蓉城"。

到了宋代，"蜀人好游乐无时"、"蜀人游乐不知还"等说法不胫而走。

明清时期，成都号称"名都乐园"，人们

生活悠闲,是一个典型的消费城市。清代以湖广为主体的移民进入四川后,形成了现代意义的川菜,成都成为川菜的核心地区,饮食文化十分发达。

川菜

游乐风尚还培养了成都的茶馆文化,成都茶馆之多在全国城市中是罕见的。顿顿吃馆饭,从朝到晚坐茶馆,成为成都人生活中重要的事项,并养成了成都人悠闲自得的慢节奏生活,这是成都这个城市别具一格的特色。

成都茶馆

今日成都,繁华依旧。川菜、川酒、美女、小麻将、农家乐、奥拓车、茶馆,成为当地人优哉游哉生活的重要组成部分,颇有往昔灯红酒绿的遗韵。望江楼、合江亭、万里桥、武侯祠,片砖片瓦依然显得厚重和久远。

作为一座历史文化名城,耀眼的光辉依旧在成都流动。

饮食重庆

重庆乃山城,城是一座山,山是一座城。城中多雾,空中多桥,行人至此,宛如腾云驾雾。

山城重庆

公元前316年,秦国派张仪从楚国手中夺取了战略要地江州。公元前314年,张仪筑江州城,这便是重庆建城之始,重庆因而也有"江州"之别名。

唐代,重庆古城进一步繁荣。诗人王维曾经到访重庆,他在《晓行巴峡》一诗中写道:"水国舟中市,山桥树杪行。登高万井出,眺迥二流明。人作殊方语,莺为旧国声。

赖多山水趣，稍解别离情。"生动传神地描绘了这个水乡码头的兴旺景象。

但在南宋以前，重庆还是历代贬官流放之地。南宋以后，随着中国政治经济文化重心南移，川东地区的社会经济地位随之上升，峡江和嘉陵江成为转运川米、布帛、马纲的重要漕运通道，重庆城市的地位开始变得越来越重要。

明代，重庆已成为全国重要的商业城市之一。

清代，重庆城市人口中从事商业的人口达 60% 以上，重庆成为长江上游以转口贸易为主的商业城市。乾隆时，重庆"商贾云集，百物萃聚"，已有"九门舟集如蚁"之势。

近代开埠后，重庆得到迅猛发展，其商业经济地位在长江上游乃至中国西部都处于独领风骚的地位，仅次于上海和汉口，有四川第一商埠之称。

抗战时期的重庆

抗战时期，重庆作为陪都，经济文化地位猛涨。现代的电影、戏剧、歌厅、运动场与传统的川菜、川茶融合在一起，八方杂处，文化交融。

新中国成立后，特别是重庆直辖后，重庆的城市地位再次提升，城市经济发展加速。重庆先后入围中国十大幸福之城和十大休闲之城排行榜，并荣获中国大陆旅游业最发达城市、中国最具安全感城市等称号。

今日重庆

随着城市的发展，重庆饮食和娱乐业也重新焕发生机。如今，重庆火锅已如星火燎原，席卷大江南北。

重庆火锅

长江文明卡片

重庆火锅

重庆火锅，又称为毛肚火锅或麻辣火锅，起源于明末清初重庆朝天门码头船工、纤夫的日常餐饮中，原料主要是牛毛肚、猪黄喉、鸭肠、毛血旺等。

重庆火锅来源于民间，升华于庙堂。无论是贩夫走卒、达官显宦、文人骚客、商贾农工，还是红男绿女、黄发垂髫，其消费群体涵盖之广泛，令人吃惊。作为一种美食，火锅已成为重庆美食的代表和城市名片，以至于人们常说："到重庆若不吃火锅，那就等于没到过重庆。"

2007年，在第三届中国（重庆）火锅美食文化节开幕式上，中国烹饪协会正式授予重庆市"中国火锅之都"称号。以"火锅之都"命名一个城市，这在中国尚无先例。

武汉首义

武汉，是诗人李白在此写下"黄鹤楼中吹玉笛，江城五月落梅花"

并为其赢得"江城"称号的城市，是辛亥首义第一枪枪声响起的城市，但在唐宋以前，却并没有特别辉煌的历史。

唐宋时期，武汉的商业贸易开始繁荣发展，其城市地位开始凸显。当时，鄂州（即今武汉）是长江航道上的一个重要商业据点，港埠发展十分迅速，李白曾形容道："万舸此中来，连帆过扬州"。唐代宗广德元年（公元763年），鄂州大火，焚烧舟船30多艘，殃及岸上2000多家，伤亡者达数千人。从这场火灾的损失看，不难想象当年鄂州的繁盛程度。

武汉的真正崛起是在明清时期，而且是随着汉水改道而完成的。

明成化年间，汉水从不稳定的分汊入江到稳定归一地汇入长江，从此结束了汉江下游河道游移不定的历史。

汉水改道，成为汉阳、汉口的界河，于是武汉由隔江相望的双城蜕变为相依长江、汉水的三镇。可以说，汉水改道最终确立了三镇鼎立的地理格局。

新兴的汉口依托长江和汉水两大水运交通大动脉，成为江汉咽喉和云、贵、川、湘、桂、豫、赣等地区的货物转输地。汉水两岸房屋连片,商船进出繁忙,市场开始出现,逐渐形成了商贾辐辏的汉正街,汉口镇的名声不胫而走。到明朝后期,汉口已经一跃成为与河南朱仙镇、江西景德镇、广东佛山镇并称的"九州名镇"了。

"五百年前一荒洲,五百年后楼外楼。"汉口镇的崛起,使武汉在全国的经济地位迅速上升。由汉口镇领衔,武汉逐渐成为中国经济中心和交通枢纽之一。

清末洋务派代表人物张之洞督鄂近20年,在湖北兴实业、办教育、练新军、劝农桑,大力推行"湖北新政",使武汉经历了一次近代化的崛起。

张之洞

因为张之洞,武汉从昔日的封建商业重镇一跃而为国内屈指可数的国际贸易商埠,大有"驾乎津门,直追沪上"之势;因为张之洞,武汉逐步从一个地处中国腹地,经济、文化均不很发达的地区一跃而成为晚清最重要的机器工业中心之一。无怪乎毛泽东说,讲重工业,不能忘记张之洞;因为张之洞,武汉在新式学堂的创办、洋学生的派遣、新军的组训等方面都走到了全国的前列。

1911年,辛亥革命在武汉首义成功,在中国历史上写下光辉的一页,辛亥革命推翻了统治中国两千多年的君主专制帝制,起义后颁布的中国第一个近代宪法性质的文件《鄂州约法》,开始了民主共和建设的大门。这一破一立所体现的中国政体变革,对中国政治的影响十分深远。

武昌辛亥革命纪念馆

长江文明卡片：

"辛亥革命"谁取名？

1911年10月10日，辛亥革命在武昌爆发，揭开了中国历史新的篇章。自此"武昌首义"、"共和成立"、"民国肇生"、"辛亥之役"等名词连篇累牍，但是都未见"辛亥革命"的提法。

从现有材料看，"辛亥革命"这一名称较早出自毛泽东笔下。1919年8月，从湖南省立第一师范学校毕业未久的毛泽东在《湘江评论》发表著名政论《民众的大联合》，文中，"辛亥革命"一语喷薄而出。

1921年10月10日，梁启超发表《辛亥革命之意义与十年双十节之乐观》的演讲。第一次国共合作初始，陈独秀撰写《辛亥革命与国民党》一文，"辛亥革命"渐成专有名词。

大武汉，这座长江穿城而过的城市，屈原曾在这里行吟，李白曾在这里周游，瑰丽浪漫的楚文化，波澜壮阔的三国文化，撼人心魄的首义文化，是她辉煌的基因与底色。

100多年前，孙中山先生在《建国方略》中明确指出："要把武汉建成纽约、伦敦之大，要建设成东方的芝加哥。"如今，大武汉承载着光荣，以"大都市圈、大文化、大科教、大光谷、大设计、大交通、大商贸、大江湖、大钢铁、大汽车"的格局与气势，正意气风发地朝着梦想进发。

孙中山

古都南京

南京，古称金陵，长江边上的一座重要城市，自古至今，它浓墨重彩的身姿从未褪色。

早在春秋时期，吴王就在今南京一带建立"冶城"，但第一个在南京建都的却是三国时期的东吴政权。

公元229年，吴帝孙权在此建都，在原城邑故址筑石头城，石头城依山为城，因江为池，十分险要。此后，东晋、南朝的宋、齐、梁、陈相继在此建都，故南京有"六朝古都"之称。

六朝时期的南京经济发达，文化繁盛，是世界上第一个人口超过百万的城市，与罗马城并称为"世界古典文明两大中心"。

公元 1368 年，明太祖朱元璋在南京称帝，国号大明，南京再次成为中国政治文化中心。明朝南京城仍是当时世界最大的城市，历时 21 年修建的南京明城墙，则是世界第一大城垣。

南京古城墙

明孝陵神道

南京不但是一座帝王之都，也是一座英雄的革命之城。

公元 1853 年，太平天国运动政权定都南京。如今，目睹南京城内天王府遗迹、西花园石坊等，不禁让人联想起太平天国的兴衰往事。

1911 年 12 月 29 日，辛亥起义的 17 省代表在南京选举孙中山为临时大总统，中华民国建立。1912 年元旦，中华民国临时政府在南京成立，孙中山宣誓就任临时大总统。

1927 年，北伐军节节胜利，4 月 18 日在南京成立国民政府，定南京为首都。

南京总统府

"钟山风雨起苍黄，百万雄师过大江。"1949 年 4 月，中国人民解放军胜利渡过长江，解放南京。古城南京迎接了全国的解放，见证了新中国的诞生。

六朝豪华，天国春秋，都化作了长江的滔滔流水。秦淮烟花也早已消失，不见踪迹，只有那无数的胜迹——明孝陵、中山陵、民国政府遗址等，在静静地诉说南京的古老与辉煌。正如朱自清先生在《南京》一文中所说："逛南京像逛古董铺子，到处都有些时代侵蚀的痕迹。你可以揣摩，你可以凭吊，可以悠然遐想……"

长江文明卡片

"中国的第二国歌"

1942年，著名作曲家何仿记录、整理南京六合民间小调《鲜花调》，在此基础上改编完成民歌《茉莉花》，表现了妙龄少女爱花、惜花、怜花，想采花又不敢采的羞涩心情。

《茉莉花》一经推出，便获得极大成功，深受国内外听众欢迎。《茉莉花》在香港回归祖国政权交接仪式、雅典奥运会闭幕式、北京奥运会开幕式、南京青奥会开幕式等重大场合都有演出，被誉为"中国的第二国歌"。

开放上海

作为中国最大的城市，世界著名的大都市，上海的城市历史却并不太长。

在6000多年前，在黄浦江和苏州河汇合的地方，淤沙积成陆地，在今上海所在地形成了最早的城镇。

"上海"这一名称的由来，始于宋代。当时的上海，已开始成为我国的一个新兴贸易港口，彼时上海地区有十八大浦，其中一条叫上海浦，在今外滩至十六铺的黄浦江中，它的西岸有个上海镇，这便是"上海"这一名称的由来。

长江文明卡片

上海别称"申"、"沪"的来历

春秋战国时期，吴地包括上海一带，为战国四公子之一、楚国春申君黄歇的封邑。据文献记载，上海境内的黄浦江，当年系由黄歇倡导开凿，因此得名黄浦江，又名黄歇浦、春申江，简称申江，上海也因此别称"申"。

而上海的另一个别称"沪"的来历是：古时上海地区的渔民发明了一种捕鱼工具"沪"，即是用绳子将细竹竿编联成排，插在滩涂上，潮来时尽没于水中。潮退后，水去鱼留。当时还没有上海这个地名，这一带因此被称为"沪渎"。慢慢地，当地也就被冠以"沪"这个称呼了。

而上海城市的真正兴起与繁荣，则始于近代150余年间。鸦片战争后，上海辟为通商口岸，英法美等国在上海设立租界，随即开办工厂、银行，倾销商品，发展娱乐服务项目。上海在受到帝国主义经

上海外滩建筑

济侵略的同时，也开始了近代化的历程，并逐渐成为远东金融中心和经济中心。

可以说，近代上海领导了中国现代文化潮流。在上海滩，西洋建筑、饮食、服饰充溢城内，自来水、电灯泡、电话机闪亮登场，跑马、报纸、油画不断涌现，也因此有了"海派文化"的说法。在这里，各色人种云集，百业丛生，纸醉金迷。上海好似一个世界博物苑，被称为东方巴黎、海上乐园、极乐世界。

有人说："乡下人看上海，看到的是繁华。道德家看上海，看到的是罪恶。文化人看上海，却每每看到的是文明。"从历史角度看，上海确实开中国近代文明之先，难怪近代很多著名知识分子多与上海结缘，康有为、梁启超、蔡元培、陈独秀等；灯红酒绿之下的上海，也是藏污纳垢之地，租界林立，黑帮争雄，如杜月笙、黄金荣、张啸林等海上闻人。

　　1949 年 5 月 27 日，上海获得解放。经过上海人民长期不懈的努力和建设，如今的上海已经成为中国的经济、交通、科技、工业、金融、会展和航运中心之一，是长江三角洲城市群的龙头城市，是中国大陆首个自贸区"中国（上海）自由贸易试验区"所在地。上海市已经成功举办了 2010 年世界博览会、中国上海国际艺术节、上海国际电影节等大型国际活动。

　　上海，这座长江边上最年轻的城市，历经百余年的崛起和兴盛，演绎着满目的繁华和时尚。在新的历史阶段，上海将继续弘扬"海纳百川、追求卓越、开明睿智、大气谦和"的城市精神，乘风破浪，勇往直前。

　　我们有理由相信，"东方明珠"——开放、创新的上海必将散发出更加璀璨夺目的光芒。

上海东方明珠

第十五章
大江东去

北纬 30°，地球的脐带。

一个蕴含无数奇迹，生发久远文明的神秘地带；一条奔流万里，哺育一个民族生息的伟大河流。

她，就是长江！

在世界难以数计的江河中，唯有长江，以其异常丰美的乳汁，养育着地球上最多的人口；在世界难以数计的江河中，也只有长江，以其无与伦比的能量，释放出文明星空未曾消逝的曙光！

实现中华民族伟大复兴，就是中华民族近代以来最伟大的梦想。奔腾不息的万里长江是中国梦的"大江大河篇"。

在复兴中国梦的伟大征途中，古老的长江重新出发，谱写新的长江乐章。

第一节 国家战略向长江

无论是一代伟人，还是一介百姓，无数中国人的心中都有一个长江梦和中国梦。

早在七八千年前的新石器时代，长江流域便出现了水稻种植，中国农耕文明自此开启；三国时期，长江流域一度被称为"蛮夷之地"，后来随着秦汉时期的大规模开发和北民南迁，经济文化不断发展繁荣；唐宋时期，长江流域已取代中原地区成为中国经济的中心，水灌沃野，船接商肆，大川流淌着造福家国的滚滚财富。从古代农商经济的兴盛，到近现代崛起的重庆、汉口、上海，善水万年，载物百代，自然形成了照亮古今的长江经济带。

100 年前，孙中山预言未来世界有三个城市鼎足而立，即纽约、伦敦和武汉；美国《未来学家》杂志预测 21 世纪最有发展前景的十大城市当中，长江流域占有两席，就是武汉和上海。世界眼光看长江，中国改革开放 30 年后，谋划推进长江经济带建设，正是大势所趋。

如今，长江流域成为中国经济基础最好、最具开发潜力的区域，是全国最重要的高密度经济走廊，其得天独厚的综合优势体现在如下几个方面：

一是区位优势。长江经济带横贯我国腹心地带，不仅把东、中、西三大地带连接起来，而且还与京沪、京九、京广、皖赣、焦柳等南北铁路干线交汇，承东启西，接南济北，通江达海，交通区位优势明显。

二是资源优势。首先是具有极其丰沛的淡水资源，其次是拥有储量大、种类多的矿产资源，此外还拥有众多闻名遐迩的旅游资源和丰富的农业生物资源，开发潜力巨大。

三是产业优势。长江流域历来就是我国最重要的工业走廊之一，我国钢铁、汽车、电子、石化等现代工业的精华大部分汇集于此，此外还集中了一大批关系国计民生的特大型企业，钢铁产量全国占比 36%，汽车产量全国占比 47%，石化工业产量全国占比 50% 以上。另

长江经济带示意图

外，大农业的基础地位也居全国首位，粮棉油产量占全国40%以上。

四是人力资源优势。长江流域是中华民族的文化摇篮之一，人才荟萃，科教事业发达，技术与管理先进。

五是城市密集，市场广阔。长江流域城市化水平约为50%，比全国平均水平高21个百分点；城市密度为全国平均密度的2.16倍。同时长江流域人口密集，居民收入较高，消费需求旺盛，对于国内外投资者有很强的吸引力。

在这种背景之下，长江经济带战略横空出世，正式上升为国家战略，将成为未来中国经济增长的新引擎。改革开放的巨手掀开发展的新篇章，长江用磅礴的力量推动着新的时代。

但你可能想不到，从长江经济带开发的战略构想提出，到正式上升为国家战略，其历程走了30年。

★ 20世纪80年代初，"一线一轴"战略构想出台，即沿海一线、长江一轴。

★ 1985年，"七五"计划提出东中西部的概念，要求加快长江中游沿岸地区的开发，大力发展同东部、西部地带的横向经济联系。

★ 20世纪90年代，国家提出发展"长江三角洲及长江沿江地区经济"的战略构想。

★ 2005年，长江沿线七省二市在交通部牵头下签订《长江经济带合作协议》。

★ 2009年以来，七省二市不断向中央呼吁，"将长江经济带的发展上升为国家战略"。

★ 2013年7月，习近平总书记在湖北考察时指出，"长江流域要加强合作，发挥内河航运作用，把全流域打造成黄金水道"。

★ 2013年9月，国家发改委会在京召开关于《依托长江建设中国经济新支撑带指导意见》研究起草工作动员会议。

★ 2013 年 10 月，国家发改委赴上海、湖北等地调研，听取各地对依托长江建设中国经济新支撑带的意见和建议。

★ 2014 年 3 月，李克强总理在政府工作报告中提出"依托黄金水道，建设长江经济带"。

★ 2014 年 4 月 25 日，习近平总书记主持中共中央政治局会议，提出"推动京津冀协同发展和长江经济带发展"。

★ 2014 年 4 月 28 日，李克强总理在重庆召开 11 省市座谈会，研究依托黄金水道建设长江经济带问题。

★ 2014 年 9 月 25 日，《国务院关于依托黄金水道推动长江经济带发展的指导意见》公布。

★ 2014 年 12 月 1 日，长江经济带启动区域通关一体化改革。

★ 2015 年 2 月，推动长江经济带发展工作会议在北京召开。

★ 2015 年 3 月 4 日，十二届全国人大三次会议召开前夕，由国家发改委召集的"长江经济带"特别会议在北京举行。

★ 2015 年 3 月 5 日，政府工作报告指出，推进长江经济带建设。长江经济带开发建设，正式上升为国家战略。

在国际环境发生深刻变化、国内发展面临诸多矛盾的背景下，推动长江经济带发展，有利于挖掘中上游广阔腹地蕴含的巨大内需潜力，促进经济增长空间从沿海向沿江内陆拓展；有利于优化沿江产业结构和城镇化布局，推动我国经济提质增效升级；有利于形成上中下游优势互补、协作互动格局，缩小东中西部地区发展差距；有利于建设陆海双向对外开放新走廊，培育国际经济合作竞争新优势；有利于保护长江生态环境，引领全国生态文明建设，对于全面建成小康社会，实现中华民族伟大复兴的中国梦具有重要现实意义和深远战略意义。

长江经济带犹如一条绵延数千公里、横亘东西的巨龙，成为中国经济版图的主轴之一。巨龙起舞，民族振兴。长江，紧系着一个大河的未来，一个大国的国运，一个民族复兴的梦想。

长江文明卡片：

你应该了解的长江经济带

一、源起：何以受到各方关注

中国的区域发展战略已进入新阶段，跨区域的战略实施已经具备了基本条件。于是，"长江经济带"开发战略呼之欲出。长江经济带发展上升为国家重点战略,究其原因,则是背后透露的巨大发展机遇——东部沿海经济带是弓弦,长江经济带则是弓箭,共同支撑起中国最具纵深回旋的"弓箭战略"新格局。

二、范围:五分之一国土与6亿人口

长江经济带覆盖上海、江苏、浙江、安徽、江西、湖北、湖南、重庆、四川、云南、贵州等11省市,面积约205万平方千米,占全国的21%。共有约6亿人口,人口和生产总值均超过全国的40%。

三、规划:两个重要文件

2014年9月25日,国务院公布《国务院关于依托黄金水道推动长江经济带发展的指导意见》和《长江经济带综合立体交通走廊规划(2014—2020年)》,将长江经济带提升到了新的战略层面。

四、出发点:战略定位及战略意图

长江经济带的战略定位,一是具有全球影响力的内河经济带;二是东中西互动合作的协调发展带;三是沿海沿江沿边全面推进的对内对外开放带;四是生态文明建设的先行示范带。

打造长江经济带的国家战略意图,一是依托长三角城市群、长江中游城市群、成渝城市群;二是做大上海、武汉、重庆三大航运中心;三是推进长江中上游腹地开发;四是促进"两头"开发开放,即上海及中巴(巴基斯坦)、中印缅经济走廊。

五、重大意义:调结构与区域联动

建设长江经济带,对于有效扩大内需、促进经济稳定增长、调整区域结构、实现中国经济升级具有重要意义。此外,长江经济带战略实现了东、中、西三大区域的联动。通过改革开放和实施一批重大工程,让长三角、长江中游城市群和成渝经济区三个"板块"的产业和基础设施连接起来、要素流动起来、市场统一起来,促进产业有序转移衔接、优化升级和新型城镇集聚发展,形成强大所谓发展新动力。

六、新型城镇化:五大城市群

作为国家战略,新型城镇化也将在长江经济带得到进一步推进。五大城市群分别为长江三角洲城市群、长江中游城市群、成渝城市群、黔中城市群滇中区域性城市群。

七、潜力:资源与产业优势

依托黄金水道打造新的经济带,有独特的优势和巨大的潜力。长江流域资源、产业优势明显,开发潜力巨大。

八、问题与挑战：不均衡、不协调、不顺畅

长江经济带的内部发展并不均衡、不协调、不顺畅，需要长江上中下游各省市充分发挥各自优势，同时打破阻碍协同发展的藩篱，为全面推进长江经济带建设提供新助力。

第二节 大江东去，意气风发

纵观世界，黄金水道润泽了一方水土，也造就了无数经济奇迹。同时，沿海起步先行、溯内河向纵深腹地梯度发展，也是世界经济史上的重要规律。当今世界第一强国美国的发展就是从大西洋沿岸起步，逐渐扩散到五大湖；德国经过几百年的发展，六成工业集中在莱茵河流域；欧亚之交的土耳其是著名的海洋国家，如今正在以内河航运网络为枢纽，建立自由贸易区。

今天，在中国，"由东向西、由沿海向内地，沿大江大河和陆路交通干线，推进梯度发展。"这是2014年两会期间，政府工作报告勾勒的中国区域经济发展的新棋局。

长江经济带发展的伟大构想，将长江的发展上升为国家战略，使长江成为支撑国运的脊梁。

大江东去

成渝经济圈、长江中游城市群、"长三角"经济圈，构建成绵亘万里的新世纪新长江的经济带。这是长江从"中国长江"提升到"世界长江"的腾飞之翼。

高楼林立的成都

直辖市重庆和天府成都携手，

武汉汉街

构建成渝经济圈，辐射大西南、大西北腹地，撑起长江经济带的"巨龙抬头"。

武汉，九州中心、长江中心，和长沙、南昌、合肥等中部城市群携手，构建九省通衢的大枢纽，推进了长江经济形态的跨越式转变，打造中国经济的"第四极"。

上海，世界金融的新地标。大江与大海对话，中国与世界并轨。上海与江苏、浙江构成的"长三角"经济圈，正在成为世界级城市群，成为长江腾飞、中国加速的主推动力。宇宙之上，这里焕发出了古老中国最亮丽的现代光彩。

长江是宇宙的造化，自然的独创。她宛若惊世神女，拨开各拉丹冬雪山的皑皑冰层，掠过云贵高原的七彩霓裳，抚摸四川盆地的千里沃野，穿越神秘三峡的奇峰绝嶂，品味两湖皖苏平原的稻香鱼肥，拥抱吞吐百川的浩瀚海洋！其丰满而修长的身躯，犹如贵重金属的宝库、珍稀动植物的梦乡、万里神州水上交通的动脉、泱泱中华最为丰盈的粮仓！

长江是历史的厚赠，文明的华章。她俨然丹青妙手，勾勒出青藏文化的凝重庄严，挥洒出巴蜀文化的达观奔放，涂抹出荆楚文化的浪漫奇谲，点染出吴越文化的绮丽清朗！其精睿而高超的智慧，涵蕴着博大精深的思想经典、泽被万世的

浦东陆家嘴

学术珍藏、惊采绝艳的文学佳构、争奇斗艳的艺术群芳、领异标新的科技创举、风流千古的伟杰巨匠!

长江是人类历史上最富魅力的江河,是中国大地最具活力的经济带,地球北纬30°线最为绚烂的光芒。在长江经济带建设蓝图中,"三个长江"(文化长江、经济长江、生态长江)呼之欲出,令人向往。

所谓文化长江,即在人类历史演进的历程中,长江和黄河曾与世界其他三大古老而璀璨的大河文明一道,在地球的同一纬度竞相辉映!放眼未来,长江文明连同黄河文明,将以其唯一未曾中断的锐气和兼济天下的雄心,释放出巨大的文化能量,形成此北纬30°线上最为夺目的弧光!

所谓经济长江,即在经济社会发展的图谱上,长江曾凭借其丰富的乳汁,成为世界上养育人口最多的河流!极目天下,由成渝城市群、长江中游城市群、长江三角洲城市群联袂而成的长江经济带,将会是世界上最为富饶的黄金水岸!

所谓生态长江,即在自然生态演化的时空里,长江曾以其独特的生态资源,为呵护人类赖以生存的星球,作出了异乎寻常的贡献!面对人类对未来生态家园的憧憬,长江将以其水碧山青、原绿天蓝的靓容,营造出地球上最令人神往的生态景观!

载着文化的璀璨,经济的实力,生态的壮美,长江与通向世界的"一带一路"呼应连接,向着中国、向着世界辐射开去,为21世纪这个东方的世纪,烙上了深刻的长江印记。

大江东去,意气风发。我们相信——

长江润泽中国,
长江连接世界,
长江走向未来!

后 记

古老的东方有条江——长江。

长江，从纯净的冰雪世界走来，逶迤东流，纳千川、汇百河。她用甜美的乳汁，孕育了广袤的原野和古老的文明，构筑了婀娜多姿的锦绣河山。

长江，从遥远的洪荒世界走来，人猿相揖别，穿越时光隧道，迈入文明门槛。先民风尘仆仆，筚路蓝缕，干戈吴钩，流域文明独擅风流，与黄河文明共同构筑中华文明的高堂邃宇。

奔腾不息的万里长江，既是一条富饶神奇的自然江河，也是一条充满魅力的历史江河、文化江河。这是一条亿万年生生不息的大江，一条孕育了伟大民族的大江，一条蕴涵着丰厚历史的大江，一条充满了时代活力的大江！她维系着人类的童年，维系着历史的演进，维系着中华民族的兴衰。因此，《长江之歌 文明之旅》不是通常意义上的历史书或地理书，也不是旅游指南，而是以长江为载体，综合地质、水利、历史、地理、环境、生态、经济、文化、民族、民俗等多个学科，融会贯通，充分展示长江文化的博大精深，体现其自然的神奇、历史的久远、文化的厚重和未来的活力。

但是，由于编写者学识有限，才情不逮，特别是在如此有限的篇幅内，展现长江文明的博大精深，更是倍感吃力。但是在诸多师友的鼓励下，我们最终完成了这项"不可能完成的任务"。这些师友是：长江文明馆张肖雯、符冰群、李贝，长江科学院陈进，长江出版社团队，以及北京清尚建筑装饰工程有限公司、合肥安达创展科技股份有限公司与广东省集美设计工程有限公司联合体、北京笔克展览展示有限公司布展团队，由衷地感谢大家的热情支持与无私帮助。此外，本书写作引用了个别作者的文章、图片，虽经努力，但未联系上他们，请作者与本书编者联系，给付稿酬。

第十届中国（武汉）国际园林博览会将于2015年9月在武汉隆

重开幕，作为博览会主展馆之一的长江文明馆，也在这收获的季节同时开馆。如果《长江之歌 文明之旅》这本小册子能够引导大家走进长江文明馆，感受长江文明，进而唤起人们热爱长江、建设长江、保护长江的意识，那么，编写者则在惶恐中，又可得到一丝满足与欣慰了。

编　者

2015 年 8 月于江城武汉